Anonymus

Versuch einer historischen Geographie Kursachsens

und seiner Beilande aufgesetzt für diejenigen Liebhaber der Vaterlandsgeschichte

welche dieselbe ohne mündlichen Unterricht erlernen wollen

Anonymus

Versuch einer historischen Geographie Kursachsens
und seiner Beilande aufgesetzt für diejenigen Liebhaber der Vaterlandsgeschichte welche dieselbe ohne mündlichen Unterricht erlernen wollen

ISBN/EAN: 9783742890177

Hergestellt in Europa, USA, Kanada, Australien, Japan

Cover: Foto ©ninafisch / pixelio.de

Manufactured and distributed by brebook publishing software (www.brebook.com)

Anonymus

Versuch einer historischen Geographie Kursachsens

Versuch

einer historischen Geographie

Kursachsens

und

seiner Beilande

aufgesetzt

für diejenigen Liebhaber der Vaterlandsgeschichte

welche

dieselbe ohne mündlichen Unterricht erlernen wollen.

Erster Theil.

Dresden,

bey Johann Samuel Gerlach.

1788.

Dem

Hochwohlgebohrnen Herrn,

Herrn

Karl Ernst von der Lochau,

Erbherrn auf Koißsch, Sr. Kurfürstl. Durchlaucht
zu Sachsen hochbetrautem Finanzrathe ꝛc. ꝛc.

meinem gnädigen Herrn.

Hochwohlgebohrner Herr,

Gnädiger Herr geheimer Finanzrath,

Ew. Hochwohlgebohren allgemein bekannte Vaterlandsliebe sowohl, als auch die besondere Gnade, deren Hochdieselben bisher mich würdigten, bestimmten mich zu dem kühnen Entschlusse, gegenwärtigem Büchlein Hochdero, jedem Vaterlandsmanne ehrwürdigen, Namen vorzusetzen; in der festesten Ueberzeugung: Hochdieselben werden diesen Schritt, den nur unbegränzte Ehrfurcht und Hochachtung zu thun mich bewegte, mit eben der gnädigen Nachsicht betrachten, mit welcher Sie immer auf

gut=

gutgemeinte Handlungen zu blicken gewohnt sind, und nicht sowohl die Unvollkommenheit meiner Arbeit, als meinen guten Willen ansehen. In dieser Ueberzeugung verharre ich in tiefstem Respect

Ew. Hochwohlgebohren

N. am 16. May.
1788.

unterthäniger Diener
P.

Vorerinnerung.

Da schon mehrere große und kleine Werke über die Geographie unsers theuern Vaterlandes existiren, warum mag wohl auch diese Schrift noch das Licht erblickt haben? — Dies, lieber Leser, ist vermuthlich Deine Frage bey Erblickung dieses Büchleins, deren Beantwortung ich Dir nicht besser, als durch kurze Erzählung meines Lebens geben kann, wenn Du es nicht übel deutest, von mir selbst zu reden. —

Auch bei mir giengen, wie bei den mehresten Kindern, die Erzählungen großer und wunderbarer Thaten, über jede andere Art der Belustigung, und vorzüglich hieng mein Ohr an dem Munde, aus welchem ich die großen Thaten unsers Volks fliesen hörte. — Mein Durst nach genauer Erkenntniß dieser Dinge nahm täglich zu, aber die
Quel-

Quellen ihn zu löschen wurden mir gar bald ver=
stopft. Entfernt aus dem väterlichen Hauße durfte
ich auf öffentlichen Schulen anfangs nichts als
tode Sprachen und Christenthum lernen, und als
man mich endlich in denselben so tüchtig glaubte,
daß ich wohl ein Stündchen meine Zeit dem unnü=
tzen Studium der Geschichtskunde widmen dürfte,
so marterte man mich mit einigen genealogischen
Tabellen, die weder mein Herz noch Kopf bilden
konnten. Voll Begierde lief ich am ersten Tage
meiner akademischen Laufbahn in die Vorlesungen
über die sächsische Geschichte, merkte aber zu mei=
ner größten Betrübniß gar bald, daß mir dieser
Unterricht wenig oder gar nichts nütze, wozu ohn=
streitig der Grund in meiner Unwißenheit lag.
Ich beschloß daher meiner Vaterlandsgeschichte die
Nebenstunden ganz zu widmen, sie zu meiner Lieb=
lingswißenschaft zu machen und für mich zu stu=
diren. Zwar führte ich diesen Gedanken aus: aber
schwer und mühevoll war der Pfad, den ich betre=
ten hatte.

Wäh=

Während dieser Zeit fieng man an mein bisheriges Lieblingsstudium allgemein zu schätzen, und viele wackere Männer thaten sich in derselben mit verschiedenem Erfolg hervor. Mir ward hierauf die Erziehung eines hofnungsvollen Kindes anvertraut, wodurch ich in weitläuftigere Bekanntschaft mit Männern versetzt wurde, die mit mir gleichen Beruf hatten. Viele, ja die mehresten unter ihnen, gestanden ihre Schwäche in der Vaterlandsgeschichte und klagten über den auf Schulen gänzlich vernachläßigten Unterricht in derselben. Ich fühlte die Schwierigkeiten, die mit der Erlernung der Geschichte dieses Landes, besonders wegen des so oft ganz veränderten geographischen Zustandes deßelben für denjenigen verbunden sind, welcher ohne viel Zeit aufwenden zu können, wiederum Unterricht in derselben ertheilen soll. Ganz natürlich kann der Geschichtschreiber auf diese Veränderungen nur beiläufig hinweisen, und muß ihre genauere Erkenntniß den Untersuchungen seiner Leser überlassen. Woher aber soll ein Mann, der des

Tages

Tages viele Stunden Unterricht geben und noch
überdem sein Brodstudium cultiviren soll, die Zeit
zu dergleichen Untersuchungen nehmen? und wie
viele besitzen denn die Hülfsmittel dazu?

Hiermit mein Leser, hast Du die Antwort auf
obige Frage. — Ich wollte ein Buch für den=
jenigen Theil meiner Landesleute liefern, welche
die Schicksale ihrer Väter, mit Hülfe einer guten
Geschichtbeschreibung, und die verschiedenen Ver=
änderungen ihres Vaterlandes, kurz und so viel
möglich deutlich wißen wollen. Wie glücklich oder
unglücklich ich diesen Vorsatz ausgeführt habe, mö=
gen andere beurtheilen. Der bittere sowohl, als
noch mehr der bescheidene Tadel wird allezeit lehr=
reich für mich seyn.

R. am 16. May
1788.

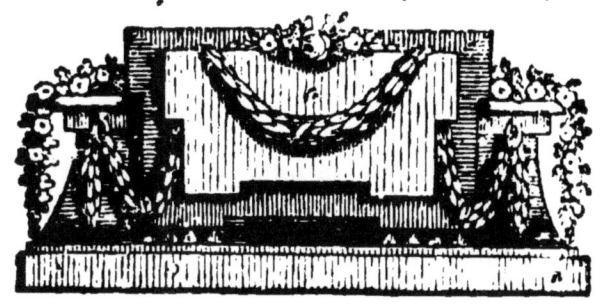

Es ist jedem Neulinge in der deutſchen Geſchichte bekannt: daß derjenige Theil Deutſchlands, welchen wir jetzt unter dem Namen des Churfürſtenthums Sachſen und ſeiner Beylande, im oberſächſiſchen Kreiſe finden, keinesweges der erſte Wohnſitz dieſes berühmten Volkes ſey; daß vielmehr die Sachſen, erſt beynahe tauſend Jahre nach Chriſti Geburt, die Bewohner dieſes Landes überwunden, ſich mit ihnen vermiſcht und ihnen und ihrem Lande einen neuen Namen beygelegt haben. Zwar waren die Hermunduren, wahrſcheinlich Churſachſens aller erſte Bewohner, eine deutſche Nation, aber doch gewiß nicht von dem ſächſiſchen Völkerſtamme. Auch treten ſie kaum in den Jahrbüchern auf den Schauplatz, als ſie ſchon ihre Wohnſitze verlaßen, weiter nach Mittag hinziehen, ſich mit andern deutſchen Völkern vermiſchen, ihren Namen verlieren und ſlaviſche Völkerſchaften in ihre verlaßene Wohnungen einrücken. Die Hermunduren konnten auch keine gewiße geographiſche Verfaßung haben, weil ſie mit ihren Viehherden, dem

A   einzigen

einzigen Reichthume aller bamaligen Deutschen, im Lande
herumzogen, und nur so lange an einem Orte blieben,
als sie Weide für ihr Vieh fanden. Man darf sich also
nur einen kahlen von Städten und Dörfern entblößten,
mit Walde bedeckten Strich Landes zwischen der Elbe und
Sale vorstellen, in welchem einzelne Familien mit ihren
Habseligkeiten herumzogen, und man wird sich eine ziemlich deutliche Vorstellung vom geographischen Zustande
des Landes in jener Zeit machen können. Als mit Ende
des 4ten Jahrhunderts die allgemeinen Völkerwanderun-
gen angiengen, so zogen auch die Mannhaften und Ge-
sunden unter den Hermunduren aus. Alte, Kranke und
Kinder hingegen blieben im Lande und vermengten sich mit
seinen neuen Bewohnern, die aus Servien, durch Dal-
matien, Croatien, Mähren und Böhmen kamen, und auf
ihren Zuge manchen kühnen Mann von diesen Völkern,
durch deren Gebiet sie wanderten, mitbrachten. Alle die
genannten Völker machten zwar nur eine Nation aus, die
den gemeinschaftlichen Namen Slaven (d. i. Benannte)
führten; aber so wie die Deutschen in verschiedene kleinere
Völkerschaften getheilt waren, deren jede eine besondere
Benennung hatte. In denjenigen Landesstrich, welchen
die Elbe und Sale gegen Morgen, Abend und Mitternacht, und das Erzgebürge gegen Mittag einschließen,
rückten damals drey kleine Haufen slavischer Völker, unter welchen die Sorben zwischen der Sale und Pleiße,
die Siusler an beyden Seiten der Mulde, und die Daleminzier zwischen der Chemniß und Elbe sich festsetzten.
Das verlaßene Vaterland dieser Nationen, hatte eine gewiße geographische und politische Verfaßung, daher gaben
sie

sie ihren neuen Wohnplätzen ohngefähr die nehmliche *)
Gestalt. Städte und Dörfer welche von jenen in ihrem
verlaßenen Lande die Namen erhielten, Ackerbau und ge-
selliges Leben kamen mit ihnen zuerst in diese Gegenden.
Sie wurden von Fürsten regiert, welchen die Befehlshaber einzelner Landstriche, die die deutschen Schriftsteller
Gauen **) (Pagi) nennen, untergeordnet und über viele
einzelne Zupanen (Landgüter) gesetzt waren. Wir wollen
die vornehmsten dieser Gauen kürzlich beschreiben.

1) Die Daleminzier machten unter jenen drey slavischen Völkerschaften, die sich in hiesigen Gegenden festsetzten, die wichtigste und mächtigste aus. Sie bewohnten denjenigen Theil des Landes, welcher nach der heutigen Abtheilung der meißnische Kreis genennet wird, und
hatten ihn in folgende drey Gauen getheilt:

a) Der Gau Nisani hatte seinen Ursprung an der böhmischen Grenze und zog sich auf beyden Seiten der Elbe bis an das Dorf Scharfenberg oder 2 Stunden unterhalb Dresden herunter. Gegen Mittag machte der
Königstein wahrscheinlich die Gränze, gegen Mitternacht der Gau Daleminzi, gegen Morgen der Gau
Milza oder die heutige Oberlausitz, und gegen Abend
das

A 2

---

*) Man vergleiche nur die Charten des Banduri vom alten
Illyricum, und Peter Schenks älteste Charte von Meißen,
wie auch die Charten in Schöttgens diplomat. Nachlese, und
man wird die größte Aehnlichkeit finden.
**) Der slavische Name dieser Gauen ist für uns verlohren
gegangen. Zupan bedeutet zuversichtlich nichts anders als ein
einzelnes Landguth.

das damals noch völlig unbewohnte Erzgebürge. Dresden, Pillniß, Costebaude, Pesterwiß und Mügeln sind Oerter dieser Gegend, welche ihren Ursprung bis in jene Zeiten zurückführen.

b) Der Gau Daleminzi. Er gränzte gegen Mittag an den vorhergehenden, gegen Morgen an Lusici, gegen Mitternacht an den Gau Belgorici und gegen Abend machte das Flüßchen Chemniß die natürliche Grenze. Er war der größte, schönste und angebauetste Gau iu der Landschaft Daleminzi. Die berühmte Festung Gana (von andern Grona unrichtig) die Heinrich I. nach zwanzigtägiger Belagerung einnahm und schleifte, deren Andenken noch das Dorf Gana, am Flüßchen gleiches Namens, das sich bey dem Flecken Riesa in die Elbe ergießt, erhält, lag in demselben. Auch Mügeln, jetzt ein Städtchen nicht weit vom Schloße Hubertsburg, Leisnig, Oschaß und Lomatsch waren schon unter den Wenden Städte dieses Gaues. Von dem letzteren Orte hatte er bey ihnen den Namen Glomazi erhalten. Es war bey demselben ein Teich, (die heutigen Einwohner nennen ihn den Polzschner See,) welcher bey den flavischen Priestern die Stelle eines Orakels vertrat. Man glaubte nemlich Krieg und Theurung zu erwarten zu haben, wenn sein Waßer in Blut verwandelt und mit Asche vermischt; hingegen ruhige und fruchtbare Zeiten, wenn er voll Weißen Häfer und Eicheln wäre.

c) Der dritte Gau dieser Provinz endlich hieß Belgorici. Seinen Namen erhält noch jetzt das Städtchen Belgern

gern an der Elbe. Er grenzte gegen Mittag an den vorhergehenden, fing unter Strehlen an und erstreckte sich gegen Mitternacht bis unter Torgau herunter. Seine östlichen und westlichen Grenzen laßen sich nicht genau bestimmen.

2) Das zweyte slavische Volk in hiesigen Gegenden waren die Siusler, welche an der Mulbe wohnten und ihre Provinz in folgende vier große und mehrere kleinere Gauen getheilt hatten.

a) Der Nizici oder Nidici Gau begriff den disseits der Elbe gelegenen Theil des Churkreises. *) In ihm lagen Brena, Zörbig und andere. Er grenzte an das heutige Anhältische und gegen Abend an den

b) Quesici Gau, der die Gegend von Delitzsch, Pouch, Düben, Löbnitz und Eulenburg begriff und gegen Mittag an den Gau

c) Siusli stieß, welcher vom heutigen Salkreise anfing, die Gegend von Skeudiz, Tauche, Brandis bis an die Barbe umfaßte, und sich auf beyden Seiten derselben, über Leipzig und Neuenhof bis Grimma hinzog.

d) Der Gau Chutici, welcher ohngefähr die Gegend von Colbiz, Rochliz und Chemniz, deren Namen auch ihren slavischen Ursprung bezeugen, begriff.

A 3

3) Die

*) Der damalige Zustand des jenseits der Elbe gelegenen Theils des Churkreises, wird unten bey der neuern Geographie mit bemerkt werden.

3) Die Sorben bewohnten das heutige Voigtland, den Neustädtschen Kreis, das Gebiet des Hochstifts Naumburg-Zeiß und den dißseits der Sale gelegenen Theil des thüringischen Amtes Weißenfels, und hatten diesen Landstrich in folgende Gauen getheilt:

a) Plisni. In demselben waren Altenburg, welches ehemals so wie der Gau: Plisni hieß, Schmöllen, Lobstädt, Rötha und andere.

b) Zwickowe Gau. Er begriff denjenigen Theil des Pleisnerlandes, welchen in der Folge der Graf Wiprecht von Grotzsch mit seiner Gemahlin Judith, einer böhmischen Prinzeßin zum Heyrathsgute bekam, davon unten mehr vorkommen wird.

c) Der Gau Orla begriff das heutige Voigtland und der

d) Saalfeld Gau den neustädtschen Kreis.

e) Der große Gau Zurba oder Surba faßte vorzüglich das Naumburg-Zeißische Gebiet nebst den oben genannten Stücke des Amtes Weißenfels in sich, und war sehr gut angebauet. Der Hauptort war Zurba, heutzutage Zörba, ein, eine Stunde von Weißenfels gelegenes Amtsdorf, auf welches man wegen der Folge genau zu achten hat. Endlich lag noch zwischen den Gauen Zurba Plisni und Siusli,

f) Der Gau Tucherino, dessen Andenken noch jetzt der adliche Flecken Teuchern erhält.

Dieses sind nun die merkwürdigsten slavischen Gauen, die man mit Gewißheit annehmen kann und von denen man sich nun eine ziemlich deutliche Vorstellung machen wird.

Crobe=

Eroberung des beschriebenen Landes durch die Thüringer und Sachsen.

Diese slavischen Völker grenzten also zunächst an die Thüringer und Sachsen, oder richtiger an das fränkische und sächsische Thüringen. Denn diese beyden Völkerschaften hatten seit dem Jahre 527 das große thüringische Königreich unter sich getheilet und die Unstrut, welche es von Westen nach Osten durchschneidet, zur Scheidelinie gemacht. Beyde Nationen waren also Nachbarn der unruhigen Slaven, die Franken von den Sorben, die Sachsen von den Siuslern, und die Sale machte zwischen ihnen die natürliche Grenze. Die öfteren Einfälle der Slaven in Thüringen und Sachsen das fruchtbare, durch den Fleiß seiner jetzigen Bewohner reizend gewordene Meissen und die fromme Bekehrungssucht der damaligen Zeit, mögen wohl die vorzüglichsten Bewegungsgründe gewesen seyn, warum die Deutschen so eifrig und unermüdet an der Unterjochung dieser Völker gearbeitet haben. Besonders nahmen die Kriege mit den Slaven, seit dem Anfange des 7ten Jahrhunderts kein Ende, und nur nach dem völligsten Verluste ihrer Freyheit, Religion, Sitten und Gesetze, konnten sie unter König Heinrich I. Ruhe erlangen. Otto der Erlauchte, Heinrichs Vater, Herzog von Sachsen, und wenigstens Administrator von Thüringen, hatte schon einen wichtigen Anfang zur Bezwingung der Sorben und Siusler gemacht, und sie verschiedene male genöthigt, ihm Tribut zu geben und Gehorsam zu versprechen, den sie jedoch beständig zu leisten

nie

nie willens waren. Sie hatten sogar, um ihre Freyheit gegen die Deutschen zu behaupten, mit den Ungarn, einer damals überall herumschweifenden kriegerischen Nation, ein Bündnis gemacht, welches sie in den Augen der Deutschen so fürchterlich machte, daß es selbst der große Heinrich I. nicht wagte beyde Völker zugleich anzugreifen. Die Sorben und Siusler waren beym Antritte seiner Regierung noch nicht völlig überwunden, und die Daleminzier lebten noch gänzlich frey. Heinrich machte nun, um sie alle vollkommen zu unterjochen, mit ihren Bundesgenoßen den Ungarn, einen neunjährigen Waffenstillstand, griff sodann alle diese slavischen Völker an, überwältigte sie zwischen den Jahren 926 und 928 völlig, und zwang sie, die deutsche Oberherrschaft anzuerkennen. Um sie destomehr in Ruhe und Ordnung zu erhalten, und die Versuche, ihre Freyheit wieder zu erlangen, schleunig zu unterdrücken, legte er hin und wieder in ihrem Lande Festungen an und versah sie mit klugen und tapferen Befehlshabern und hinlänglicher Mannschaft. Jeder dieser Befehlshaber hieß Graf, und seine Festung mit dem ihm zur Aufsicht anvertrauten Districte, eine Grafschaft. Diese Grafen waren Edle aus Thüringen und Sachsen und hatten anfangs alle einerley Rang, obgleich diejenigen welche die Gränzfestungen zu vertheidigen hatten nicht blos Grafen, sondern Mark- oder Gränzgrafen hießen. Ganz Meißen ward nach der Unterjochung seiner slavischen Bewohner in solche Graf- und Markgrafschaften, getheilet, wozu auch in der Folge noch die Burggrafschaften Dynastien und geistlichen Stifter kamen. Die Markgrafen dieser ersten Zeit waren von den Grafen mitten im Lande,

weder

weder in Hinsicht ihrer Macht und ihres Ansehens, noch auch ihres Amtes sehr unterschieden. Beyde hatten den Gerichts= oder Blut= und Heerbann *) in ihrem Landes= striche, und die Aufsicht über die königlichen Unterbedien= ten. Zu ihrem Unterhalte war ihnen ein großer Theil der königlichen Einkünfte überlaßen, welche theils durch be= sondere Geschenke der Könige, theils durch Ankauf von liegenden Gründen, theils auch durch Erbschaft oder Er= oberungen von Zeit zu Zeit vermehrt wurden. Der ein= zige Vorzug, welchen die Markgrafen zu Meißen vor den übrigen Grafen hatten und den sie besonders zur Ver= größerung ihres Ansehens genutzt zu haben scheinen, war: daß die übrigen Grafen mit ihrer Mannschaft wechselsweise jeder auf einen Monat nach Meißen kommen mußten, um daselbst im Fall eines unvermutheten Ueberfalles, stets ein ansehnliches Heer zur Vertheidigung in Bereitschaft zu haben, über welches jederzeit der Markgraf die Oberbe= fehlshaberstelle vertrat. Auch konnte er im Falle der Noth die übrigen Grafen mit ihren Rittern oder Burgleuten (milites) zum Beystande aufbieten. Zu Verwaltung und Hebung der königlichen Einkünfte war noch eine Un= terabtheilung des Landes, nehmlich in Burgwarten ge= macht worden, welche jedoch, anfangs wenigstens eine zwofache Bestimmung hatten. Man versteht nehm= lich einmal unter einer Burgwarte ein festes Schloß mit einem Thurme, auf welchem von den Rittern beständig

A 5   Wache

---

*) Der erstere bestand in dem Rechte über Leben, Ehre und Gut, und der andere in dem Rechte, die Truppen aufzubie= ten und anzuführen.

Wache gehalten werden mußte, um allen Zusammenlauf und Aufstand der immer noch unruhigen Slaven zu beobachten; es war aber auch der sichere Aufenthalt des königlichen Thurmvoigts, deßen Amt mit dem Amte der heutigen Rentbeamten einige Aehnlichkeit hatte: denn an ihn mußten die königlichen Zinsen geliefert werden, und er stand unter den Grafen. Diese Burgwarten sind theils eingegangen, theils die Grundlage von mehreren Städten geworden, für deren Aufnahme Heinrich I. und sein Nachfolger so eifrig sorgten. Mönche, die einzigen Gelehrten der damaligen Zeit, Künstler und Handwerker suchten in denselben einen sichern Aufenthalt, und ihr feinerer Geschmack, welcher besonders durch Otto I. Züge nach Italien sehr verbreitet ward, verschafte diesen Städten bald vielen Reiz. Der Adel wählte sie daher zu seinem Aufenthalte, und bald verwandelten sich diese Wohnungen tapferer und edler Krieger in Tempel der Weichlichkeit, Ausschweifung und Wolluft. Doch wir kehren zu den Grafen zurück. Die Grafschaften waren anfangs keinesweges erblich, sondern sie wurden nach freyer Willkühr der Könige besetzt. Die Kinder der Grafen, welche die Erbgüter ihrer Eltern bekamen, und andre Edle, welche gewiße Güter durch Kauf oder Schenkung an sich brachten, und den Grafen an Geburt gleich waren, wußten sich und ihren Besitzungen das Recht der Unabhängigkeit von den Grafen durch die Könige zu verschaffen, und nennten sich Dynasten, bey den Schriftstellern: viri egregiae libertatis. Von diesen alten Dynasten sind in Meißen nur noch die Grafen und Herren von Schönburg übrig. Denn die jetzigen Freyherren oder Barone,

welche

welche sich zuweilen auch Dynasten nennen, sind viel jüngeren Ursprunges. Es entstand endlich noch durch die geistliche Gerichtsbarkeit, welche den drey Stiftern aufgetragen war, eine andere Abtheilung des Landes, von welcher unten, bey der Beschreibung der Stifter mehr vorkommen wird, so wie von den, zum Theil durch die Stifter entstandenen Burggrafen.

Von der ersten Markgrafschaft in Meißen.

Es hat in Meißen mehrere Markgrafen gegeben, wie man schon aus der successiven Ueberwindung seiner slavischen Bewohner schließen kann. Der erste derselben ist in der Geschichte unter den Namen des Herzogs der sorbischen Mark bekannt und wir müßen ihn an den Gränzen, des damals fränkischen Thüringens, suchen; und diese macht, zwischen Thüringen und Meißen überhaupt, seit den ältesten Zeiten die Sale. Schon seit Karls des Großen Zeiten, hatten die Sorben häufige Einfälle in Thüringen und Franken gethan, die aber doppelt grausam erwiedert wurden. Karls Enkel, Ludwig der Deutsche, bestellte an den Gränzen seiner thüringischen Besitzungen eine hinlängliche Mannschaft, und vertraute, wegen seiner persönlichen öfteren Abwesenheit, einem edeln Thüringer die Befehlshaberschaft über dieselbe, unter dem Titel eines ducis limitis sorabici, an. Es gehörte also dieser Gränzgraf nicht zu Meißen sondern zu Thüringen, und hatte die Pflicht auf sich die Gränzen von dieser Seite, nicht nur zu beschützen, sondern auch so viel möglich

lich zu erweitern. Burghart, welcher im Jahre 908 von den Ungarn erschlagen ward, war der letzte dieser Gränzvertheidiger. Otto der Erlauchte, damaliger Herzog zu Sachsen, ein Verwandter des erschlagenen Burghart, nahm seine Erbgüter in Besitz, und sein Sohn Heinrich I. bekam ganz Thüringen und also auch die sorbische Mark. Da Heinrich die angränzenden Sorben völlig unterjocht hatte, so war ein solcher Markgraf völlig überflüßig. Allein unter Otto dem Großen drangen vornehmlich die Slaven in Böhmen, durch das heutige Schönburgische herein; daher bestellte er einen neuen Markgrafen mit einem Kriegsheere gegen sie. Günther, ein vornehmer Thüringer, war der erste dieser neuen Markgrafen, welcher 982 in Italien erschlagen wurde und seinen Sohn Ekhardt zum Nachfolger in der Mark hatte, welcher nach dem Tode seiner Mutter Bruders des Markgrafen Ridbag von Meißen, auch dieses Markgrafthum mit dem seinigen auf immer vereinigte. Dieses von Otto dem Großen errichtete Markgrafthum, lag nun gewiß im heutigen Meißen, und hat am wahrscheinlichsten aus dem Bezirk des Hochstifts Naumburg-Zeitz bestanden, ob seine Gränzen gleich nicht mehr zu bestimmen sind. Da diese Markgrafen nun thüringische Große waren und ihre ansehnlichen Erbgüter in diesem Lande hatten, so hat man sie zuweilen Markgrafen von Thüringen, doch ganz unrichtig genannt. Doch ist nicht zu leugnen daß der ganze Strich zwischen der Sale und Pleiße, in Rücksicht Thüringens das Osterland genannt, und auch in der Folge noch zuweilen zu demselben gerechnet worden ist. Jene, die sogenannte sorbische Mark, deren Lage einige neuere

Geschicht-

Geschichtschreiber, im heutigen Schwarzburgischen und Saalfeldischen suchen, hat wohl wahrscheinlicher in der Gegend des heutigen Weißenfels auf der thüringischen Seite der Sale gelegen. Es ist oben bey der Beschreibung des Zurba-Gaues, ein Dorf Zorba bemerkt worden, welches den Namen von den Sorben erhalten hatte. Diesem Orte gegenüber jenseits der Sale und also in Thüringen liegen vier Dörfer, deren Namen ihre ehemalige Bestimmung enträthseln. Das merkwürdigste scheint Markwerben zu seyn, welches die unwidersprechlichsten Spuhren *) des höchsten Alterthums trägt und ohne Zweifel der Siß des ducis limitis sorabici gewesen ist, deßen Amt ihm freylich auflegte, längst der Sale hin alle mögliche Sorgfalt auf die beständige Vertheidigung zu wenden.

Von der zwoten Markgrafschaft in Meißen.

So wie die Sorben an den Gränzen des fränkischen Thüringens, einen Gränzgrafen nothwendig machten, so thaten dieses die auf einer andern Seite, die an den sächsischen Antheil dieses Landes gränzenden Siusler, welche die Gauen, Nidizi, Quesici, Chutici und Siusli bewohnten. Schon Karl der Große, nachdem er die Sachsen, mit allen ihren Provinzen, dem fränkischen Scepter unterworfen, hatte seinen Sohn Karl, gegen die Siusler geschickt, welcher sie glücklich überwand, und an der Gränze ihres Landes zwo Festungen anlegte, aus deren einen das heutige Halle,

erwachsen

*) Vielleicht wird in kurzem ein großer Kenner der Vaterlandsgeschichte uns mehr hierüber entdecken.

erwachſen und deren andere uns unbekannt iſt. In dieſen
Feſtungen mußten nothwendig Ritter und ihr Befehlshaber ſeyn, welcher, wenn er auch den Titel eines Gränzgrafen nicht führte, doch das Amt eines ſolchen verwaltet
haben muß. Und ob dieſe Grafen gleich nicht bekannt
ſind, ſo iſt es doch bis zur höchſten Wahrſcheinlichkeit
zu erweiſen, daß es Grafen von Wettin geweſen ſind.
Die Siusler blieben eben ſo wenig wie die Sorben den
Franken und Sachſen treu, und nur Otto der Erlauchte,
war 250 Jahr ſpäter im Stande ſie ſo weit zu bringen:
daß ſein Sohn Heinrich I. ihr Land völlig erobern, und
ſie unterjochen konnte. Nach der Ueberwindung dieſes
Diſtriktes, nennten ihn die Sachſen terram orienta-
lem. *) Da ſie aber in ihren Eroberungen fortrückten
und bald nachher auch die Luſcier in der Niederlauſitz über-
wanden, ſo bekam dieſes Land, weil es wie jenes gegen
Morgen lag, dieſen Namen. Die Grafen von Wettin,
welche unter allen Sachſen den Siuslern am nächſten
wohnten, ſcheinen auch die Ausſicht über dieſen Landſtrich,
welchen ſie hernach erblich beſaßen, zu erſt bekommen und
ihn mit Meißen in der Folge vereinigt zu haben. Die
übrigen Schickſale dieſes Landſtriches, der in der Folge,
unter den Namen der Mark Landsberg und Grafſchaft
Brene bekannt worden, und jetzt theils dem Markgrafthume Meißen, theils dem Herzogthume Sachſen einverleibet iſt, werden unten bey der Markgrafſchaft Meißen
vorkommen deren Beſchreibung wir deswegen verſparet,

haben,

---

*) Ich möchte überhaupt dieſe Mark, die ſächſiſche, ſo wie
die vorige, die thüringſche nennen.

haben, weil in derſelben alle Mark- Burg- und Grafſchaften, alle Stifter und Dynaſtien zuſammen gefloßen ſind.

Von den Grafſchaften in Meißen.

Man wird ſich aus den oben gegebenen Nachrichten erinnern: daß Heinrich I. das eingenommene Land der Slaven, nach alter deutſcher Sitte, in gewiße Bezirke (Grafſchaften) theilte, und beſondern Vorſtehern (Grafen) die
Regierung derſelben übertrug, welche von der Lage ihrer
anvertrauten Lande, bald Markgrafen, bald Grafen genennt wurden, einander an Range und Macht gleich waren, und Anfangs von den deutſchen Königen ein- und
abgeſetzt werden konnten. Ihre Verrichtungen ſind auch
oben angegeben worden. Sie beſtunden lediglich in der
Ausübung des Blut- und Heerbannes; da die Markgrafen im Gegentheil, noch überdem zur Erweiterung und
Vertheidigung der Gränzen verpflichtet waren. Dieſe
königlichen Stadthalter beyder Art, wußten gar bald eine
Stadt, ein Dorf ihrer Grafſchaft, nach dem andern
erblich an ſich zu bringen, ſo daß die deutſchen Könige,
nach Abgange des ſächſiſchen Kayſerſtammes, wenig oder
nichts mehr in Meißen beſaßen. Das glorreiche Geſchlecht der Grafen von Wettin hat von allem Anfange an,
das mehreſte im jetzigen Meißen, zu beßen Eroberung
ſeine tapferen Vorfahren vermuthlich nicht wenig beygetragen hatten, beſeßen, und trotz allen Ränken herrſchſüch-
tiger Kayſer, und geiziger Fürſten bis auf den heutigen
Tag glücklich behauptet. — Es iſt unmöglich die Gränzen dieſer alten Grafſchaften zu beſtimmen, aber eben ſo
unmög-

unmöglich, die verschiedenen Vorsteher derselben zu entdecken, weil die Besitzungen mehrerer Herren gemengt
durcheinander lagen und weil die Grafen der ersten Zeit,
in den Urkunden keine Familiennamen, sondern jederzeit
nur den Vornamen angeben. Z. B. die Grafschaft
Dieterici, Geronis, Christiani u. s. w. Wir wollen
hier nur die vorzüglichsten derselben bemerken.

1) Die Grafschaft Eulenburg war von den ersten
Zeiten her, einer Linie der Grafen zu Wettin anvertrauet.
Sie bestand aus der Stadt Eulenburg, mit der umliegenden Gegend, oder ohngefähr aus den Gauen, Quesici
und Siusli und war schon zu Anfange des 11. Jahrhunderts erblich. Sie blieb beständig bey diesem Hause und
kam endlich nach Dedos, Conrad des Großen Bruders
Tode, nebst Groitzsch an Conrads 4ten Sohn, Dedo den
Dicken. Es sind in der Folge die Herren von Ilburg
sehr berühmt worden, haben Güter in Meißen, Lausitz,
Brandenburg und Magdeburg besessen, sind aber nichts
als Markgräflich-Meißnische Voigte und Vasallen gewesen, und im 15ten Jahrhunderte völlig ausgestorben. —

2) Die Grafschaft Brene gehörte gleichfals zu den
Besitzungen der Grafen von Wettin, bald nach der Ueberwindung der Slaven. Brene mit der umliegenden Gegend und Zörbig mit seinem Bezirk machten diese Grafschaft aus, zu welcher in der Theilung Conrad des Großen,
noch vielmehr kam. Doch davon wird unten, bey der
Markgrafschaft Meißen, mehr vorkommen.

3) Die

3) Die Grafschaft Groitzsch, deren Andenken, der bey Pegau an der Elster gelegene Flecken dieses Namens, erhält, war eine der berühmtesten Grafschaften dieses Landes. Die allerersten Besitzer und Vorsteher derselben, waren die Markgrafen vom Stade. Im 11ten Jahrhunderte aber kam es durch Tausch, vom Markgraf Udo von Stade, an den berühmten Graf Wiprecht von Groitzsch, welcher bis dahin einen Theil der heutigen Altmark unter dem Namen Balsamerland *) besaß. Er war einer der tapfersten und klügsten Fürsten seiner Zeit. Mit seiner Gemahlin Judith, König Uratislav von Böhmen Tochter, bekam er einen großen Theil der heutigen Oberlausitz, wie auch den Zwickow Gau. Auch das Schloß Morungen im Mansfeldischen, nebst vielen einzelnen Gütern in Thüringen gehörten ihm. Allein alle diese Besitzungen, Groitzsch allein ausgenommen, mußte er hingeben, um seinen Sohn aus Kayser Heinrich V. Gefangenschaft im Jahre 1112 zu retten. Dieser rachsüchtige Fürst war damit noch nicht zufrieden, sondern nahm auch den Vater gefangen, ließ ihn auf dem Reichstage zu Würzburg den Kopf absprechen, und gab seine Lehnsgüter dem Grafen Hoyer von Mansfeld. Nun versprach sein Sohn Wiprecht II. sein Erbguth Groitzsch an den Kayser abzutreten, wenn dieser den Vater freylaßen wollte; doch mußte er nichts destoweniger drey Jahre lang in der Gefangenschaft bleiben, bis es endlich dem Sohne glückte, den Kayser durch die berühmte

---

*) Vermuthlich war es der größte Theil der heutigen Altmark; die Städte, Stendal, Osterburg und Arneburg werden ausdrücklich genennt.

B

berühmte Schlacht bey Welpheshol; zur Auslieferung des
Vaters zu zwingen.   Nach dieser Erledigung bekam er
mehr, als er je gehabt hatte, nemlich: alle seine vorigen
Besitzungen, nebst der Markgraffschaft Niederlausitz und
dem Burggrafthum Magdeburg.   Er starb endlich 1124
als Mönch, in dem von ihm gestifteten Kloster zu Pegau.
Der vortrefliche Wiprecht III. sein älterer Sohn, war
schon vor dem Vater gestorben, daher erhielt der jüngere,
Heinrich, die väterlichen Lande, bis auf die Erbgüter,
welche seine Tochter, Bretha, die mit Dedo, Conrads
des Großen Bruder, Graf von Eulenburg vermählt ward,
bekam.   Da sie nur eine Tochter, die Mathilde, zeugte,
so nahm sie den Sohn ihres Schwagers, Conrad des
Großen, Dedo den Dicken an Kindesstatt an, und auf
diese Art kam Groitzsch, Morungen im Mansfeldischen,
und andere Güter in Thüringen an die markgräflich=meiß=
nische Familie.   Ihre Tochter ward an einen gewißen
Graf Rabodo, Stiftsvoigt von Bamberg, verheyrathet,
welcher die mit seiner Gemahlin bekommenen Güter, als
Altenburg, Leißnig, Zwickau, die Dynastie Coldiß und
andere Orte des Pleisnerlandes, an den Kayser Friedrich I.
für 500 Mark Silber verkaufte, welcher diese Güter zu
einer Domaine machte und einen Landrichter darüber be=
stellte.   Bald werden wir aber mehr von diesem sogenann=
ten Pleisnerlande reden.

4) Die Grafschaft Merseburg ist älter als alle
vorige, und gehörte, wenigstens größtentheils, zum säch=
sischen Thüringen.   Sie hat nicht lange gestanden; denn
das Hochstift Merseburg ist auf dieselbe gegründet, bey
deßen

deßen Beschreibung wir auch das Nöthigste von dieser Grafschaft beybringen wollen.

5) Neben Merseburg lag die Grafschaft Weißen=fels, *) von welcher nur sehr wenige und unzuverläßige Nachrichten übrig sind. Sie umfaßte allerdings ein Stück des Gau Zürba, und ist vermuthlich einer derjenigen Landstriche, welche die Thüringer zuerst von dem Sorbenlande abgerißen haben, und hat bis zu Otto des Reichen Zeiten ihre eigne Herren gehabt; dieser aber hat sie an Meißen gebracht. Ob nun dieses durch Kauf, Erbe, oder Schenkung geschehen, ist bis jetzt nicht ausgemacht. Denn die ganze Nachricht, welche wir davon in glaubwürdigen Geschichtschreibern finden, ist diese: Otto Castrum Wizenfels, cum omni jurisdictione acquisivit. 1176 oder 1178. vid. Chronicon Vet. Cell.

Von den Burggrafen.

An die Grafen schließen sich eine Art Herren, welche sich Burggrafen nennen, und sowohl in Hinsicht ihrer Entstehung als auch ihrer Oberherren zweyerley waren. Einige hingen nemlich vom Kayser und Reiche, andere

B 2   von

*) Herr D. Schröter in Weißenfels hat seit vielen Jahren alles gesammelt, was von dieser merkwürdigen Stadt aufzufinden war. Er besitzt auch einen Theil des Manusc. welches der Vielschreiber Vulpius unter dem Titel: einer Chronic von Weißenfels in Fol. drucken laßen wollte. Wenn ein Edl. Magistrat dieser Stadt, nicht wichtige mir aber unbekannte Ursachen hätte, diesem würdigen Gelehrten den Zugang zum Archiv zu verschließen, so würden wir bald eine zusammenhängende Geschichte derselben zu hoffen häben.

von den Markgrafen ab. Jene, die kayserlichen, entstunden aller Wahrscheinlichkeit nach, wieder auf zweyerley Art. Als die Markgrafen und Grafen immer mächtiger wurden und ihre Besitzungen, die sie bisher blos als Stadthalter verwalteten, erblich zu machen, und die Landeshoheit sich zu erwerben anfingen, waren schon einige Städte zu beträchtlicher Größe und Reichthum gelanget, welche nun lieber unter dem Kayser und Reiche als unter Grafen stehen und daher neue Stadthalter haben wollten, welche ihnen die Kayser unter dem Tittel der Burggrafen gaben. Die geistlichen Stifter, welche seit der Einführung der christlichen Religion errichtet, und mit weltlichen Gütern nach und nach überhäuft wurden, bekamen gleichfalls dergleichen Burggrafen, welche in ihren Besitzungen den Gerichts- und Blutbann (welches Amt die Advocatie über ein Stift genannt wurde) ausüben mußten. Endlich waren auch einige Burggrafen Vorsitzer gewißer Landgerichte, deren Beysitzer aus den sogenannten Mannen, oder edelsten und klügsten Rittern gewählt wurden, und welchen selbst die Mark- und andern Grafen unterworfen seyn sollten. Allein die Markgrafen wußten diese Gerichte sehr bald ihrer eignen Herrschaft zu unterwerfen, und sich zu Vorsitzern in denselben zu erheben.

Diese Burggrafen, die auch Reichsburggrafen genennt werden, sind aber mit den markgräflichen nicht zu verwechseln. Diese letzteren waren nemlich nur über gewiße Vestungen oder Schlößer gesetzt und gehörten zu den markgräflichen Vasallen. Doch machten sie den Tittel, welchen ihnen ihr Amt auflegte, oft erblich, und daher entstan-

entstanden eine ungeheure Menge solcher Burggrafen, die zwar im Grunde nichts mehr als andre Ritter waren, aber doch den Rang über dieselben, ja sogar manchmal die Unabhängigkeit von den Markgrafen zu fordern sich erdreisteten, sie aber nie erhielten. Doch wir eilen zu den Burggrafen der ersteren Art.

Von den Reichsburggrafen zu Meißen.

Diejenigen Burggrafen, welche in der Stadt Meißen ihren Sitz, und in der umliegenden Gegend ihre Besitzungen hatten, waren vom Kayser Otto III. zu Anfange des eilften Jahrhunderts vermuthlich zu Voigten, des von seinem Großvater daselbst errichteten Hochstifts verordnet und diese Stelle zuerst dem Grafen Friedrich von Eulenburg, einem Sohne Graf Dietrichs von Wettin, anvertrauet worden. Ob aber dieses edle Geschlecht das Burggrafthum auch in der Folge noch verwaltet, läßt sich aus Mangel an Nachricht nicht bestimmen. Als im Jahre 1425 mit Heinrich, Burggrafen in Meißen, die alte Linie dieser Herren ausstarb, nahm Churfürst Friedrich der Streitbare die zum Burggrafthum gehörigen Länder, vermöge der 1350 vom Kayser Karl IV. erhaltenen Belehnung, mit allen Burg- und Grafschaften im Meißnerlande in Besitz. Allein der römische König Sigismund sahe diese Lande als eröfnete Reichslehne an, und gab sie nebst der burggräflichen Würde, dem Voigte Heinrich von Plauen. Es entstanden nun zwischen den folgenden Churfürsten von Sachsen und den neuen meißnischen Markgrafen große und weitläuftige Streitigkeiten, die man

durch)

durch mancherley Verträge gütlich zu schlichten suchte.
Endlich verglich man sich dahin: daß der Churfürst dem
Burggrafen Heinrich I. eine Summe Geldes für die Besitzungen und Rechte zum Burggrafthume Meißen gehörig,
reichte, und ihm und seinen männlichen Erben vergönnte,
den Tittel eines Burggrafens von Meißen zeitlebens zu
führen, welche auch endlich 1572 in Heinrich dem jüngern
ausstarben.   Die Churfürsten von Sachsen sollten nun
als Burggrafen von Meißen, auch von demselben Tittel
und Wappen führen, und eine Stimme auf dem Reichstage erhalten.   Doch findet man keine zuverläßige Spur,
daß sie diese Rechte ausgeübt hätten.   Die Besitzungen
dieser Burggrafen, welche sie theils vom Kayser und Reiche, theils von den Markgrafen und auch den Bischöfen
zu Meißen zur Lehn trugen, bestanden 1) in einem ansehnlichen Antheile an Schloß und Stadt Meißen, nebst der
umliegenden Gegend, 2) den Herrschaften Hartenstein
und Wildenfels nebst 12 bis 15 Dörfern, welche unter-
mengt mit bischöflichen und markgräflichen in der Gegend
von Meißen lagen.   Anfänglich mögen sie auch Voigte
des Hochstifts Meißen gewesen seyn, welches Recht aber
die weit mächtigern Markgrafen in Meißen an sich zu bringen wußten.

Vom Burggrafthume Dohna.

Ein anderes solches Burggrafthum des ersten Ranges
war Dohna, dessen Andenken noch jetzt ein kleiner Flecken
gleiches Namens 3 Stunden von Dresden, nach dem
Hönigstein zu, gelegen, erhält.   Die ältesten Nachrichten

richten davon, sind verlohren gegangen; soviel aber ist gewiß, daß sie nebst ihrem Distrikte in den ältesten Zeiten, zu Böhmen gehört hat. Der erste uns bekannte Burggraf von Dohna, Erkanbert kömmt 1113 vor, und Jasko II. und Nikolaus genannt Maul, sind die letzten, welche bis zu Ende des 14ten Jahrhunderts lebten, die Länder ihrer damaligen Lehnsherren der Markgrafen in Meißen beunruhigten, und die Strafen unsicher machten. Markgraf Wilhelm der Einäugige, ein Sohn Friedrich des Ernsthaften, überwältigte sie, und die Burg Dohna ward 1403 geschleift und der Erde gleich gemacht. Die ganze weitläuftige Familie dieser Burggrafen, die sich in Böhmen, Schlesien, Lausitz und Preußen ausgebreitet hatte, ward aus Meißen verjagt; ihre Besitzungen wurden eingezogen und dem Markgrafthum einverleibt. Diese Güter lagen zerstreuet; in der Gegend von Dohna und erstreckten sich bis Döbeln, welches ihnen gehörte. Ueberhaupt muß man merken, daß in diesen Zeiten, die Besitzungen der Markgrafen, Burggrafen, Grafen und Stifter ganz unordentlich unter einander lagen. Auch gehörte ihnen die Herrschaft Rabenau, welche ehedem ihre eigene Herren gehabt hatte; Werda ein Städtchen, nicht weit von Zwickau, das ihnen Friedrich der Streitbare 1400 abgekauft hat; Poßendorf, Maxen nebst 26 andern Dörfern. In Dresden besaßen sie einen Pallast (curia.) welcher in der Folge, dem Kloster Altenzelle geschenkt worden ist. Auch hatten sie Antheil an dem Zoll der Dresdner Brücke, die sie zu erst erbauet haben sollen. Es war auch zu Dohna ein sogenannter Schöppenstuhl (Scabinatus) deßen Beisitzer, die Ritter aus

der

der umliegenden, unter dem Vorſitze der Burggrafen, in= und ausländiſche Streitigkeiten entſchieden. In den erſten Zeiten ſtand dieſes Gericht unter den Kayſern, alsdann unter Böhmen und endlich bekam Sachſen die Herrſchaft über daßelbe. In der Folge ſoll es von Churfürſt Auguſt mit dem Leipziger Oberhofgerichte, vereinigt worden ſeyn, welches nicht ſowohl von den Perſonen, die dieſes Gericht vorſtellten, als vielmehr von den Sachen zu verſtehen iſt, welche hier entſchieden wurden. Uebrigens dauert die Familie dieſer alten Burggrafen von Dohna, die bey der Beſchreibung der Oberlauſitz, noch einmal vorkommen wird, noch jetzt im Königreiche Preußen fort.

Von der Burggrafſchaft Altenburg.

Aus dem ehemaligen Pagus Pliſni der Wenden, war vermuthlich ſchon zu König Heinrich I. Zeiten, eine Grafſchaft gleiches Namens entſtanden. Um die Mitte des 12ten jahrhunderts kaufte Kayſer Friedrich I. von dem letzten Grafen Rabod, die Ueberreſte derſelben für 500 Mark Silber, machte die Hauptſtadt Altenburg zu einer freyen Reichsſtadt, und das übrige zu einer kayſerlichen Domaine, (oder Krongute) und ordnete in Altenburg zugleich einen Burggrafen an, welchem er einige Stücke der umliegenden Gegend zu ſeinen Einkünften gab. Der erſte Burggraf war aus dem edeln Geſchlechte derer von Altenburg, welche ehemals im Merſeburgiſchen ſaßen, und gab Altenburg erſt ſeinen jetzigen Namen, da es vorhero Pliſni hieß. Im Jahre 1329 ſtarb der letzte Burggraf Albrecht IV. und hinterließ nur eine Tochter Eliſabeth, welche

welche an den Burggrafen Otto II. von Leißnig vermählet wurde und ihm ihre väterlichen Erbgüther mitbrachte. Die Markgrafen in Meißen welche schon 1290 eine kayserliche Anwartschaft auf dieses Burggrafthum erhalten hatten, verbanden es mit Meißen.

Ihre Besitzungen darin waren:

1) ein Theil vom Schloße zu Altenburg.
2) Lobschütz ein Städtchen unweit Borna.
3) Penig, Stadt und Schloß.
4) Rötha Stadt; jetzt ein Flecken.
5) Schmöllen ein Städtchen im Herzogthume Altenburg an der Sprotta nebst 17 Dörfern hin und her zerstreuet.

Von dem Burggrafthume Leißnig.

Leißnig wird ausdrücklich auch eine Reichsburggraffschaft genennt. Sie ist ohngefähr um die Mitte des 12ten Jahrhunderts und also mit Altenburg zu gleicher Zeit entstanden. Leißnig hatte ehedem den Grafen Wiprecht von Groitzsch gehört, welchen es Kayser Heinrich IV. nach jenem berühmten italienischen Zuge, zum Geschenke und erblichen Eigenthume überließ. Es kam durch Kauf bey der Vermählung der Mechtild mit Rabobo von Avenberg an den Kayser Friedrich I. der es zu einer freyen Reichsstadt machte und gewiße Voigte verordnete, von welchen ein gewißer Heinrich Graf von Buch, der im Jahre 1192 das berühmte Kloster Buch stiftete, der erste gewesen zu seyn scheint. Als die Osterlande, durch die Vermählung Albert des Unartigen, wieder an Meißen kamen,

B 5 waren

waren die Burggrafen schon zu angesehen und mächtig, und bewirkten beym Kayser, daß sie und ihre Besitzungen in vorigem Stande bleiben sollten. Sie wurden nun erblich in der Burggrafschaft, und zugleich Voigte in dem von ihnen gestifteten Kloster Buch; wozu noch mehr Voigteyen kamen. Endlich verband Otto II. die Erblande der ausgestorbenen Burggrafen von Altenburg, welche besonders in den Herrschaften Rochsburg und Penig bestanden, durch die Vermählung mit der Elisabeth, mit seinen Besitzungen. Als endlich im Jahre 1538 die alte burggräfliche Linie mit dem Burggrafen Hugo ausstarb, nahm Herzog Georg mit dem Barte, diese Lande in Besitz. Sein Bruder, Heinrich der Fromme, bat ihn zwar diese Lande seinem Sohne, dem nachherigen Churfürsten Moritz zu geben, weil aber Vater und Sohn im vorigen Jahre die evangelische Religion angenommen hatten, so schlug es der eifrig papistische George ab. Es werden nun die Besitzungen dieser Burggrafen leicht zu finden seyn. Sie bestanden nemlich 1) in Schloß und Stadt Leißnig, mit der umliegenden Gegend, 2) Rochsburg, 3.) Penig, 4) Mutschen. Von diesen letzteren Oertern haben sich verschiedene Nebenlinien z. B. Burggrafen v. Rochsburg u. s. w. geschrieben, welche jedoch keine burggräflichen Würden bekleideten.

Die ehemaligen so ansehnlichen Besitzungen, welche Graf Wiprecht der Große im sogenannten Pleisnerlande, theils durch Tausch, theils durch Heyrath, theils durch Kauf und Schenkungen an sich gebracht hatte, wurden, wie aus den bisher angeführten Nachrichten erhellet, nach seinem Tode zerrißen. Den ansehnlichsten Theil derselben

erhielt

erhielt Kayser Friedrich der Rothbart vom Graf Rabot,
welcher die Mechtild, den letzten Sprößling aus Wiprechts
Familie zur Gemahlin hatte, für 500 Mark Silber; er
bestellte in Altenburg und Leißnig Burggrafen, machte
das übrige zu einer Domaine (Krongute) und ließ es
durch sogenannte Landrichter verwalten. Es gehörte nun
zu derselben, die Gegend wo jetzt Altenburg, Zwickau,
Chemnitz, Werde, Chrimmitzschau, Regis, Schmöllen, Leißnig, Colditz, Frohburg und Rötha liegen.
Kayser Friedrich II. gab diesen Distrikt dem Landgrafen
Albrecht den Ausgearteten von Thüringen; zum Unter-
pfande für die 10,000 Mark Silber, welche zur Mitgift
für seine, an den Landgraf vermählte Tochter Margaretha
bestimmt waren, aber wegen Geldmangel nicht ausgezahlt
werden konnten. Albrecht aber verkaufte es aus Haß
gegen seine Söhne an den Kayser Adolph von Naßau,
welcher es wieder mit Landrichtern besetzte, und es seinem
Sohne Rupert übergab. Allein weder Rupert, noch sein
Schwiegervater Wenzeslaus König von Böhmen, konnte
es gegen die rechtmäßigen Besitzer Friedrich und Diezmann behaupten, welche es als ein Erbe von ihrer Mutter,
mit Recht ansahen und mit dem größten Muthe vertheil-
digten. In diesen unruhevollen Zeiten, machten einige
Städte, besonders Zwickau, Altenburg und Chemnitz,
Miene sich von den Landgrafen unabhängig zu machen;
doch brachte es der kluge und tapfere Friedrich mit dem
Biß, ohngefähr ums Jahr 1308, dahin, daß sich ihm das
ganze Pleisnerland unterwarf, und 1324 vom Kayser
Ludwig den Bayern, ihm und allen seinen Nachkommen
der ewige Besitz deßelben bestätiget ward.

Ent=

Entstehung und kurze Geschichte des Markgrafthums Meißen, besonders in geographischer Rücksicht.

Die dritte Markgrafschaft, welche sowohl die ersteren, als auch alle Grafschaften und Burggrafschaften des alten Sirbiens, in sich vereiniget und ihnen ihren Namen beygeleget hat, ist die, vom König Heinrich I. 922 gegründete Markgrafschaft Meißen. Da dieser König erst 6 Jahre später die berühmte Vestung Gana, welche nur höchstens 2 Meilen von der Stadt Meißen lag, die er von einem kleinen Flüßchen dieses Namens, so genennt hatte, eroberte, so sieht man, daß die Gränzen dieser Markgrafschaft sehr eingeschränkt waren. Meißen war aber ohnstreitig die wichtigste Gränzvestung des gesamten Landes, weil die Milzener, die Pohlen und Böhmen, die mächtigsten slavischen Völker besonders von dieser Seite beständige Einfälle droheten und ihre, durch die Deutschen unterjochten Brüder zum Aufstande reißten. Daher setzten auch die deutschen Könige immer die klügsten, tapfersten und mächtigsten Grafen, die große Erbgüter und also auch viele Vasallen (milites) hatten, zu Markgrafen nach Meißen. Ihr Amt bestand nun nicht allein in der Vertheidigung, sondern auch in der Erweiterung der Gränzen, nach den feindlichen Besitzungen zu; welche Bestimmung, auch die mehresten meißnischen Markgrafen pünktlich erfüllet haben. Doch wachte der Eifer zur Vergrößerung erst recht auf, als die Besitzer dieser Mark vollkommen erblich worden waren. Ohnerachtet aber die ersten Markgrafen, nur königliche oder kayserliche Stadthalter waren, so hatten sie doch wegen ihrer Geburt und

eigenen

eigenen Gütern fürstlichen Rang, und kein Kayser hatte
weder über ihre Person noch über ihre eigenthümlichen Besitzungen die geringste Gewalt. Auch hatten sie, wie die
andern Grafen das Land der Slaven erobern helfen, und
deswegen um so mehr Recht auf den Genuß deßelben. —
Den ersten in Meißen bestellten Markgrafen zu entdecken, ist bisher unmöglich gefallen. Mit Gewißheit
kann man Rigbag oder Ribbag, Markgraf in Meißen
nennen, welcher beym Jahre 983 von den Schriftstellern genennt wird, ein sächsischer Graf war und 985
starb. Er hinterließ zwar einen Sohn mit Namen
Karl, welcher aber auf seinen väterlichen Erbgütern, wahrscheinlich im heutigen Mansfeldischen leben, und die Markgraffschaft seines Vaters Schwester Sohne, Eckardt überlaßen mußte, welcher diejenige, die er im Osterlande besaß damit verband. Dadurch nun ward Markgraf
Eckardt so mächtig, daß er es wagen durfte, nach Otto III.
Tode um die deutsche Königswürde zu werben, worüber
er aber im Jahre 1002 sein Leben verlohr. Ob er gleich
zwey Söhne hinterließ, so riß dennoch sein Bruder Gunzelin die Markgraffschaften, welche von ietzt an als eine
angesehen wurden, an sich. Man beschuldigte ihn aber
nicht ohne Grund eines heimlichen Bündnißes mit dem
Herzoge in Pohlen, daher ward er auf einer Versamm-
lung der Fürsten zu Merseburg abgesetzt, und die markgräfliche Würde seines Bruders Eckardt I. Sohne Herrmann übertragen, nach deßen 1031 erfolgten Tode seinem
Bruder Eckard II. bis 1046, wo mit ihm die erste uns
bekannte markgräflich meißnische Linie ausstarb. Kayser
Heinrich III. übergab nun die schon ansehnliche Mark dem
mächtigen

mächtigen, klugen und tapfern Grafen Wilhelm von Weimar, welcher bis 1062 mit dem größten Ruhme regierte.
Ihm folgte sein Bruder Otto, Graf zu Orlamünde, welcher außer seinen weitläuftigen thüringischen Erbgütern,
viele Lehnguter vom Erzbischofe in Maynz besaß. Da er
der erste war, welcher dem Erzbischofe den Zehenden ver-
willigte, so haßten ihn alle Thüringer und freuten sich
über seinen 1067 erfolgten Tod. Der damalige Kayser
Heinrich IV. gab nunmehr die erledigte Markgrafschaft
seinem Vetter Eckbert Grafen von Braunschweig, und
ertheilte zugleich dem Sohne desselben, Eckbert II., der
damals erst drey Jahr alt war, eine Anwartschaft auf dieselbe. Dedo, Markgraf in der Niederlausitz, aus dem
Hause Wettin, hatte die Adela, die Wittwe des verstor-
benen Markgrafen Otto geheyrathet, und suchte sich daher sowohl der Erb- als Lehnguter desselben zu bemächti-
gen. Wegen der thüringischen Güter konnte er wenig
ausrichten. Allein Meißen scheint er doch, wenigstens
in den jüngern Jahren des Markgrafen Eckbert II. verwaltet zu haben. Da er endlich 1075 starb, so gab Heinrich, welcher gegen seinen Vetter, den jungen Eckbert II.
sehr aufgebracht war, weil er es in dem damaligen sogenannten sächsischen Kriege, mit den Feinden Heinrichs
hielt, dieses Markgrafthum dem Herzoge Wratislav von
Böhmen, und suchte ihn mit Gewalt in demselben fest
zu setzen. Allein Eckbert jagte sie beyde, mit Hülfe der
Sachsen, aus Meißen, und behauptete die markgräfliche
Würde bis ins Jahr 1090, in welchem er auf Anstiften
des Kaysers ermordet und Thimo Graf von Wettin, der
Bruder des vorigen Markgrafen Dedo, zum Markgrafen

in

in Meißen ernennt ward. Allein Thimo ward (vielleicht an dem nemlichen Tage da er diefes erlangte) bey einer Belagerung erfchlagen. Nun hätte zwar billig fein Sohn Conrad der Große fogleich feinem Vater in diefer Würde folgen follen; allein fein Vetter Heinrich, ein Sohn des obigen Markgrafen Dedo, welcher Gertrud, die Schwe-fter des letzten Markgrafen Eckbert II. zur Gemahlin hatte, nahm Meißen in Befitz, und hinterließ feine Gemahlin fchwanger, welche auch einen Sohn Heinrich II. zur Welt brachte. Conrad der Große hielt ihn zwar für den unter-gefchobenen Sohn eines Kochs, *) allein diefe Befchim-pfung mußte er mit dem Verlufte feiner Freyheit büßen. Heinrich ließ ihn gefangen nehmen und auf das Schloß Kirchberg in Thüringen bringen, wo er bis nach Heinrichs II. 1126 erfolgten Tode bleiben mußte. Nunmehr trat Conrad die Regierung der Markgraffchaft Meißen fowohl, als aller Erblande Heinrichs an. Da aber fowohl der Bifchof, als der Burggraf in Meißen vieles von den Städ-ten und Dörfern diefes Markgrafthums befaßen, fo war es freylich nicht fo anfehnlich als es in der Folge ward. Es gehörten damals zum Markgrafthume folgende Städ-te: Meißen, Ofchatz, Lomatfch, Großenhayn, Grimma, Döbeln. Er brachte noch zu demfelben Leipzig, Rochlitz, Groitzfch, Pegau. Im Jahre 1136 brachte er auch, nach

dem

---

*) Heldolf von Zörbig, ein Ritter Conrad des Großen, hatte auf dem Petersberge mit einem feyerlichen Eide verfichert: Markgraf Heinrich II. fey der Sohn eines Kochs; welches Heinrichs Ritter dadurch beftraften, daß fie diefen Heldorf, Nafe, Ohren, und Lippen abfchnitten, die Zunge ausrißen und ihm die Augen ausftachen.

dem Tode Heinrichs Wiprechts von Groitzsch Sohne, das
Markgrafthum Lausitz, wiederum erblich an sein Haus.
Die Grafschaft Wettin war sein Erbland und die Grafschaften Brene, Eulenburg und Camburg erbte er, nach
dem Tode Dietrichs und Wilhelms seines Vaters Bruders
Söhnen.   Mit seiner Gemahlin Lukardis, Tochter
eines schwäbischen Grafen, zeugte er 6 Söhne und 6
Töchter. Nur fünfe dieser Söhne übererlebten ihn (Heinrich, der älteste, starb in der Jugend) unter welche er,
nachdem er sich als Mönch im Kloster auf dem Petersberge, wo er auch 1157 starb, hatte einkleiden laßen,
diese angeführten Besitzungen folgendergestalt theilte:

1.) Otto, der älteste unter den ihm überbliebenen Prinzen, bekam die Markgrafschaft Meißen.

2.) Dietrich ward Markgraf der Niederlausitz und erhielt
noch überdem Eulenburg und Landsberg mit der umliegenden Gegend.   Im letzteren Orte bauete er sich
ein Schloß und machte es zu seiner Residenz.   Das
berühmte Kloster zu Dobriluck hatte ihm seinen Ursprung zu danken.   Er starb 1185 und hinterließ bloß
einen natürlichen Sohn Dietrich, welcher Bischof in
Merseburg ward.   Sein ächter Sohn Conrad, ein
muthiger junger Mann, ward auf einen Tournire,
mit einer Lanze durchstochen, daher fielen seine Besitzungen an seinen Bruder.

3.) Dedo den Dicken, welcher von seinem Vater die Grafschaft Rochlitz und von seiner Tante der Bertha, Wiprechts von Groitzsch Tochter, die Grafschaft Groitzsch bekommen hatte, wozu denn 1185 seines Bruders
Dietrichs

Dietrichs Lande kamen. Er starb 1190 und hinterließ
2 Söhne, Conrad und Dietrich, wovon der letztere
1207 und der ältere 1210 als Markgraf in der Lausitz,
Graf zu Groitzsch, Rochlitz, Eulenburg und Landsberg starb. Conrads einziger Sohn war in der Jugend gestorben. Daher erhielt sein Vetter Dietrich
der Unglückliche seine Lande.

4.) Heinrich, Conrad des Großen 4ter Sohn, ward Graf
zu Wettin. Diese Grafschaft war, wie bekannt,
das älteste Erbe dieses edeln Geschlechtes, und ihre
Länge betrug ohngefähr 4 und ½ ihre Breite 2 Meilen.
Außer dem größten Theile des heutigen Saalkreises,
gehörten auch einige Stücke der heutigen Aemter Delitzsch und Eulenburg zu selbiger. Heinrich starb 1187
und hinterließ 2 Söhne, wovon der ältere unverhey-
rathet starb, hingegen der jüngere Ulrich bey seinem
1206 erfolgten Absterben, den mit Hedwig, Herzog
Bernhards von Sachsen Tochter, erzeugten Heinrich
hinterließ, welcher im Jahre 1217 diese Linie beschloß,
wodurch diese Grafschaft an die jüngere Brenaische
Linie kam.

5.) Der jüngste Sohn Conrads des Großen, Friedrich
erhielt die lange schon dieser Familie erblich gehörige
Grafschaft Brena, zu welcher außer der Stadt und
dem Schloße zu Brena, nebst der umliegenden Gegend, auch Stadt und Schloß Camburg mit seiner
Pflege, wie auch viele Städte im heutigen Churkreise
als Schweinitz, Jeßen, Prettin, Belzig, Zahne
u. a. gehörten. Eben dieser Friedrich ist als Stifter des

C   Klosters

Klosters Buch an der Schopa im Osterlande und seine Gemahlin Hedwig die Stifterin des Klosters zu Brena. Er starb 1181 und liegt auf dem Petersberge begraben. Er hinterließ zwey Söhne Otto und Friedrich und eine Tochter, (Sophie) welche Aebtißin in Queblinburg ward. Otto, ein tapferer Krieger und Tempelher, starb in der Blüthe seiner Jahre und ward zu Brena, in den von seiner Mutter gestifteten Kloster begraben; und sein Bruder bekam daher die Grafschaft allein. 1217 brachte er, nach Heinrichs Grafens von Wettin Tode, auch diese Grafschaft an sein Hauß, starb 1221 zu Ptolomais auf einer Kreußfahrt, und hinterließ von seiner Gemahlin Jutta, Friedrichs Grafen von Ziegenhayn Tochter, 2 Söhne, welche gemeinschaftlich regierten. Otto starb vermuthlich schon 1231 oder 1232 und sein Bruder Dietrich übernahm nun die Regierung allein. Letzterer starb 1252 und hinterließ 2 Söhne, deren der ältere Dietrich Tempelherr wurde und der jüngere Albert ihm in der Regierung folgte und einen Sohn, Conrad, hinterließ, deßen einziger Sohn Otto der IV. ihm in der Verwaltung der Grafschaft folgte. Otto war mit Elisabeth Albrecht des I. Herzog zu Sachsen ascanischen Stammes, Tochter vermählt, und der letzte Graf zu Brena aus den wettinischen Hauße. Er ließ sich verleiten zu Wettin 1288 eine Acte aufzusetzen, vermöge welcher dieses alte Schloß, der erste uns bekannte Sitz unserer durchlauchtigsten Regentenfamilie, mit allem Zubehör, nach seinem Tode an das Erzstift Magdeburg fallen sollte. 1290 starb er und die magdeburgischen Erzbischöffe säumten nicht,

dieses

dieſes erſchlichene Recht, auf den gröſten Theil des heutigen Saalkreiſes, (Halle gehörte ihnen ſchon ſeit langer
Zeit) geltend zu machen. Sie konnten dieſes deſto
ungeſtörter, da die Markgrafen von Meißen als rechtmäſige Erben, durch Familienzerrüttungen, die Albert der Ausgeartete damals anrichtete, keine Schwierigkeiten in den Weg legen konnten. Eliſabeth, Otto's
Mutter, ergrif, um ihr Hauß mächtiger zu machen,
das nemliche Mittel. Sie brachte es nemlich bey dem
damaligen Kayſer Rudolph von Schwaben, der der
Schwiegervater ihres Bruders Albert II. war, dahin:
daß er ihres Bruders Sohn Rudolph I. 1290 zu Erfurt mit der Grafſchaft Brena, zum Schaden und mit
offenbarem Unrechte gegen das markgräflich meißniſche
Hauß belieh. 133 Jahre darnach, fiel es dieſem hohen
Hauße zugleich mit dem Herzogthume Sachſen wiederum zu.

Aus dem bisher beygebrachten Nachrichten ſiehet man:
daß diejenigen Länder, welche der große ober fromme Conrad unter ſeine Söhne getheilt hatte, bald wiederum an
den Hauptſtamm Meißen zurück kamen, bis auf das im
Verhältniße Wenige, was ſich Magdeburg und Sachſen
ganz widerrechtlich anmaßten. Wäre Friedrich mit dem
Biß damals ſchon mit ſeinem ausgearteten Vater fertig geweſen, gewiß dieſer große und muthvolle Fürſt würde die
Rechte ſeines Hauſes, troß der Macht eines ungerechten
Kayſers und gewinnſüchtigen Erzbiſchofs, behauptet haben,
und das Stammhauß ſeiner großen Ahnen würde noch zu
Churſachſens Beſitzungen gehören.

Doch

Doch wir gehen zu Otto, dem ältesten Sohne Conrads, welcher wegen der unter ihm entdeckten ergiebigen
Bergwerke (in der Gegend des heutigen Freyberg) der
Reiche heißt, zurück. Otto wendete zwar seine Schätze
zu Erkaufung vieler Güther in Thüringen und im Osterlande an, allein seine Freygebigkeit gegen die Mönche war
auch ohne Gränzen. Er stiftete im Jahre 1162 das Kloster zu Altenzell, setzte einige Cisterzienser Mönche aus
Pforte dahin, und beschenkte sie mit ungeheuren Güthern.
Mit Hedwig, Albert des Bären, Markgrafens zu Brandenburg Tochter zeugte er zwey Söhne, Albert und Dietrich, deren letztern er, durch seine Gemahlin und die Pfaffen verleitet, die Mark Meißen zum Schaden des Erstge-
bohrnen, Alberts, im Testamente vermachte. Albert
(dem die Pfaffen den Beinamen des Stolzen aus Haß
beigelegt haben) griff, als er dieses erfuhr, wider seinem
Vater zu den Waffen, nahm ihn gefangen und setzte ihn
auf das Schloß Döbin, (heutzutage ein Dorf ohnweit
Grimma.) Zwar wurde Otto durch die Vermittelung
Kayser Friedrich I. bald wieder aus der Gefangenschaft
befreyt, allein sein Haß gegen Alberten verlohr sich nicht
bis an seinen Tod. Als dieser 1189 erfolgte und Otto zu
Zelle begraben war, fing Albert an mit allem Eifer seine
Rechte zu behaupten. Zwar war zu Würzburg ein Vergleich zu Stande gekommen, vermöge deßen Albert die
Mark Meißen und Dietrich die Grafschaft Weißenfels
haben, verschiedene Schlößer aber gemeinschaftlich bleiben
sollten; allein Albert bemächtigte sich ietzt zuerst der
30,000 Mark Silber, welche Otto zu milden Stiftungen
im Kloster Altenzell niedergelegt hatte, schloß nachher
seinen

seinen Bruder von der Verwaltung der gemeinschaftlichen Schlößer aus und belagerte ihn hierauf selbst zu Weißenfels. Dietrich mußte sich nun entschließen, die häßliche Jutte, Landgraf Herrmanns in Thüringen Tochter zu heyrathen, um von dieser Seite Unterstützung zu erlangen, welche auch erfolgte. Albert wurde von Hermann im Felde geschlagen und auf Veranstaltung Kayser Heinrich V. 1195 mit Gifte vergeben, welcher auch nach seinem Tode sogleich Meißen besetzte. Dietrich, der damals in Palästina war, kehrte auf die erhaltene Nachricht vom Tode seines Bruders augenblicklich nach Meißen zurück; und da der Kaiser schon zu Anfange des Jahres 1197 starb, so eroberte er Meißen mit Hülfe seines Schwiegervaters völlig, und nahm alle Lande seines Vaters in Besitz. 1210 starb Conrad, der Markgraf in der Lausitz und zu Landsberg, und Dietrichs Lande wurden durch diese Erbschaft ansehnlich vermehrt. Seine allzugroße Liebe und Freygebigkeit gegen die Pfaffen zog ihm den Haß seines Adels und seiner Bürger, besonders der Leipziger zu. Diese Stadt, verbunden mit dem meißnischen Adel, hatte sogar den Entschluß gefaßt, ihn 1215 zu Eisenberg ermorden zu laßen. Durch Beyhülfe Kayser Friedrich II. züchtigte er nun zwar die aufrührerischen Leipziger und legte einige Festungswerke in ihrer Stadt an, allein sie wurden dadurch so erbittert, daß sie seinem Leibarzt eine große Summe versprachen, wenn er ihn durch Gift aus dem Wege räumen wollte. Die Hälfte der stipulirten Summe wurde im Voraus bezahlt. Da aber der Meuchelmörder nach verrichteter Schandthat 1221 die zwote forderte, wurde sie ihm (ein herrlicher Zug aus den kaufmännischen Geiste

C 3   dieser

dieſer Stadt!) unter den bitterſten Vorwürfen verweigert.
Unter Dietrichs Prinzen, deren er wahrſcheinlich fünfe *)
hinterlaßen hat, folgte ihm allein der jüngere Heinrich,
welcher bey ſeines Vaters Tode kaum 3 Jahr alt war, in
der Regierung. Dietrich hatte zwar ſeinen Schwager den
Landgraf Ludwig IV. von Thüringen die vormundſchaftliche Regierung **) während der Minderjährigkeit ſeines
Sohnes aufgetragen, allein ſeine Schweſter und der Biſchof Eckart zu Merſeburg, welche gleichfalls Antheil haben
wollten, machten dem Landgrafen viel zu ſchaffen. Die Anſprüche des Letztern, die nur auf die Interimsverwaltung
der von ihm zur Lehn gehenden Güther im Oſterlande gerichtet waren, wurden durch 800 Mark Silber vergütet,
und der Erſtern ward die Mitvormundſchaft zugeſtanden.
Hiermit noch nicht zufrieden, vermählte ſie ſich heimlich
mit dem Grafen Peppo von Henneberg und ſuchte ihrem
Bruder die Regierung Meißens mit Gewalt zu entreiſſen.
Dieſer behauptete ſein Recht mit dem Schwerdte, nahm
viele Städte und Schlößer in Meißen, unter andern
Tharand, Priesnitz, Neuenhof, Groitzſch und Rochlitz
ein, züchtigte einige bundbrüchig gewordene Edelleute, die
es mit der Jutta hielten, und nöthigte Letztere das Land
zu räumen. Sie floh' mit ihrem Gemahl zum Herzog
Leopold von Oeſtreich und verlobte hier ihren Sohn, den
jungen Heinrich, mit Conſtantia der Prinzeßin des Herzogs.

*) Otto und Conrad ſtarben vor den Vater; Dietrich ward
Biſchof zu Naumburg, und der jüngere Heinrich ſtarb als
Domprobſt zu Meißen.
**) Ludwig kam auch wirklich nach Meißen und nahm die
Huldigung ein.

zogs. Der Vormund ſtellte indeßen die Ruhe in Meiſſen wiederum her, ſtarb 1227 und Heinrich mußte die Regierung ſeines Landes ſelbſt übernehmen.

Ohngefähr 10 Jahre darnach ward er mit Brandenburg in Gränzſtreitigkeiten verwickelt, die zu ſeinem Vortheil entſchieden wurden. Im Jahr 1248 ſtarb Heinrich Raſpe der 4te Landgraf von Thüringen ohne Kinder zu hinterlaßen, und Heinrich ſuchte von dieſer Zeit an ſeine, von der Jutte, ſeiner Mutter, geerbten Anſprüche auf dieſes Land geltend zu machen. Doch wir wollen die ältere Geographie Thüringens ſo weit es nöthig mit erleutern.

Kurze Geſchichte der jetzigen Landgraffſchaft Thüringen, beſonders in geographiſcher Rückſicht.

Die Thüringer, welche wir bey den Geſchichtſchreibern zuerſt unter den Namen der Theuringer und Thoringer kennen lernen, waren ein Zweig des großen weſtgothiſchen Völkerſtammes. Sie wohnten zu Anfange des 4ten Jahrhunderts noch in der heutigen europäiſchen Türkei und kamen gegen das Ende deßelben in denjenigen Lande an, wovon noch jetzt ein Theil ihren Namen führt, und aus welchen bey ihrer Annäherung die Hermunduren, die aus den heutigen Meißen hier eingerückt waren, wichen, ſo wie dieſen die Katten, die erſten uns bekannten Bewohner dieſer Gegend, gewichen waren. Die Thüringer hatten auf ihren Zügen die Römer kennen gelernt und einige Cultur von ihnen angenommen, die ihnen bey der

C 4　　　　　　Ein-

Einrichtung ihrer neuen, noch völlig unbearbeiteten Wohn-
plätze treflich zustatten kam. Sie stifteten ein weitläuftiges Reich, deßen Beherrscher die Schriftsteller der damaligen Zeit Könige nennen. Die Gränzen dieses Königreichs bestimmen zu wollen, würde äußerst schwer, vielleicht unmöglich und auch überflüßig und unnüß seyn, da
die Schicksale deßelben für uns größtentheils ein Geheim-
niß sind und bleiben werden. Genug zu Anfange des
6ten Jahrhunderts wurde dieses Reich von 3 Brüdern
beherrscht, davon der älteste, Namens Irmenfried oder
Herrmannfried, der mächtigste war. Seine stolze und
herrsüchtige Gemahlin Amalberge, Schwestertochter des
ostgothischen Königs Dietrich, brachte ihn auf den niederträchtigen Entschluß: einen seiner Brüder zu ermorden,
und den andern mit Hülfe des fränkischen Königs Dietrich,
dem er die Hälfte der zu machenden Eroberungen versprach,
mit den Waffen von dem Besiße seines Landes zu verdrän-
gen. Alles dieses ward zwar glücklich ausgeführt, da
ihn aber seine Gemahlin beredete, auch an den Franken
untreu zu handeln, und ihnen das versprochene Stück
Land nicht zu geben, so ergriefen diese die Waffen wider
ihn, vereinigten sich mit den, auf der Nordseite Thüringens
wohnenden Sachsen, schlugen ihn erst in einer 528 bey
Leubingen ohneweit Weißensee vorgefallenen, 3 Tage dauern-
den Schlacht aufs Haupt, eroberten sobann die Hauptstadt seines Landes Schibingen an der Unstrut, bekamen
ihn gefangen, und theilten das ganze Land deßelben in
2 Theile. Die wahrscheinlichste Gränze zwischen beyden
Theilen machte ohnstreitig die Unstrut, doch nur bis in die
Gegend, wo dieser Fluß die Helme aufnimmt, denn von
hier

hier gieng ſie an der Helme hinauf bis an den Urſprung derſelben, ſodann aber machte ſie der Harz. Der auf der Nordſeite dieſer Flüße gelegene Theil des Landes erhielt den Namen Nordthüringen, und wurde eine Beute der Sachſen; der auf Südſeite gelegene hingegen ward eine Beute der Franken und hieß von nun an Südthüringen. Da ſich nun das thüringiſche Königreich gegen Norden bis nach Magdeburg, Quedlingburg und Halberſtadt erſtreckt hatte, ſo ſieht man: daß die Sachſen einen anſehnlichen Streich Landes bekamen, den ſie nach ihrer Gewohnheit willkührlich unter ſich theilten. Das ſüdliche Thüringen hingegen wurde eine beſondere Provinz der fränkiſchen Könige; die ſie nach ihrer Gewohnheit in Gauen theilten und Grafen anvertraueten, über welche ſie Anfangs perſönlich die Aufſicht führten. Die unabläßigen Kriege mit den an der Oſtſeite des fränkiſchen Thüringens wohnenden Sorben bewegten endlich den König Dagobert den I.: einen beſondern Herzog über Thüringen zu ernennen, welcher einen fränkiſchen Stadthalter vorſtellen und mit Hülfe der ihm untergeordneten Grafen das Land beſchützen und vertheidigen ſollte. Dieſe Herzoge aber, welche Radulf oder Rudolf, Heden der Aeltere, Gogbert und Heden der Jüngere hießen, und von 630 bis 719 regierten, machten ſich, unterſtützt durch die großen Verwirrungen in der fränkiſchen Königsfamilie, beynahe ganz unabhängig von den Franken, und herrſchten mit ſchändlicher Grauſamkeit über Thüringen. Dieſes bewegte nun die fränkiſchen Könige, die Regierung über Thüringen wiederum ſelbſt zu übernehmen. Auch die Könige aus der korolingiſchen Familie, welche ſich im Jahre 752 des fränkiſchen

Thrones

Thrones und aller demselben unterworfenen Provinzen be-
mächtigten, beherrschten Thüringen selbst. Zwar bestellte
Ludwig der Deutsche, welchem Thüringen in dem mit
seinen Brüdern zu Verdun errichteten Vergleiche samt den
übrigen Deutschland zugefallen war, im Jahre 849 einen
sogenannten Herzog der sorbischen Mark, gab ihm aber
keinesweges über die übrigen thüringischen Grafen mehrere
Herrschaft, als daß er sich ihres Beystandes gegen die
gemeinschaftlichen Feinde bedienen durfte. Dachhälf,
Rathhülf, Poppo, Conrad und Burchard folgten einander in dieser Würde. Als aber der letzte derselben in einem
Treffen gegen die herumschweifenden und raubenden Hunnen erschlagen wurde, so nahm sein Vetter Otto der Erlauchte, damals Herzog zu Sachsen, seine Erbgüther an sich
und verwaltete sein Amt ohne den Tittel deßelben zu führen. Heinrich, Otto des Erlauchten Sohn, brachte
Thüringen, deßen nördliche Hälfte seine Vorfahren ohne-
dieß schon lange beherrscht hatten, als sein Eigenthum an
sich, und hinterließ es als ein Erbe seinem Sohne Otto
dem Großen, welcher die Verwaltung deßelben, wegen
seiner häufigen Züge nach Italien seinem natürlichen
Sohne, dem vortreflichen Erzbischof Willhelm von Maynz,
auftrug, und dadurch die Gewalt und das Ansehn dieser
Erzbischöfe in Thüringen, (die schon seit dem Herzog Goß-
bert, der sich hatte zuerst taufen laßen, ansehnlich gewach-
sen war) ohne seinen Willen so fest gründete. Otto
stellte auch das seit seinem Großvater unbesetzte Amt der
Gränzvertheidiger, wegen der aus Böhmen häufig noch
einfallenden Slaven unter den Titel einer Markgrafschaft
wiederum her. Das Land auf welchen diese Würde be-
ruhete

ruhete läßt sich zwar nicht mit vollkommner Gewißheit bestimmen, aber höchst wahrscheinlich ist es: daß die nachherigen Besitzungen des *) Hochstifts Naumburg einen
ansehnlichen Theil beßelben ausgemacht haben.

Thüringens Eintheilung in Gauen.

Die fränkischen Könige hatten ihren Antheil an Thüringen, bald nach der Eroberung beßelben, in Gauen (Kreise)
getheilt und denselben Grafen oder Aufseher vorgesetzt,
über welche die Herzoge die Oberaufsicht führen sollten.
Anfangs waren den Herzogen auch ansehnliche Striche
von Franken und Heßen mit unterworfen, die aber
nach Abgange derselben wiederum von Thüringen
abgerißen wurden; doch kam letzteres in der Folge unter
den Landgrafen wiederum zu Thüringen, wurde aber nach
Aussterben der landgräflichen Familie abermals und auf
immer von selbigen getrennt. Während der Zeit, da
Thüringen keine eigene Beherrscher hatte, sondern den
fränkischen Königen unmittelbar unterworfen war, machten die Gränzen beßelben: gegen Abend die Werra; gegen Mittag der große thüringer Wald; gegen Morgen
die Sale und gegen Mitternacht die Unstrut, die Helme
und der Harz. In diesen Gränzen befanden sich ohngefähr folgende Gauen:

1.) Der

*) Es sind zwar diese Lande in der Folge zum Osterlande ge-
rechnet worden, allein woher haben doch viele neuere Schriftsteller die Nachricht: daß das sorbenwendische Land, welches
ohnstreitig das nachherige Osterland war, nur von den Sachsen, nicht aber von den Thüringern erobert worden sey? —

1.) Der Härbe oder Harzgau unmittelbar unter dem Harzgebürge. An denselben gränzte

2) der Helmgau vom Fluße dieses Namens sogenannt. Weiter herunter lag an der Unstrut und Wipper der

3.) Nabelgau. Von hier aus gegen Mittag lag der

4.) Engelgau, der ohngefähr die obere Grafschaft Schwarzburg begrif. Diesem gegen Osten lag

5.) der Altgau in der Gegend von Langensalze. Dem Nabelgau gegen Westen lag der

6.) Eißfeldgau, davon das heutige Eichsfeld einen Theil ausmacht. Gegen Osten fand sich der

7.) Hörselgau an der Werra. Er umfaßte einen Theil des heutigen Fürstenthums Gotha und stieß an den

8.) Gau Langwiesan in der heutigen untern Grafschaft Schwarzburg. Am weitesten gegen Süden lag der

9.) Ilmengau im Weimarischen und Rudelstädtischen. Der

10.) Südthüringergau lag am Einfluße der Unstrut in die Sale und umfaßte das Gebiet der Stadt Erfurt, beynahe das ganze Fürstenthum Weimar und das chursächsische Amt Eckardtsberge. Gegen Mittag und Abend lag endlich der große

11.) Grabfeldgau oder Gravfeldgau, der ehehin ganz den Grafen von Henneberg gehörte und von welchen das heutige Henneberg ohngefähr den Mittelpunkt ausmachte.

Gauen

Gauen im sächsischen Thüringen.

Der sächsische Antheil an Thüringen oder das sogenannte Nordthüringen hatte erst nach der, durch Karl dem Großen, zu Anfange des achten Jahrhunderts, vollendeten Ueberwindung, der bis dahin völlig frey und nomadisch lebenden Sachsen, in Gauen getheilt werden können, die ungleich größer als die eben beschriebenen im fränkischen oder Südthüringen waren. Der ganze Strich zwischen der Unstrut, Helme, Harz, Sale und Elbe wurde nur in drey Gauen getheilt. Die neuern Geschichtschreiber haben daher auch mehrere Grafen in denselben gesucht, aber wahrscheinlich sind diejenigen, welche man außer dem ordentlichen königlichen Vorsteher in jedem Gaue unter diesem Tittel findet, keine eigentlichen Stadthalter des Königs, sondern nur Besitzer ansehnlicher in diesem Gauen gelegener Güther und vollkommen freie Leute, viri egregiae libertatis. Der vorzüglichste dieser Gauen war der

1) Hasgau oder Hasingau, welcher sich gegen Morgen bis an die Sale, gegen Mittag bis an die Unstrut, dahin wo sie die Helme aufnimmt; westlich bis an die Wildebach und nördlich bis an die Wipper hinzog.

2) Der Schwabengau oder Schwabgau. Seine Gränze gieng vom Ursprunge der Wipper über Harzgerode bis nach Quedlinburg, von da aus machte sie die Bode bis an den Ausfluß derselben in die Sale. Er umfaßte also einen Theil der Grafschaft Mansfeld und der Anhaltischen Länder; das Stift Quedlinburg und einen Theil des Fürstenthums Halberstadt. Am nördlichsten lag der

3) Nord-

3) Nordthüringergau, welcher vom ganzen sächsischen
Thüringen den Namen führte. Er erstreckte sich vom
Einfluße der Sale in die Elbe am letzteren Strome bis
gegen Halberstadt herunter und stieß auf den übrigen
Seiten an die beyden vorigen Gauen.

So lange die Kayser aus dem sächsischen Hauße regierten, hatte Thüringen keinen besondern Oberherrn, sondern stund unter der unmittelbaren Aufsicht der Kayser,
die es auf die beschriebene Art von Gauengrafen regieren
ließen, welche aber schon damals ihre ansehnlichen Erbgüther
hatten. Seit Karls des Großen Zeiten waren die Pfalzgrafen in den deutschen ihm unterworfenen Provinzen auf-
gekommen, welche die kayserlichen Kammergüther zu verwalten und den Blutbann oder die peinliche Gerichtsbarkeit über die den Grafen nicht unterworfenen Personen,
auszuüben hatten. Heinrich der Vogler, welcher mit
seiner ersten Gemahlin Hathburg, das im sächsischen Thüringen gelegene Altstädt bekommen hatte, übergab die
Aufsicht über selbiges einem besondern Pfalzgrafen. Unter
den folgenden Kaysern wurden diese Pfalzgrafen die Vorsitzer bey der höchsten Gerichtsstelle über ganz Thüringen
und Sachsen, und blieben es bis zu den Zeiten Landgraf
Ludwigs I. Nach dem 1024 erfolgten Tode Heinrichs
II. oder Heiligen, des letzten Kaysers aus den sächsischen
Stamme, fingen die thüringischen Grafen an, sich völlig
unabhängig zu machen, und es gelang ihnen trotz den eifri-
gen Bemühungen der nun folgenden fränkischen Kayser,
die sie ihrer Freyheit zu berauben suchten, dieselbe zu behaupten. —

Die

Die Benennung: Gauen hörte nunmehr völlig auf, und Graf- und Herrschaften kamen an ihre Stelle. Zwar kommen in diesem Zeitraume, vom Abgange der sächsischen Kayserlinie, bis zur Errichtung der Landgrafschaft Thüringen, Herren vor, welche bald den herzoglichen bald den markgräflichen Tittel führten, ansehnliche Erbgüther im Lande besaßen und zuweilen auch besondere Aemter bekleideten; aber im Grunde keine Herrschaft, Recht oder Gewalt über die übrigen Grafen hatten.

Die mehrestentheils ehemals, theils jetzt noch berühmten Grafschaften in Thüringen leiten aus diesem Zeitraume ihren Ursprung her. Die über die Gauen als königliche Amtleute gesetzten Grafen, machten sich in denselben erblich, ihre Söhne theilten sie in mehrere Theile, und nennten sich gewöhnlich von den Hauptorte oder Schloße ihres Theils. Wir können hier nur die vornehmsten dieser Graf und Herrschaften nennen, denn die völlige Beschreibung derselben würde ein eigenes Werk erfordern. Die Schicksale der in dem heutigen chursächsischen Thüringen gelegenen, wollen wir unten bey der neuern Geographie, wo die Hauptorte derselben vorkommen werden, mit anführen.

Die vornehmsten Grafschaften in Thüringen, welche theils vor, theils unter den Landgrafen sich erhoben und nach und nach an andere Familien gekommen sind oder auch noch fortdauern, waren: Arnshaug, Beichlingen, Berka, Blankenburg, Camburg, Eisenberg, Gleichen, Gleisberg, Hohenstein, Käsernburg, Kirchberg, Klettenburg, Lohra, Mansfeld, Mühlberg, Nebra, Orlamün-

Orlamünda, Ravenswalde, Rothenburg, Schwarzburg
und Stollberg. Es gab allerdings noch mehrere kleine
Grafschaften in Thüringen, weil jeder gebohrner Graf sein
erlangtes Eigenthum, solte es auch noch so klein seyn mit
diesem Titel belegte.

Die vornehmsten thüringischen Herrschaften, deren
Besitzer edle Herren genannt wurden, (die Freyherren sind
viel neueren Ursprungs) waren: Apolda, Arnstadt, Blankenhayn, Kappellendorf, Dornburg, Dresurth, Fahner,
Heldrungen, Kranichfeld, Leutenberg, Querfurth, Salza,
Schlotheim, Tonna, Tonneroda, Tautenburg, Vargula,
Wolfstädt, Wiehe u. s. w. Einige dieser Graf- und
Herrschaften dauern, nachdem sie verschiedene Aenderun-
gen erlitten, noch ietzt fort; andere aber sind durch Absterben der Familien, durch Krieg oder Kauf an die Regenten Thüringens gekommen.

Ursprung der alten Landgrafen von Thüringen.

Unter den gräflichen Häusern, welche unter den fränkischen Kaysern sich in Thüringen erhoben, war auch ein
fremdes, dessen Ursprung man gewöhnlich, und zwar mit
vieler Wahrscheinlichkeit von der Familie Karl des Großen ableitet. Im Jahre 1036 ließ sich nemlich ein Mann
in Thüringen nieder, welcher den Namen Graf Ludewig
mit dem Barte führt. Kayser Conrad II., welcher ihn
sehr favorisirte, schenkte ihm einen ansehnlichen aber gröstentheils unbebauet liegenden, mit Wald bedeckten Strich
Landes in Thüringen, den er von aller Gerichtsbarkeit
befreite.

befreite. Er begrif ohngefähr die im südlichen Theile des
Fürstenthums Gotha gelegenen Aemter Jchtershausen,
Schwarzwald, Georgenthal und Tenneberg, nebst einem
Theile des Amtes Reichardtsbrunnen. Ludwig ließ es
sich sehr angelegen seyn, diese rauhen, unbebaueten, öden
und waldigten Gegenden in fruchtbare Auen und Felder zu-
verwandeln und kaufte noch einen kleinen Distrikt, in wel-
chem die Dörfer Reichardtsbrun und Altenberge lagen.
Ersteres wurde durch Ludwig dem Springer ein reiches
Kloster und in letzterem befand sich eine, schon vom heiligen
Bonifaz gebauete Kappelle, welche unser Ludwig erweiterte.
Zu seinem ordentlichen Aufenthalte bauete er sich das
Schloß Schaumburg, von welchem auf einer Anhöhe bey
der Stadt Ordruf die Ueberbliebsel noch zu sehen sind.
Durch die Vermählung mit Cäcilie, eines Grafen von San-
gerhaußen Tochter, bekam er diese Stadt nebst 700 Hufen *)
Land. Nach seinem Tode erhielt sie sein jüngerer Sohn
Beringer, der sich mit Bertha, Graf Conrads von Wettin
Wittwe, vermählte **).

Die vorbeschriebenen Hauptgüther bekam sein älterer Sohn Ludwig II. oder der Springer. ***) Dieser
kaufte

---

*) Eine Hufe (mansus) war ein Stück Land, das in einem
   Tage mit 12 Ochsen umgepflügt werden konnte.
**) So früh wurden diese beyden Geschlechter mit einander
   verwandt.
***) Die Sage von dem berüchtigten Sprunge dieses Grafen,
   haben fast alle neuere Geschichtschreiber für eine Fabel erklärt,

kaufte in verschiedenen Gegenden Thüringens Landstücken und bauete Städte, Schlößer, Klöster und Dörfer. Das Schloß Schaumburg, welches sein Vater erbauet hatte, war auch sein ordentlicher Wohnsitz. Die Herrschaft Sangerhausen kaufte er Conrad seinem Bruderssohne ab, welcher dafür ein Strich Land am Harze erwarb, die Burg

Hohen-

und man muß gestehen: daß die historischen Gründe für dieselbe äußerst schwach sind. Ein Chronickenschreiber des 14ten Jahrhunderts erzählt sie zu erst, und hundert andere haben ihm nachgeschrieben. Ich wag es auf keine Weise, die Gewißheit dieses Sprungs zubehaupten, allein so viel muß ich erinnern: daß alles was Sagittar und Reinhard von der Unmöglichkeit deßelben sagen, mir wirklich nicht so ausgemacht scheint, als sie es vortragen. Ich habe Giebichenstein mehr als 30mal erstiegen, mich aber von der Wahrheit ihres Vorgebens: daß nehmlich der Sprung, wegen der weiten Entfernung des Flußes vom Felsen, physisch unmöglich sey, bey allen Untersuchungen nicht überzeugen können. Noch eins muß ich hier anführen. Die Fischerinnung in Weißenfels, die beiläufig erinnert, ohnstreitig die stärkste im Lande ist, hat ehemals das ohnstreitige Recht beseßen: in der Sale Strom ab bis nach Giebichenstein, und Strom aufwärts bis an den Einfluß der Unstrut in dieselbe zu fischen. Durch öfteres genaues Forschen, habe ich nichts mehr herausbringen können, als: die Innung habe das Recht von Ludwig dem Springer erhalten, welcher diese Freiheit von den Bischöffen zu Magdeburg und Merseburg auf den ihnen damals zu gehörenden Strichen gekauft, und dem Weißenfelser Fischerhandwerke zur Belohnung gegeben: weil sie ihn mit ihren Kähnen in der Sale aufgefangen und an das jenseitige Ufer gebracht hätten, sie hätten, sagen sie ferner, eine Urkunde darüber, die mit Mönchschrift geschrieben, und daher nicht zu lesen wäre. Die eifrigsten Bemühungen des fleißigen D. Schröter haben noch nicht über die Dummheit dieser Menschen gesiegt, und ohne den Beistand eines edlen Raths, wird dieser verdienstvolle Forscher der Vaterlandsgeschichte, diese Reliquie schwerlich jemals zu Gesichte bekommen.

Hohenstein bauete und der Stammvater dieses berühmten Geschlechts ward. Ludwig bauete auch die Wartburg; Eisennach verwandelte er aus einem Dorfe in eine Stadt. Ohnweit des Einflußes der Unstrut in die Sale bauete er ein Schloß, welches den Namen Neuburg erhielt. Neben diesem Schloße ist in der Folge die Stadt Freiburg entstanden.

Seine Gemahlin Adelheit, eine markgräfliche Prinzeßin von Stade, die er als Wittwe, des auf seine Veranstaltung erstochenen Pfalzgrafen Friedrichs aus den Hauße Gosek, heyrathete, stiftete die Klöster Oldisleben und Weißenburg oder Scheipliz. Der Graf aber gab nicht nur dem Kloster zu Sangerhausen, sondern auch dem berühmten Benedictiner Mönchskloster zu Reinhardtsbrun, welches in der Folge der Begräbnißort seiner Familie sowohl, als auch vieler Landgrafen aus den meißnischen Hauße, geworden ist. Er hinterließ 4 Söhne.

Sein ältester Sohn Ludwig wurde in dem größten Theile seiner Besitzungen sein Nachfolger. Die beyden jüngern bekamen nur kleine Districte, in welchen Hermann das Schloß Hermannsleben und Heinrich Raspe der 1ste die Raspenburg bauete. Udo oder Otto, eigentlich der 2te Sohn Ludwigs, wurde Bischof zu Naumburg, und fand seinen Tod im Meere, da er von einer Reise in das gelobte Land zurück kam. Hermann starb im Gefängniß und Heinrich wurde ermordet. Letzterer war mit Hedwig

einer

einer Wittwe des reichen Grafen Giso von Gudensberg
vermählt, deren Tochter, die auch Hedewig hieß, sein
ältester Bruder, Ludwig der III., heyrathete. Heinrichs
Stiefsohn, oder Ludwigs des III. Schwager, Giso, hatte
keine männliche Erben hinterlassen, daher kamen die sehr
ansehnlichen Besitzungen dieser Familie in Hessen, nebst der
Schutzvoigteygerechtigkeit über das Stift Heresfeld und
des Kloster Hasungen, an Ludwig des III. jüngern Sohn,
Heinrich Raspe den II., mit dessen Tode sie endlich an die
landgräfliche Hauptlienie fielen. — Ludwig der III. war
seinem Vater, der sich in das Kloster Reinhardsbrun be-
geben hatte, schon im Jahre 1116 in der Regierung gefolgt,
und wird seit 1130 bald Graf zu, bald in Thüringen genannt. 1132 belehnte ihn der Kayser Lothar, sein Verwandter, feierlich mit der Würde eines Landgrafen in Thüringen. Die Gränzen des seiner Aufsicht unterworfenen
Landstrichs können wir, in Ermangelung der darüber aus-
gefertigten *) Urkunde, nur aus einer Legende des heiligen
Bonifacius kennen lernen. Bonifacius beschreibt zwar
nicht aus Vorsaz die Gränzen des Bezirks, welcher Lud-

wig

*) Daß dem Graf Ludwig gar keine Urkunde über die wichti-
gen Rechte, die er jezt in Thüringen erlangt, ausgestellet
worden sey, kann ich einigen neuen Schriftstellern deswegen
nicht glauben: weil es hier auf Unterwerfung der so freiheit-
liebenden Grafen ankam; und weil man ja gerade in diesem
Zeitraume anfing, auch über die unbedeutensten Geschenke,
Versprechungen u. s. w. schriftliche Versicherungen auszu-
stellen.

wig, dem 1ſten Landgrafen dieſes Namens, unterworfen
ward; ſeine Abſicht iſt vielmehr: die Gränzen der vier
Düng = oder Gerichtsſtühle zu beſchreiben, nach welchen
Thüringen in vier Diſtricte getheilt war. Wir können
aber aus dieſem und andern Hülfsmitteln die damalige
Gränze höchſt wahrſcheinlich folgendergeſtalt beſtimmen.

Vom Einfluß der Unſtrut in die Sale, die leztere
aufwärts über Jena, Orlamünde, Rudolſtadt, Salfeld
bis in die Gegend von Leutenberg. Von hieraus rechts
über Leutenberg, Gräfenthal und Sula auf die ſogenannte
bloße Loibe, (oder vielmehr auf den höchſten Ort des thü=
ringer Waldes) von da über Oberhof an die Werra.
An der Werra herunter bis Salzungen. Von da jenſeit
der Werra über Brandenfels, nach Kreuzburg; bey die=
ſem leztern Orte wiederum herüber auf Trefurt, durch das
Eichsfeld auf Gleichenſtein, Scharfenſtein, Worbes
Bodenſtein, Duderſtadt. Von hieraus rechts nach
Schartzfeld oder auf dem Harz. Von da aus an den
Flüßchen Zorge hinunter bis an deſſen Einfluß in die Hel=
me; ſodann ferner an der Helme fort bis an ihre Verei=
nigung mit der Unſtrut, und endlich an der Unſtrut hin,
bis an die Sale. — Die Grafſchaften Mannsfeld, Ho=
henſtein und Stollberg gehörten ohnſtreitig nicht lange
hernach auch zu Thüringen; woraus man ſieht: daß der
Gerichtsſprengel des Landgrafen ſehr anſehnlich war, und

ſich)

sich in der Folge immer vergrößerte. Landgraf Ludwig
der I. hat zur Aufnahme des Landes gewiß auch vieles
beygetragen, und würde mehr gethan haben, wenn ihn
nicht schon im Jahre 1140 der Tod übereilet hätte. Er
hatte drey Söhne, von denen der älteste, Landgraf Ludwig der II., ihm in der Regierung Thüringens folgte.
Der zweite, gleichfalls Ludwig, erhielt den Bezirk um
Thomasbrücken, welches er in eine Stadt verwandelte,
indem sein jüngster Bruder, Heinrich Raspe der II., die
heßischen Lande erhielt, und in der Folge auch den Titel
eines Grafen von Hessen annahm. Landgraf Ludwig
der II. beveßigte die Macht und das Ansehn seines Hauses unter den Grafen in Thüringen, denen die Macht,
die einer aus ihrer Mitte über sie erhalten hatte, unaus-
stehlich dünkte. Sie freueten sich daher allgemein, als
er im Jahre 1172 starb. Er hinterließ vier Söhne und
eine Tochter. Der älteste, Ludwig der III., folgte ihm
als Landgraf; Herrmann bekam 1132, nach Absterben des
Pfalzgrafen Albrecht des II., aus dem Hause *) Summerschenburg, die Pfalzgrafenwürde. Friedrich, der 3te Sohn
Landgraf Ludwigs des II., wurde Probst des Stephansstiftes
zü Mainz, verließ aber den geistlichen Stand und starb als

Graf

---

*) Summerschenburg, ein Schloß und Amt, liegt im Her-
zogthume Magdeburg. Die mehresten zur ehemaligen
Grasschaft dieses Namens gehörigen Güter lagen um Quedlinburg und am Harze.

Graf von Ziegenhayn; und der jüngste, Heinrich Raspe
der III., starb in der Jugend. Ludwig der III. ist der
erste unter den thüringischen Landgrafen, welcher sich den
Titel Landgraf selbst beilegt, und ihm den Ausdruck, von
Gottes Gnaden, vorsezt. Er starb schon 1190, ohne männliche Erben zu hinterlassen, daher übernahm sein Bruder,
der Pfalzgraf Herrmann, die landgräfliche Würde.
Durch die Vermählung seiner ältesten Tochter, Jutta,
an Dietrich den Beträngten, wurde der Grund zu den
Ansprüchen des meißnischen Hauses auf Thüringen, gelegt. Herrmann der I., Landgraf dieses Namens, hinterließ von zwey Gemahlinnen vier Söhne und vier Töchter, davon ihm 1216 der zweyte, Ludwig der IV. oder
Heilige, als Landgraf, weil der älteste Sohn, Herrmann,
schon vor dem Vater gestorben war, folgte. Raspe wurde
der lezte Landgraf von Thüringen seines Geschlechts, und
Conrad, der jüngste Sohn Herrmanns des I., verwaltete
bis zum Jahr 1234 die hessischen Lande, trat aber in diesem Jahre in den deutschen Orden, wurde 1242 Hochmeister desselben, und starb in eben dem Jahre. Irmengard, die dritte Tochter Herrmanns, wurde an Heinrich
den I., Grafen von Anhalt, vermählt.

Landgraf Ludwig der IV. heyrathete die Elisabeth,
Andreas des II., Königs von Ungarn, Tochter, mit
welcher er Herrmann den II. und Sophien, Herzog Heinrichs von Brabant Gemahlin, zeugte. Er starb schon

1228 auf einer Reise nach Jerusalem, und da sein Sohn
noch minderjährig war, so übernahm sein Bruder, Heinrich Raspe, die Vormundschaft. Heinrich ging zwar damit um: den jungen Herrmann gänzlich von der Regierung auszuschließen, und vertrieb ihn auch in dieser Absicht, mit seiner Mutter und Schwestern, aus Thüringen. Allein der vortrefliche Schenke Rudolph von Var-
gel, unterstüzt von vielen edlen Thüringern, widersezte
sich seinen niederträchtigen Absichten auf das lebhafteste,
und Herrmann trat im Jahr 1239 die Regierung an.
Doch schon 1242 starb er an Gifte, welches ihm wahrscheinlich sein mißgünstiger Vetter beygebracht hatte.
Nun hatte er seinen Entzweck: allein über Thüringen zu
herrschen, erreicht, aber das Vergnügen, Nachkommen
in dieser Würde glänzen zu sehen, mußte er, ohnerachtet
er sich dreymal vermählte, entbehren, und die alte thüringische Landgrafenfamilie beschließen. 1247 ernannte
ihn Kayser Friedrich der II., bey einer Reise nach Italien, zum Reichsverweser, welches Recht ihm vielleicht,
wegen der sächsischen Pfalzgrafenwürde, die er begleitete,
zukam. Im Jahr 1246 ließ er sich durch seinen Stolz
und die Zuredungen des Pabstes Innocens des IV. verleiten, zum Nachtheile Conrads, dessen Vater, Friedrich
der II. ihm so viele Freundschaft erwiesen hatte, die deutsche Königskrone anzunehmen, die ihm aber 1248 der
Tod schon raubte.

Thürin-

Thüringen kommt an die Markgrafen in Meißen.

Nach Heinrichs Tode fanden sich verschiedene Competenten zu seinen Gütern ein, unter welchen Markgraf Heinrich der Erlauchte von Meißen der mächtigste war. Er hatte seine Ansprüche auf Thüringen, außer der nahen Verwandtschaft mit dem ausgestorbenen landgräflichen Hause, auch durch eine 1242 vom Kayser Friedrich den II, erhaltene Successionsurkunde, gesichert, und suchte sich gleich nach Heinrichs Tode in den Besitz Thüringens zu werfen. Allein Sophie, Ludwig des Heiligen älteste Tochter, die sich an den Herzog Heinrich von Brabant vermählt, und mit selbigen einen Sohn, Heinrich, gemeiniglich das Kind von Hessen genannt, erzeugt hatte, machte gleichfalls starke Ansprüche auf Raspens Verlassenschaft für diesem ihren Sohn. Auch Siegfried Graf von Anhalt, dessen Mutter Irmengard Juttens Stiefschwester gewesen war, suchte wenigstens etwas zu erhalten, wurde aber bald gänzlich zurückgewiesen. Allein Sophie kam mit ihrem Sohne, der damals erst 4 Jahr alt war, nach Thüringen, und suchte die Grafen und Herren des Landes auf ihre Seite zu bringen. Allerdings schien sehr viel auf diese anzukommen, weshalb sich auch M. Heinrich schon vorher um ihre Gunst beworben und 1249 zu Weißenfels einen aus 9 Artikeln bestehenden Vergleich

D 5
gleich

gleich mit ihnen geschlossen hatte. Der Hauptinhalt dieses Vergleichs war: die Grafen wollten den Markgrafen
für ihren rechtmäßigen Oberherrn erkennen und ihn gegen
alle seine Feinde vertheidigen helfen; dagegen sollte sie
der neue Landgraf bey ihren Güthern, Ehren, Würden
und Freyheiten laßen und schützen. Im folgenden Jahre
1250 errichtete er auch mit Sophien von Brabant einen
Vertrag, vermöge welches beider Rechte auf Thüringen
und Hessen vom Kaiser und Reich, oder auch von andern
unbescholtnen Richtern entschieden werden sollte; doch
sollte dieses nicht eher geschehen, als bis Heinrich, das
Kind, sein 12tes Jahr erreicht haben würde, bis dahin
aber sollte es in M. Heinrichs Händen bleiben. Lezterer
ließ sich aber schon im Jahre 1252 vom deutschen Könige,
Wilhelm, zu Merseburg feierlich mit Thüringen belehnen,
Daher kehrte Sophie das Jahr darauf schon wieder nach
Thüringen zurück, und sezte sich in der Stadt Eisenach,
deren Bürger ihr ergeben waren, fest. Sie verlangte
hierauf, M. Heinrich sollte mit 20 unbescholtenen Rittern
auf eine Rippe ihrer Mutter, der heil. Elisabeth, schwö-
ren: daß ihm Thüringen mit mehrerem Rechte gehöre,
als ihrem Sohne, welches M. Heinrich auch that.

Doch Sophie wollte es immer noch auf die Entscheidung der Waffen ankommen laßen. Jezt blieb sie zwar
ruhig; als aber ihr Sohn sein 12tes Jahr erreicht hatte,

im

im Jahr 1256, rückte sie mit einem Heere in Thüringen ein, und verband sich mit dem Herzog Albrecht von Braunschweig. Vereiniget gingen sie nun auf den Markgrafen loß, welcher sich aber nachdrücklich vertheidigte, und erst nach 9 Jahren konnte dieser verderbliche Erbfolgekrieg, nach dem entscheidenden Treffen bey Wettin, in welchem der Herzog Albrecht gefangen wurde, geendiget werden. Sophie und ihr Sohn erkannten nunmehr den Markgrafen für Thüringens rechtmäßigen Besitzer, und Heinrich überließ ihnen *) Hessen.

Die damals zwischen beiden Ländern bestimmten Gränzen sind ziemlich unverrückt beybehalten worden.

Markgraf Heinrich hatte die innere Regierung Thüringens, während des Krieges, seinem Stiefbruder, dem Graf Herrmann von Henneberg, übergeben, welcher sie wahrscheinlich bis zu dem Jahre 1262 führte. In gedachtem Jahre aber trat er die ganze Landgrafschaft seinem ältesten Sohne, Albert dem Ausgearteten, ab, nachdem dieser schon zwey Jahre vorher in Gesellschaft Herrmanns Theil an derselben gehabt hatte.

Im folgenden Jahre, 1263 übergab er auch das Osterland, nebst der Mark Landsberg, an seinen jüngern

Sohn,

*) Es wäre ihm leicht gewesen, auch dieses einzunehmen, denn Sophie und ihr Bundesgenosse Albrecht, waren völlig geschwächt, doch scheint er nie ernsthafte Ansprüche auf Hessen gemacht zu haben.

Sohn, Dietrich. Das *) erstere begriff damals ohngefähr den disseits der Sale gelegenen Theil des Amtes
Weißenfels, den größten Theil des Fürstenthums Altenburg, Leipzig mit seinem Bezirk; darzu in der Folge noch
der heutige Neustädtische und Voigtländische Kreis, nebst
einem schmalen Striche des jetzigen Erzgebürgischen Kreises, kam. Lezteres, nämlich die Mark Landsberg, erstreckte sich von dem Städtchen dieses Namens an, bis
an die Pleise herüber, und hieng also mit dem vorigen zusammen.

Landgraf Albrecht hatte sich schon 1254 mit der Tochter Kayser Friedrich des II., Margretha, vermählt, und
das fruchtbare Pleißner Land zur Mitgift erhalten. Wie
schlecht er diese seine Gemahlin behandelte, ist bekannt;
allein auch der Vater hatte die Schmach, die Wür-
kungen der niederträchtigen Gesinnungen seines ausgearteten Sohnes zu erfahren, dem es wahrscheinlich nicht ge-
fiel: daß nicht auch schon Meißen, nebst den übrigen Besitzungen seines großen Vaters, seiner Verschwendung
Preis gegeben waren.

Heinrich, den diese schlechten Gesinnungen seines
Sohnes kränkten, vermählte sich, vermuthlich in der
Ab-

---

*) Die Stiftnaumburgischen Lande nebst den Besitzungen des
Hochstiftes Merseburg, disseits der Sale, lagen allerdings
im Osterlande, gehörten aber nicht zu des Markgrafen
Gebiet.

Abſicht: noch einen Sohn zu zeugen, dem er den Ueber-
reſt ſeines Landes geben könnte, zum brittenmale *) mit
Eliſabeth von Maltiß. Er erreichte zwar ſeine Abſicht,
indem er mit der Eliſabeth einen Sohn, Friedrich den
Kleinen, zeugte, allein weder Albrecht noch Dietrich wollten ihn für ihren rechtmäßigen Bruder erkennen: weil er
aus einer ungleichen Ehe erzeugt war. Heinrich ließ hierauf die Mutter deſſelben in den Fürſtenſtand erheben;
allein ſeine Söhne wendeten ihm ein: ſie ſey, da ſie Friedrichen gebohren, noch eine Unterthanin geweſen. Endlich kam es durch einen Vergleich ſo weit: das Friedrich
der Kleine die Stadt Dresden mit dem, zwey Meilen um
ſelbige gelegenem Diſtricte erhielt, ſich aber nie einen
Markgrafen von Meißen, ſondern nur: Heinrichs ehemaligen Markgrafens in Meißen, Sohn, nennen durfte. Friedrich verkaufte in der Folge Dresden an den
Markgraf Waldemar von Brandenburg, welcher es an
Friedrich mit dem Biß verſezte, und ohne es einzulöſen,
ſtarb. Der Biſchof von Meißen, welcher damals Lehns-
herr dieſer Pflege war, belehnte hierauf Landgraf Friedrichen mit derſelben.

Land-

---

*) Seine erſte Gemahlin war Conſtantina, Herzog Frie-
drichs des II. von Oeſtreich Schweſter, die Mutter Alberts
und Dietrichs; die zwote hieß Agnes, Schweſter des Königs Wenzel von Böhmen, und ſtarb ohne Kinder.

Landgraf Albrecht von Thüringen hatte mit seiner
erſten Gemahlin drey Söhne und eine Tochter erzeugt.
Lezttere wurde die Gemahlin Herzog Heinrich des Wun-
derlichen von Braunſchweig. Heinrich, ſein älteſter
Sohn, hatte ſchon in der frühen Jugend Altenburg mit
der umliegenden Gegend erhalten, wurde aber bald von
ſeinem Vater wiederum vertrieben, hieß hernach Heinrich
ohne Land, und war bereits 1268 geſtorben. — Friedrich und Tiezmann ſollten nach ſeinem Plane von der
Erbfolge in Thüringen ausgeſchloſſen werden. Nachdem
ſeine erſte Gemahlin, Margretha, um ſeinen mörderi-
ſchen Händen zu entgehen, geflohen und bald darauf geſtorben war, vermählte er ſich zum zweitenmale mit Ku-
negunde von Eiſenberg, einer Hofdame der unglücklichen
Margretha, mit welcher er ſchon vorher einen Sohn,
Namens Albrecht, im gemeinen Leben Apitz, gezeugt
hatte. Dieſen Apitz wollte er, wo möglich, zum Erben
aller ſeiner Beſitzungen machen, und ſeine rechtmäßigen
Söhne völlig von der Nachfolge ausſchließen. Allein
Friedrich und Tiezmann, unterſtützt von ihrem Vetter,
den Markgrafen Dietrich von Landsberg, und vielen thüringiſchen Edlen, widerſezten ſich der Ausführung dieſes
Entſchluſſes mit Gewalt. Im Jahr 1288 ſtarb M. Heinrich der Erlauchte, und Albrecht und Friedrich der Teute
(Markgraf Dietrichs von Landsberg einziger Sohn) theilten Meißen unter ſich. Landgraf Albrecht räumte, mit

An-

Anfang des folgenden Jahres, den ihm von Meisen zu-
gefallenen Theil seinem älteſten Sohne ein, und man ſieht
aus dieſem 1289 zu Rochliz geſchloſſenen Vergleiche: daß
dieſer Antheil aus Schloß und Stadt Freiberg, aus den
Städten und Flecken Hayn, Ortrand, Radeburg, Wahrenbrück, Mühlberg; ferner aus Schloß und Stadt
Torgau, Belgern, Domitzſch und Schilde beſtanden
hat. Drey Jahre darnach ſtarb Friedrich der Teute,
und ſeine Vettern, Friedrich und Tiezmann, nahmen ſeine
Lande, vermöge einer Verordnung M. Dietrichs, troß
den Widerſprüchen ihres Vaters, der ein näheres Recht
an denſelben zu haben glaubte, in Beſiz. Da nun Albrecht ſahe, daß ſeine Söhne, erſter Ehe, immer mächtiger wurden, und ihm unüberwindliche Hinderniſſe in den
Weg legen würden, wenn er ihnen Thüringen und das
Pleiſnerland entziehen und Apizen geben wollte, ſo verkaufte er 1294 alle ſeine Lande für 12000 Mark Silber,
an den Kayſer Adolf von Naſſau, welcher es auch be-
ſezen wollte, aber in der Liebe der edlen Thüringer zu des
niedrigen Albrechts vortreflichen Söhnen, unüberſteigliche
Schwierigkeiten fand, die ihm die Einnahme des Landes
auf immer unmöglich machten. Nach vielen verübten
Unmenſchlichkeiten in Thüringen, Meißen und dem Oſterlande, mußte er dieſe Gegenden verlaſſen, um Albrechten, dem Sohne Kayſer Rudolfs von Habsburg, der
ſich zum Gegenkayſer aufgeworfen hatte, entgegen zu
eilen.

eilen. Allein er verlor bald darauf 1298 die Krone und
das Leben. Friedrich mit dem Biſſe vermählte ſich 1299
mit der Tochter ſeiner zwoten Stiefmutter Eliſabeth von
Arnshaug, und dieſe ſöhnte ihn und ſeinen Bruder wiederum auf einige Zeit mit ſeinem Vater aus. Doch Friedrich und Tiezmann ſollten noch mehr unruhige und kum-
mervolle Tage ſehen, ehe ſie die unerſchütterliche Liebe
und Treue ihrer Unterthanen in Ruhe genießen und beloh-
nen konnten. Einige reiche thüringiſche Städte, an deren Spiße Eiſenach ſtand, ſuchten ſich jezt zu freien
Reichsſtädten zu erheben; weswegen ſie den Kaiſer Albrecht zu Hülfe riefen, als ihre rechtmäßigen Herren Ge-
horſam von ihnen forderten. Albrecht, der ſich als einen
Erben, der von ſeinem Vorfahren erkauften Rechte auf
Thüringen betrachtete, konnte ſich leicht entſchließen, einen
Verſuch zu Thüringens Unterjochung zu machen. Zuerſt
forderte er 1206 Albrechten und ſeine Söhne auf einen
Reichstag nach Fulde, und da leztere nicht erſchienen, erklärte er ſie in die Acht, fiel im folgenden Jahre im Oſterlande und Thüringen ein, und verbrannte Städte und
Dörfer. Friedrich mit dem Biſſe bemächtigte ſich hierauf der Wartburg, die ſein Vater noch inne hatte, durch
Liſt, und Albrecht der Ausgeartete, zog nun im Jahre
1206 nach Erfurt, wo er auch 1314 in der größten Dürf-
tigkeit ſtarb. Im folgenden Jahre 1307 rückte Kaiſer
Albrecht mit einem neuen, mehrentheils aus Schwaben
beſte-

bestehenden Heere an, und lagerte sich bey Lukka, einem im Fürstenthume Altenburg am Schnauderflusse gelegenen Städtchen. Friedrich und Tiezmann sammelten nun ihre ganze Macht, und schlugen den Kayser am 31sten May dieses Jahres völlig in die Flucht. Sie bekamen bey diesem merkwürdigen Treffen so viele Große vom kaiserlichen Heere gefangen, daß sie durch das von denselben empfangene Lösegeld in den Stand gesezt wurden, allen ihren Unterthanen die Abgaben auf das folgende Jahr zu erlassen. Doch der große Friedrich bekam noch in diesem Jahre eine schmerzhafte Wunde durch den Tod seines Bruders Tiezmann, der am 25sten Dec. in der Thomaskirche zu Leipzig, vor dem Altare, durch einen Meuchelmörder erstochen ward. Nunmehr war Friedrich der einzige Herr so ansehnlicher Länder, und der folgende Kaiser, Heinrich der VII. bestätigte ihm 1310 den Besiz derselben. Doch Friedrichs ganzes Leben sollte eine Kette von Widerwärtigkeiten und Elend seyn.

Der Markgraf Waldemar von Brandenburg fiel im Jahr 1317 in Meisen ein und belagerte die Hayn. Friedrich, der zum Entsaz derselben herbeeilte, gerieth in die Gefangenschaft des Markgrafen, und nur durch die Abtretung der Lausiz, welche sein Bruder Tiezmann 1303 an das Haus Brandenburg verkauft haben soll, konnte Friedrich seine Freiheit wieder erlangen. Endlich hatte

die-

dieſer vortrefliche Fürſt noch das Unglück, den Gebrauch
der Sprache zu verlieren, und mußte in dieſem Zuſtande
dritthalb Jahre hinbringen, bis er endlich 1324 ſtarb.
Seine Gemahlin, Eliſabeth, übernahm, nach dem ihm
zugeſtoßenen Unglücke, die vormundſchaftliche Regierung
über ihren noch minderjährigen Sohn, Friedrich den II.
oder ernſthaften, der der zweyte männliche Erbe war. Er
hatte zwar mit ſeiner erſten Gemahlin, Agnes, einen
Sohn, Friedrich den lahmen, gezeugt, dieſer aber war
ſchon im Jahr 1315 vor Zwenke (nach andern vor Zwickau) erſchoſſen worden. Friedrich der I. hatte ſeiner
Gemahlin den vortreflichen Grafen, Heinrich von Schwarzburg, zum Beyſtande in der Regierung gegeben, und als
dieſer bey einer Belagerung blieb, folgte ihm Heinrich
Reuſſe von Plauen in dieſer Würde. Im Jahre 1329
vermählte ſich Friedrich der II. mit Mechtilde, Kayſer
ludwig des Baiern Tochter, und trat in eben dieſem Jahre
die Regierung an. Er vergrößerte ſeine Beſitzungen
durch die Erwerbung der Grafſchaft Orlamünde und eines
Theils der Herrſchaft Salza. Im Jahre 1347 vermählte
er ſeinen Sohn, Friedrich den jüngern, mit Catharina,
einer Tochter des Grafen Heinrich des XII. von Henneberg, die die Pflege Coburg zur Mitgift erhielt. Kurz
vor ſeinem Tode wurde ihm die Kaiſerwürde angetragen,
er überließ ſie aber an Karl den IV., der ihm 10,000
Mark Silber für dieſe Gefälligkeit zahlte. Er ſtarb 1349,

nach=

nachdem er mit seiner Gemahlin fünf Söhne, Friedrich den ältern, Friedrich den jüngern, Balthasar, Ludwig und Wilhelm, und vier Töchter erzeugt hatte. Friedrich der ältere starb bald nach der Geburt, Ludwig widmete sich dem geistlichen Stande, und die drey übrigen regierten gemeinschaftlich. Nur Friedrich der jüngere war bey dem Absterben seines Vaters mündig, und führte die vormundschaftliche Regierung für seine Brüder. Während dieser Zeit vermehrte er die Besitzungen seines Hauses durch die Schlösser Ziegenrück, Triptis, Stein, Ronneburg und Weide, welche den Voigten Reus von Plauen vom Kayser versezt gewesen waren. 1358 fielen ihm und seinen Brüdern die Städte und Schlösser Frankenhausen, Dornburg, Lobbeburg, Windberg, Wachsenburg, Schwarzwald und Liebenstein zu; und 1372 kamen auch Sangerhausen und Landsberg, die Albert der Ausgeartete an die Markgrafen von Brandenburg verkauft hatte, von welchem sie durch Heyrath an das herzogliche Braunschweigische Haus gekommen waren, wiederum in ihre Hände. Im Jahre 1379 kam unter ihnen ein Vergleich zu Stande, vermöge dessen Friedrich das Osterland, Balthasar Thüringen, und Willhelm Meißen erhalten sollte. Allein erst im Jahre 1382, nach Friedrich des III. oder strengen Tode, wurde die wirkliche Theilung vorgenommen. Friedrich der III. hinterließ drey Söhne: Friedrich den IV. oder Streitbaren, Wilhelm den II. und Georgen, welche

E 5 gemein-

gemeinschaftlich über das, ihnen in der Theilung mit ihren Vatersbrüdern zugefallene Osterland regierten. Weil aber der älteste, Friedrich, beym Absterben seines Vaters erst 12 Jahre alt war, so mußte seine Mutter die Vormundschaft übernehmen. Der jüngste Bruder erhielt in der Folge die zu ihrem Antheil geschlagene Pflege Koburg, starb aber bereits im Jahre 1402. Im folgenden Jahre richteten Friedrich und Wilhelm mit ihren Vatersbrüdern zu Rochliz einen Erbvertrag auf. — 1406 starb Landgraf Friedrich Balthasar von Thüringen, und sein einziger Sohn, Friedrich der Einfältige, (d. i. der Aufrichtige oder Ehrliche) folgte ihm in der Regierung. Unter Balthasars Regierung waren 1385 die Grafen von Käsernburg ausgestorben, und ihm als Lehnsherrn die ansehnlichen Güter derselben anheimgefallen. Das Jahr darauf starb auch der Markgraf Wilhelm von Meisen, und da er keine Erben hinterließ, so theilten sich seiner Brüder Söhne in seine Lande. Es entstunden aber einige Zwistigkeiten unter ihnen, deren Ausgleichung die wirkliche Theilung bis 1410 verzögerten, da sie denn endlich zu Naumburg vorgenommen ward. Friedrich der Einfältige bekam den heutigen meisnischen, einen Theil des erzgebürgischen und den voigtländischen Kreis; den leipziger und den größten Theil des erzgebürgischen aber bekamen seine Vettern, die diesen Landstrich mit ihren väterlichen Besitzungen verbanden, und im folgenden Jahre

eine

eine so genannte Muthschierung oder Oerterung vornahmen. Friedrich der Streitbare erhielt in dieser Theilung
die im vorigen Jahre geerbten Besitzungen in Meisen,
und Wilhelm wurde Herr des Osterlandes. Nachdem
dieser Vertrag vier Jahre gedauert hatte, so entstanden
einige Streitigkeiten, weil Friedrich glaubte, sein Bruder
besäße den einträglichern Theil des Landes. Die Streitigkeiten wurden jedoch zu Altenburg beigelegt, und die
Verfügung getroffen: daß Wilhelm das gesammte Land
in zwey gleiche Theile sondern, Friedrich aber wählen und
den gekießten Theil 12 Jahre lang besitzen sollte, nach deren Verflusse es einem jeden frey stehen sollte, ob er diese
Theilung noch für gültig erkennen oder eine andere fordern
wollte. Im Jahr 1423 wurden Friedrichs des Streitbaren Lande sehr ansehnlich vermehrt, denn im gedachten
Jahre belehnte ihn Kayser Siegesmund mit dem Herzogthume Sachsen, der Churwürde, dem Erzmarschallamte,
der Pfalz Sachsen, der Grafschaft Brena, der Burggrafschaft Magdeburg und mit dem Grafengedinge zu
Halle; und da auch sein Bruder, Wilhelm der II., auch
der Reiche genannt, zwey Jahre darnach, nämlich 1425
ohne Erben starb, so wurde Friedrich durch diese Erbschaft einer der angesehensten Fürsten in Deutschland.
Allein am 4ten Jenner des Jahres 1428 gieng auch er
aus der Welt, nachdem er vier Söhne: Friedrich den
Sanftmüthigen, Siegesmund, Heinrich und Wilhelm

E 3 den

den III. oder Tapfern, gezeugt hatte. Friedrich folgte
ihm in der Kurwürde, und führte zugleich die Vormundschaft über seine noch sämmtlich minderjährigen Brüder.
Heinrich starb schon im 13ten Jahre seines Alters, und
die übrigen Brüder richteten im Jahre 1436 einen *)
Oerterungsvergleich auf, vermöge deſſen alle ihre Beſitzungen, den Kurkreis, welcher dem älteſten ausſchließ-
lich gehörte und nie getheilt werden durfte, ausgenommen;
in drey gleiche Portionen getheilt wurden. Friedrich erhielt den heutigen meiſniſchen Kreis nebſt einigen Städten des leipziger; Siegesmund bekam den äußerſten an
der Sale herunter gelegenen Theil des Oſterlandes, nebſt
den einzelnen ihnen in Thüringen gehörigen Güthern; Wil-
helmen wurde der an der Pleiſe und Elſter gelegene Landſtrich nebſt der Mark Landsberg zu Theil. Noch in dem
nämlichen Jahre that Siegesmund auf ſeinen Landesan-
theil Verzicht, trat, aus Liebe zu einer Nonne, in den
geiſtlichen Stand, wurde 1440 Biſchoff zu Würzburg,
aber nach zwey Jahren, um ſeiner ausſchweifenden Lebensart willen, abgeſezt. In eben dieſem 1440ſten Jahre
ſtarb Friedrich der Einfältige, ohne Nachkommen zu hin-
terlaſſen, und Friedrich und Wilhelm regierten die von
ihm

---

*) Eine ſolche Oerterung oder Muthſchierung war keine eigent-
liche Landestheilung, die Staatsverwaltung blieb in wichtigen Angelegenheiten immer gemeinſchaftlich, und nur die
Einkünfte waren getheilt.

ihm geerbten Lande bis 1445 gemeinschaftlich. Im gedachten Jahre aber beschlossen sie eine erbliche Theilung
aller ihrer Lande vorzunehmen. Wilhelm theilte und
Friedrich wählte das ihm nahe gelegene Meißen. Wilhelm erhielt also Thüringen und Freiberg nebst allen
Bergwerken; Münze und Zehenden blieben gemeinschaftlich. — Doch diese Theilung wurde die Ursache zu blu-
tigen und landverderblichen Kriegen zwischen beyden Brüdern. Der Kurfürst war mit dem gewählten Theile un-
zufrieden, doch ist uns die wahre Ursache dieser Unzufriedenheit verborgen geblieben. Genug beide Brüder betrugen sich feindselig gegen einander, und die Erbitterung
stieg bald so hoch, daß sich der Erzbischoff Friedrich zu
Magdeburg, der Kurfürst Friedrich zu Brandenburg,
und der Landgraf Ludwig von Hessen, aufwarfen, einen
Vergleich zu stiften, der auch im Kloster Neumark vor
Halle zu Stande kam, und der Hallische Machtspruch genannt wurde. Hier kam man überein, daß, weil vorzüglich Altenburg, Burgau und Weida die Zankäpfel
waren, der Herzog die beiden ersten Orte an den Kurfürsten abtreten, und dagegen die Stadt Freiberg erhalten
sollte. Um Weida wollte man losen, und der gewinnende
Theil sollte dem andern 12,000 rheinische Gülden bezahlen.
Doch diese Aussöhnung dauerte nicht lange. Wilhelms
Minister, besonders der bekannte Apel Vizthum, hatten
den Anschlag gefaßt, die Besitzungen ihres Herrn einem

E 4   Frem-

Fremben in die Hände zu spielen, und ihren Vortheil dadurch zu befördern. Der Kurfürst, der dieses erfuhr, wendete zwar alles an, diese Männer von dem Hofe seines Bruders zu entfernen, allein der verblendete Wilhelm war dazu nicht zu bewegen. Friedrich brang deswegen 1446 wiederum in seines Bruders Lände ein, und verwüstete und plünderte vorzüglich die Vizthumischen Güther. Durch die Vermittelung der Markgrafen Hanns und Albrecht von Brandenburg, und Landgraf Ludwigs von Hessen, wurde endlich eine Zusammenkunft in Naumburg bewirkt, bey der jedoch die Brüder nicht selbst erschienen. Auch ward hier nichts als ein Waffenstilleſtand, der bis zu einer andern, zu Mühlhausen zu haltenden Zusammenkunft dauern sollte, bewirkt. Endlich kam, nach heftigen Streitigkeiten, zu Erfurt ein abermaliger Vergleich glücklich zu Stande. Allein schon im folgenden Jahre gieng der Krieg von neuem an, nur mußte jezt ein Erbfolgestreit der Grafen von *) Schwarzburg zur öffentlichen Ursache dienen. Er wurde auf das blutigſte geführt und die Besitzungen beider Länder auf das schrecklichſte verwüstet.

---

*) Graf Günther der XXII. war nämlich der lezte aus der schwarzburgischen Linie der Grafen von Schwarzburg, und hatte mit seinem Vetter, dem Grafen Heinrich den XIX. aus der blankenburgischen Linie, eine Erbvereinigung aufgerichtet. Graf Günthers Schwiegersöhne aber, Graf Ludwig von Gleichen und Heinrich von Gera, bewegten ihren Schwiegervater, den Erbvertrag aufzuheben, und seine Besi

ſtri. Der Kayſer ſelbſt mußte ihnen enblich bey Strafe der Reichsacht, auflegen: ſo balb als möglich ben Frie- ben herzuſtellen, ber auch 1451, burch Vermittelung landgraf ludwigs von Heſſen, glücklich zu Stande kam. Beide Brüder lebten von nun an in der größten Eintracht unb ſuchten gemeinſchaftlich die Urheber ihrer Zwietracht zu beſtrafen. Wilhelms Rache traf vorzüglich ben treu- loſen Apel, den er aus bem lande verjagte unb alle ſeine Güther einzog. Der Kurfürſt hatte balb barauf 1454 das Unglück, baß ihm ſeine beiden Söhne, Ernſt unb Albert, geſtohlen wurden, aber auch die Freude, ſie balb wieber zu bekommen, unb mit ſeinem Bruber bis an ſein 1464 erfolgtes Ende in beſtändiger Freundſchaft zu leben. Mit ſeiner Gemahlin, Herzogin Margretha, Herzog Ernſts von Oeſterreich Tochter, hatte er zwar fünf Söhne gezeugt, aber nur die beyden geſtohlnen überlebten ihn. Anfangs regierten ſie ihre länder gemeinſchaftlich, erbten 1482 bie geſammten lande ihres ohne männliche Erben geſtorbenen Vetters, Wilhelm, unb nahmen enblich 1485 eine Thei- lung aller ihrer theilbaren lande vor. Der ältere, Ernſt,

E 5 machte

Beſitzungen Ihnen zuzuwenden. Graf Heinrich ſuchte hier- auf ben Schutz des Herzogs Wilhelm, und ba Günther ſahe, baß er ſeinen Zweck nicht erreichen würde, ſo verkaufte er das Schloß Schwarzburg unb die Stadt Königſee an den Kurfürſten Friedrich, der ſie auch ſo gleich in Beſitz nahm, aber nach bem blutigſten Kriege wiederum an Heinrich ab- treten mußte.

machte diese Theile, und Albrecht wählte am 26sten August 1485 zu Leipzig die meißnischen Besitzungen. Es
war keine gerade Linie zwischen beider Lande gezogen worden, sondern viele Oerter aus Meisen zu Thüringen, und
vieles aus Thüringen zu Meisen gebracht worden. Doch
wir wollen die Ortschaften beider Theile hier anführen.
Zu dem kurfürstlichen Theile gehörten in Thüringen:
Breitenbach, Buttstädt, Creuzburg, Gotha, Gerstun-
gen, das Geleit zu Erfurt, Haynek, Eisenach, Schwarz-
wald, Sulza, Tenneberg, Weimar nebst Magdala,
Wachsenburg Waltershausen und Wartburg. In
Meisen und im Osterlande: Adorf, Altenburg, Burgau,
Breitenbach, Borna, Colditz, Dommitsch, Düben,
Grimma, Eulenburg, Kahla, Krimmitschau, Lukka,
Leisnig, Neustadt, Orlamünda, Oelßnitz, Plauen,
Pausa, Ronneburg, Salfeld, Schmöln, Schilda,
Triptis, Torgau, Voigtsberg, Weide, Ziegenrük und
Zwickau, nebst den Graf- und Herrschaften: Schwarz-
burg, Arnstadt, Blankenburg, Rudolstadt und Schwar-
burg-Leuchtenberg. Die Grafen von Gleichen, zu Glei-
chen, zu Tanna, zu Blankenhayn, zu Ehrenstein, zu
Remda und Schauenforst. Die Burggrafen zu Kirch-
berg, zu Farrenroda, die Reussen zu Gera, Schleiß,
Lobenstein mit Greiß und Kranichfeld. Zu dem herzoglichen Theile gehörten in Thüringen: Ballhausen, Tännstädt, Dornburg, Eckardtsberga, Freiburg nebst Mü-

cheln

cheln, Großen Furra, Gebesee, Grüningen, Hohenstein, Heebsleben, Jena, Kindelbrük, Sachsenburg, Salza, Sangerhausen, Thomasbrück und Weisensee. In Meißen und dem Osterlande kamen an den Herzog: Naumburg, Chemnitz, Dresden, Döbeln, Dippoldswalde, Delitzsch, Ehrenfriedersdorf, Freiberg, Finsterwalde, Geyer, Geithain, Hohenstein, Heyn, Leipzig, Meißen mit Lommatzsch, Mitweyda, Neuenhof, Ortrand, Oschatz, Pirna mit Dohna, Raten und dem Königsteine, Pegau Rochlitz, Radeberg, Senftenberg, Schellenberg, Thum, Wolkenstein, Weißenfels, Zschopau und Zörbig. An Grafen und Herren kamen unter des Herzogs Hoheit: die Grafen von Schwarzburg Sondershausen, Frankenhausen, Greußen, Klingen, Kelbra und Heringen; die Grafen von Stollberg, die Grafen von Hohenstein, die Grafen von Manßfeld mit ihren sächsischen Lehnen; die Herren von Querfurth; die Grafen von Beichlingen, die Schenken zu Tautenburg und Briesnitz, und die Herren von Schönburg. Die Bischöffe zu Meißen und Merseburg kamen unter des Herzogs, und der Bischof zu Naumburg unter des Kurfürsten Hoheit. Es war festgesetzt worden: daß derjenige, dem Meißen zufallen würde, dem andern 100,000 Gülden auszahlen sollte. Herzog Albert trat aber 6 Monathe nach der Theilung das Amt Jena (Kunitz, Zwetzen und Vorstendorf ausgenommen) an seinen Bruder ab, und dieser ließ hierauf 50,000

Gül-

Gülben von der Geldsumme fallen, welche er, vermöge
des Vergleichs, zu fordern hatte. Kurfürst Ernst soll mit
seinem Antheile nicht zufrieden, und diese Unzufriedenheit
eine von den erheblichsten Ursachen seines schon im folgenden Jahre sich ereigneten Todes gewesen seyn. Er hatte
mit seiner 1484 schon verstorbnen Gemahlin, Elisabeth,
Herzog Albrecht des III. von Baiern Tochter, fünf Söhne
gezeugt. Friedrich, mit dem Beinahmen der Weise,
folgte ihm in der Kur; Albrecht starb 1484 als Administrator von Mainz; Ernst war bis 1513 Erzbischof von
Magdeburg; Johann folgte seinem Bruder in der Kur,
und Wolfgang starb als Kind. Friedrich der Weise,
der 3te Kurfürst dieses Namens, war ohnstreitig einer
von Sachsens trefflichsten Fürsten, und einer der klügsten
Männer seiner Zeit. Unter ihm fing die Vernunft an
sich zu erheben, und die Wahrheit zündete die Fackel an,
welche jezt den Völkern leuchtet. Friedrich hatte sich nie
vermählt, und hinterließ also auch keine erbfähigen Nachkommen. Daher folgte ihm sein Bruder Johann, der
sich den Beinamen des Beständigen erwarb, und zwey
Söhne, Johann Friedrich den Großmüthigen, und Johann Ernsten hinterließ, deren lezterer sich mit der Pflege
Coburg begnügte, wo er auch 1553 gestorben ist. Der
unglückliche Johann Friedrich, dessen Seelengröße kein
Geschichtskundiger verkennen und kein Wahrheitsfreund
leugnen wird, mußte den Kummer erleben: daß die Kur

ihm

ihm und seiner Familie abgenommen, und seinem Vetter, dem Herzoge Moritz, der unter seiner Aufsicht und Vorsorge erzogen und gebildet worden war, übertragen ward.

Herzog Albrecht der Beherzte, Stifter der gegenwärtig ruhmvoll regierenden Kurlinie, dem in jener großen Theilung das mehreste in Meißen zugefallen war, hat sich in der Geschichte besonders durch klug angewendeten Heldenmuth merkwürdig gemacht. Er hatte, da er 1500 starb, mit seiner Gemahlin Zedena, König George Podiebrads von Böhmen Tochter, sechs Söhne gezeugt, wovon ihn jedoch nur drey überlebten. Der jüngste, der Friedrich hieß, starb 1510 als Hochmeister des deutschen Ordens, und der älteste, George der Bärtige oder Reiche, folgte ihm in der Regierung. Heinrich sollte, vermöge des väterlichen Testaments von 1499, die erbliche Statthalterschaft in Frießland erhalten, mit der der Kayser Albrechten, zu Vergütung der zu seinem Dienste im Kriege verwendeten 300,000 Gülden, 1496 beliehen hatte. Allein Heinrichs sanfter Geist war nicht zur Regierung der noch rohen und wilden Friesen gestimmt, daher überließ er die Statthalterschaft ihres Landes seinem Bruder, und erhielt dafür die Aemter Freiberg und Wolkenstein, nebst 12500 Gülden jährlicher Renten. Sein Bruder wurde bald nachher auch des Frieslandes überdrüßig, und trat es dem Kayser 1516 für 200,000 Gülden

den wiederum ab. Herzog George, der dem Pabsthume
so sehr ergeben war, daß er seinen Unterthanen bey Lan-
desverweisung und noch hättern Strafen verbot, von selbigem abzufallen, mußte, zu seinem größten Kummer, seinem dem Lutherthum ganz ergebenen Bruder Heinrichen,
alle seine Besitzungen hinterlassen. Er hatte zwar mit
Barbara, König Kasimirs des VI. von Pohlen Tochter,
fünf Söhne gezeugt, welche aber alle vor ihm aus der
Welt gegangen waren. Herzog Heinrich der Fromme
trat also, nach dem 1539 erfolgten Tode seines Bruders,
die Regierung an, und führte sogleich in allen seinen Staaten die gereinigte Lehre ein, mußte aber, ehe er noch damit zu Stände kommen konnte, (1541) sterben. Seine
Gemahlin Catharina, Herzog Magnus von Mekelnburg
Tochter, hatte ihn mit drey Prinzen beschenkt, wovon
ihn jedoch nur Moritz und August überlebten, die nach
ihres Vaters Tode gemeinschaftlich regierten, und das
Wohl, die Größe, Macht und Ansehn ihres Hauses un-
endlich erhöhten. Herzog Moritz wurde, ohngeachtet er
der eifrigste Protestant war, ein vertrauter Freund Kayser Karls des V., und suchte ihm gegen alle seine Feinde
auf das eifrigste beizustehen. Der Kaiser war dagegen
nicht undankbar, und gab ihm am 4ten Jenner 1584 die
sächsische Kurwürde, die er im vorigen Jahre durch Mo-
ritzens Beistand dem unglücklichen Johann Friedrich abgenommen hatte. Moritz erhielt aber durch die sogenannte

wit-

wittenbergiſche Capitulation am 19ten Mai 1547 nicht allein die mit der Kurwürde verbundenen, ſondern auch alle übrige Lande des Kurfürſten. Nur ſo viel mußte er deſſen Kindern anweiſen, daß ihnen ein jährliches Einkommen von 50,000 Gülben geſichert wurden. Dazu nun ſezte ihnen Moriz folgende Städte, Aemter, Schlöſſer, Flecken und Orte aus: Das Amt Gerſtungen, das Amt Breitenbach, den Antheil Johann Friedrichs, ihres Vaters an Berka, die Stadt Eiſenach, Schloß und Amt Wartburg, den achten Theil von Treffurth, den väterlichen Theil an Salzungen, das Schloß und Amt Kreuzburg, das Amt, Schloß und die Stadt Weimar, das Amt und Schloß Tenneberg, die Stadt Waltershauſen, die Stadt Kahla, nebſt dem Schloſſe und Amt Leuchtenburg, das Schloß und Amt Roda, die Stadt Orlamünda, das Amt, Schloß und Stadt Jena, das Schloß, Amt und Flecken Capellendorf, das Schloß, Amt und Dorf Rasla, das Schloß und Amt Wachſenburg, das Geleite zu Wiezendorf, das Amt, Schloß und Flecken Dornburg, und das Amt Camburg, welche beide bisher dem Herzoge Moriz gehört hatten, die Stadt Buttſtädt, die Stadt und das Amt Buttelſtädt, den ſächſiſchen Antheil an dem Schuzgelde zu Erfurt; endlich die Jagdhäuſer und Dörfer Friedebach, Hummelsheyn und Trockenborn, wie auch die Aemter Arnshaug, Weida und Ziegenrück. Die Stadt Gotha hatte der Kaiſer

an

an sich genommen, und nachdem er die Festungswerke derselben hatte schleifen lassen, gab er sie, nebst dem Amte, den jungen Fürsten zurück.

Als endlich Kurfürst Moritz 1554 am 9ten Jul. in dem bekannten Treffen bey Sievershausen blieb, so machte Johann Friedrich einen Versuch, seine Würde und Lande wieder zu erhalten. Allein Herzog August, der, weil seines Brubers einziger Sohn, Albrecht, in der Kindheit gestorben war, nunmehro Beherrscher aller Besitzungen seines Brubers warb, hatte schon vom Kaiser 1548 die Mitbelehnung erhalten, und behauptete auch jezt das damals erhaltene Recht. Jedoch waren Johann Friedrichs Bemühungen nicht ganz fruchtlos. Es kam am 24ten Febr. 1554 zu Naumburg ein Vertrag, auf Vermittelung des Königs von Dännemark, Augusts Schwiegervater, zu Stande, in welchem sich der neue Kurfürst verbindlich mächte, seinem Vetter, Johann Friedrichen, auf Lebenszeit den Titel: eines gebornen Kurfürsten von Sachsen, zu geben. Ueberdem trat er auch den Söhnen desselben das Amt Altenburg, nebst Lukka und Schmöllen, das Amt Sachsenburg, das Amt Herbsleben (die Stadt Tennstadt ausgenommen) und das Amt Eisenberg nebst den in das Schulamt Pforte gehörigen Dörfern Flemmingen und Altenburg, ab. Ferner überließ er ihnen die Gerechtigkeit zur Einlösung des Amtes Königsberg in

Fran-

Franken, und Altstädt, und machte sich endlich anheischig, ihnen auf zwey Termine 100,000 Gülden zu bezahlen. Erst im Jahre 1566 wurde Kurfürst August vom Kaiser Maximilian den II. mit allen seinen Landen belehnt, und die beiden nochlebenden Söhne des gebohrnen Kurfürsten, Johann Friedrich der Mittlere, und Johann Wilhelm, erhielten die Mitbelehnschaft. In den Jahren 1567 bis 1571 vermehrte August seine Besitzungen ansehnlich, indem er nicht nur die zum ehemaligen Burggrafenthum Meißen gehörigen Güther, nebst den der lezten Familie dieser Burggrafen zuständigen Aemtern: Voigtsberg, Oelßnitz, Plauen und Pausa erwarb; sondern auch die Amter: Weida, Arnshaug, Zügenrück und Sachsenburg für die, in der Execution der Acht gegen den Herzog Johann Friedrich den Mittlern, aufgewendeten Kriegskosten, an sich brachte. Von den mit seiner Gemahlin Anna, Christian des III. Königs von Dännemark Tochter, erzielten neun Söhnen, überlebte ihn nur der einzige, Christian, welcher ihm auch, nach seinem 1586 erfolgten Tode, in der Regierung folgte, aber schon im Jahre 1591 starb. Christian, dieses Namens der I., hinterließ von seiner Gemahlin Sophia, Kurfürst Johann Georgens von Brandenburg Tochter, drey unmündige Prinzen, Christian, George und August, über welche der Herzog Friedrich Wilhelm von Weimar, als nächster Agnate, die Vormundschaft übernahm. Im

F   Jahr

Jahr 1601 übernahm der älteste, unter den Namen Christian der II., die Regierung seines Landes, und mußte
1609 die Vormundschaft über die unmündigen Kinder
seines ehemaligen Vormundes übernehmen. Christian
der II. war zwar mit Hedewig, König Friedrich des I.
von Dännemark Tochter, vermählt, hatte aber mit selbiger keine Kinder hinterlassen, daher folgte ihm 1611 sein
Bruder, Johann George der I., der schon seit 1607 Antheil an der Regierung des Landes gehabt hatte.

Im Jahre 1619 trugen die misvergnügten Böhmen
dem Kurfürst Johann George ihre Krone an, er aber
schlug sie, zum Vortheile seines Bundesgenossen, Kaiser
Ferdinand des II., großmüthig aus, und half ihm dieses
Königreich gegen den unglücklichen Kurfürst Friedrich
den III. von der Pfalz, der die böhmische Krone angenommen hatte, behaupten. In dieser Absicht rückte er
im Jahre 1619 in die Lausitz, und Ferdinand trat ihm
dieses Land für die in seinem Dienst aufgewendeten Kriegskosten, die sich auf sieben Millionen beliefen, 1623 un-
pfändlich ab, bis er es ihm 1636 erblich überließ. Die
schon im Prager Frieden 1635 ihm übergebenen vier Aemter: Querfurth, Dame, Jütterbok und Burg wurden
ihm im westphälischen Frieden bestädiget. So starb endlich Kurfürst Johann George der I., nachdem er den ganzen verheerenden 30jährigen Krieg hindurch mit vieler

Weis-

Weisheit regiert, und seine Lande so ansehnlich vermehrt hatte, 1656, und vertheilte, mittelst eines Testaments, alle seine Besitzungen unter seine vier Söhne.

1) Johann George II. erhielt, außer den ihm wegen der Erstgeburt ausschließlich zukommenden Kurlanden und Würden, ganz Meißen, nur einige Aemter ausgenommen, welche an die zwey jüngern Nebenlinien kamen.

Der zweyte Prinz, August, war anfangs Administrator des Hochstifts Meißen, und wurde 1625 zu Coadjutor, und 1638 zum wirklichen Administrator des Erzstiftes Magdeburg postulirt. Vermöge einer Verordnung des väterlichen Testaments, that er auf die Administration des Hochstiftes Meißen, zum Vortheil seines ältern Bruders, Verzicht, bekam aber dafür andere ansehnliche Besitzungen, als: die thüringischen Aemter Weißenfels, Sachsenburg, Eckardtsberge, Weisensee, Freiburg, Sangerhausen, Langensalze, Sittichenbach, Helbrungen und Wendelstein; wie auch die vier eximirten Magdeburgischen Aemter und eine Anwardschaft auf die Güther der, ihrem Aussterben damals nahen Grafen von Barby. Durch den mit seinem Bruder geschlossenen Hauptreceß erhielt er noch überdem folgende Städte, Flecken und Oerter: Thomasbrücken, Reblingen, Laucha,

Mü-

Mücheln, Kindelbrück, nebst den Stiftern und Klöster, oder vielmehr Kammergüthern, Beutiz, Langendorf, Remsdorf, Bornroda, Kölleda, Salza, Kaltenborn, Rohrbach, Zwirst und S. Ulrich. August starb 1680, nachdem er viele vortrefliche Anstalten zum Flore seines Landes gemacht hatte, und sein ältester Prinz, Johann Adolph der I., folgte ihm in allen seinen Erblanden; das Erzstift Magdeburg aber fiel, vermöge des westphälischen Friedens, als ein Herzogthum, an Kurbrandenburg. Johann Adolph der I. hinterließ, da er 1697 starb, nur minderjährige Prinzen, von welchen der älteste Johann George hieß, und bis in das folgende Jahr unter der Vormundschaft seines Vetters, des Königs Friedrich August, stand. Er war einer der treflichsten Fürsten seiner Zeit, starb aber schon im Jahre 1712 ohne Nachkommen zu hinterlassen, daher ihm sein Bruder, Christian, folgte, der bis 1736 regierte, und weil auch er keine Erben hatte, so kam endlich noch der jüngste Bruder, Johann Adolph der II. oder Tapfere, zur Regierung, beschloß 1746 die weißenfelsische Nebenlinie, und das Land fiel an das Kurhaus zurück.

2) Johann Georg des I. dritter Sohn, Christian, wurde zum Abministrator des Erzstiftes Merseburg postulirt, und erhielt durch väterliche Verordnung, nebst der Niederlausiz, auch die Aemter Delitzsch, Zörbig, Bitter-

feld

felb unb die Grafſchaft Brene *). Herzog Chriſtian der I.
regirrte bis 1691, wo ihm ſein Sohn, Chriſtian der II.
bis 1694 folgte, und nur minderjährige Prinzen hinterließ, über welche König Friedrich Auguſt bis 1708 die
Vormundſchaft führte, worauf der älteſte, Moriß Wilhelm, bis 1731 das Regiment verwaltete, und da auch
dieſer im gedachten Jahre ſtarb, ſo übernahm ſein Bruder Heinrich das Land und beſchloß 1738 dieſe Nebenlinie. Die Erblande dieſes Herzogthums fielen hierauf an
die Hauptlinie zurück, und das Domcapitul poſtulirte
durch eine immerwährende Capitulation von jener Zeit an,
den jedesmaligen Kurfürſten von Sachſen zum Adminiſtrator des Hochſtiftes Merſeburg.

3) Moriß, Kurfürſt Johann George des I. vier-
ter Sohn, ſtiftete die dritte Nebenlinie. Er wurde von
dem Domcapitul zu Naumburg zum Adminiſtrator poſtu-
lirt, und erhielt außer dieſem Hochſtifte auch folgende
Aemter: Teutenburg, Voigtsberg, Plauen, Pauſa, Triptis, Arnshaug, Weide und Ziegenrück; wie auch den
kurſächſiſchen Antheil an Henneberg, der bisher gemeinſchaftlich mit der erneſtiniſchen Linie regiert worden war,

F 3
nun

*) Die Grafſchaft Brene gehört nicht zu den eigentlichen
Kurlanden, und darf alſo, ohne Verletzung der goldnen
Bulle, von dieſem Kreiſe geſondert werden.

nun aber getheilt ward, erblich. Er regierte sein Land
zur allgemeinen Zufriedenheit seiner Unterthanen bis 1682,
und nachdem er in diesem Jahre mit Tode abgegangen
war, so folgte ihm sein Sohn Moriz Wilhelm, welcher
zwar 1717 zur katholischen Religion übertrat, aber schon
im folgenden Jahre wiederum lutherisch ward, auch in
demselben starb und seine Linie beschloß. Das Domcapitul hatte ihn, nach seiner Religionsveränderung, der
Administration ihres Stifts unfähig erklärt, und dieselbe
nach einigen Schwierigkeiten, durch einen Vertrag, auf
beständig, an die Person des jedesmaligen Kurfürsten
gebunden.

Der Kurfürst Johann George der II. hatte also
einen sehr ansehnlichen Theil des väterlichen Erbes an
seine Brüder abtreten müssen, aber desto sorgfältiger und
wohlthätiger war auch die Regierung seiner ihm übrig ge-
bliebenen Besitzungen. Er lebte bis 1680 und hinterließ
von seiner Gemahlin Magdalena Sibilla, Markgraf
Christians zu Bareuth Tochter, einen einzigen Sohn,
Johann George den III., welcher ihm in der Regierung
folgte, die er zwar nur bis 1691, aber mit außerordent-
licher Klugheit führte. Sophia, König Friedrich des III.
von Dännemark Tochter, hatte ihm zwey Prinzen geschenkt, deren ältester, Johann George der IV., die Regierung übernahm und sie bis 1694 führte, wo er, ohne
Erben zu hinterlassen, starb. Daher folgte ihm sein einziger

ziger Bruder, Friedrich August der I., in der kurfürstlichen Regierung. 1697 wählten ihn die Pohlen, nachdem er am 23sten Mai dieses Jahres zur römischkatholischen Religion sich bekannt hatte, zu ihrem Könige. Er
war mit Christina Eberhardina, Markgraf Christian
Ernsts von Bareuth Tochter, vermählt, mit welcher er
einen einzigen Prinz, Friedrich August den II., zeugte
und in Jahre 1733 starb. Friedrich August der II. trat
hierauf die Regierung seiner Erblande an, wurde auch
noch in diesem Jahre, am 5ten Oct., zum König von Pohlen erwählt, und im Anfang des folgenden zu Krakau ge-
krönt. Er hatte sich im Jahr 1699 mit Maria Josepha,
Kaiser Josephs des I. Tochter, vermählt, und mit derselben sieben Prinze und sechs Prinzessinnen gezeugt, deren
Namen und Schicksale wir kürzlich anzeigen wollen.

Die Prinzen waren folgende:

1) Friedrich August Karl und

2) Joseph Karl August starben in der Jugend.

3) Friedrich Christian Leopold, regierte nach des Vaters Tode nur 7 Wochen und 3 Tage.

4) Franz Xaver August, führte nach seines Bruders
Tode die Vormundschaft bis zum 16ten Sept. 1768,
und lebt seit dieser Zeit als französischer Generallieu-
tenant auf seinen Gütern in Frankreich, unter dem
Titel: eines Grafen von der Lausitz.

F 4   5) Karl

5) Karl Christian Joseph, wurde 1758 zum Herzog von Curland und Semgallen erwählt, und lebt gegenwärtig theils in Dresden, theils in Elsterwewa.

6) Albert Casimir, Reichs-General-Feldmarschall, durch Seine Gemahlin Maria Christina, Kaiser Franz des I. Tochter, Herzog zu Sachsen Teschen, und seit 1781 Gouverneur und General-Capitain der Oestreichischen Niederlande.

7) Klemens Wenzeslaus, Kurfürst zu Trier, Bischof zu Augsprug, und regierender Coadjuor zu Ellwangen.

Die Prinzeßinnen:

1) Maria Amalia Christina, Gemahlin König Karl des III. von Spanien.

2) Maria Anna Sophia, Kurfürst Maximilia Joseph von Baiern Gemahlin; lebt gegenwärig in München.

3) Maria Josepha, an den Dauphin Ludwig von Frankreich vermählt, wurde Mutter des jezt regierenden Königs von Frankreich.

4) Maria Christina, starb 1782 als Aebtißin des Stifts Remiremont.

5) Maria Elisabeth lebt in und bei Dresden.

6) Maria Kunigunde, Aebtißin zu Essen und Thorn, lebt bey ihrem Bruder, dem Kurfürsten von Trier.

Dese

Diese zahlreiche Nachkommenschaft hinterließ Friedrich August der II. da er am 5ten Oct. 1763 nach einer unruhigen, kriegerischen Regierung aus der Welt gieng. Sein ältester lebender Prinz, Friedrich Christian Leopold, der schon das 41ste Jahr erreicht hatte, folgte ihm in der Regierung der Kurlande. Allein dieser vortrefliche Fürst, auf welchen Sachsen, durch verheerende Kriege in das Tiefste versunken, seine ganze Hofnung sezte, wurde seinen Unterthanen noch in selbigem Jahre am 17ten Dec. durch den Tod entrissen. Da alle seine, mit Maria Antonia, Kaiser Karls des VII. Tochter, erzeugten Kinder minderjährig, und der älteste Prinz kaum 12 Jahr alt war, so übernahm sein Bruder, Franz Xaver, die vormundschaftliche Regierung, bis Friedrich August der III. am 13ten Sept. 1768, zur Freude Seines Volks! Seine wohlthätige Regierung antrat; sich im folgenden Jahre mit Maria Amalia Augusta, Pfalzgraf Friedrichs von Zweibrücken Tochter, vermählte, und mit Dieser von allen Sachsen geliebten und verehrten Prinzessin, 1782 eine Tochter zeugte, welche den Namen Maria Augusta erhielt, und gegenwärtig die Freude ihrer Durchlauchtigsten Eltern ist. Kurfürst Friedrich August hatte noch drei Brüder, wovon gegenwärtig nur noch zwey am Leben, am Hofe ihres Bruders sich aufhalten; und zwo Schwestern. Der älteste Bruder, Karl Maximilian, starb 1781 unvermählt; Anton Klemens vermählte sich

1781 mit Maria Charlotte Antonie, einer königlich Sardinischen Prinzessin, verlohr aber selbige schon im folgenden Jahre durch den Tod, und verband sich deswegen 1787 vom neuen mit Maria Theresia Josepha, Leopolds Erzherzogs von Oestreich und Großherzogs von Toscana Princeßin Tochter. Prinz Maximilian lebt noch unvermählt. Die älteste Schwester des Kurfürsten, Maria Amalia, vermählte sich 1774 mit dem regierenden Pfalzgrafen und Herzoge von Zweybrücken Karl August Christian; und die jüngere, Maria Anna, hält sich, mit ihren zwey jüngern Brüdern, am Hofe des Kurfürsten zu Dresden auf.

Neue Geographie

Kursachsens.

Neue Geographie

Kursachsens.

Die gegenwärtigen Besitzungen des Kurhauses Sachsen bestehen:

1. aus den alten Erblanden, wozu gehören:

   a) Das Herzogthum Sachsen nebst den mit demselben verbundenen Grafschaften Barby, Brene und den Burggräflich magdeburgischen Landen.

   b) Der nördliche Theil der Landgrafschaft Thüringen nebst einem Stücke des südlichen Theiles.

   c) Die Markgrafschaft Meißen, mit welcher nicht nur das Hochstift Meißen, sondern auch der Antheil des Kurfürsten am Voigtlande verbunden ist.

   In diesen alten Erblanden liegen folgende Graf- und Herrschaften, welche zwar ihre eigenen Besitzer haben, übrigens aber unter kursächsischer Landeshoheit stehen.

   a) die Herrschaften Wildenfels, Sonnewalde und Baruth, welche drey verschiedenen Lienien des gräflich Solmischen Hauses gehören.

b) die

b) Die Grafschaften Stollberg-Stollberg und Stollberg Rosla.

c) Die ehemalige Herrschaft und nunmehrige Amt Ebeleben in Thüringen, das dem fürstlichen Hause Schwarzburg gehöret.

d) Die verschiedenen Herrschaften der Grafen von Schönburg.

2. Aus den Hochstiftern Merseburg und Naumburg-Zeitz.

3. Aus dem Fürstenthume Querfurth.

4. Aus zween Drittheilen der ehemaligen Grafschaft Mannsfeld.

5. Aus sieben Zwölftheilen der ehemaligen Grafschaft Henneberg.

6. Aus zween Drittheilen der Ganherrschaft Tresurth.

Gränzen von Kursachsen.

Die Gränzen der einzelnen Theile der kurfürstliche Lande lassen sich leicht, aber die allgemeinen Gränzen aller Besitzungen äußerst schwer bestimmen: weil sie kein zusammenhängendes Ganzes ausmachen. Wir wollen daher versuchen, nur das allgemeinste anzugeben.

1) Gegen Morgen gränzen sie an die beiden Lausitzen und an Böhmen;

2) gegen

2) gegen Abend an das Anhältische, den Saalkreis, an den untern Theil des Fürstenthums Schwarzburg, an das Gebiet von Mühlhausen, an das Eichsfeld, an die Fürstenthümer Weimar und Altenburg, und an die Reußischen Lande;

3) gegen Mittag an Böhmen, das Reußische und Bareuthische, an die Fürstenthümer Weimar, Gotha und Eisenach, und das Erfurtische;

4) gegen Mitternacht an die Mark Brandenburg, das Anhältische, den Saalkreis, an das magdeburgische Mannsfeld, an den untern Theil des Fürstenthums Schwarzburg und an das Mühlhäusische.

Die Größe dieser gesammten alten Erblande beträgt 549 ☐ Meilen, wozu noch 2 Markgrafthümer, Ober- und Niederlausitz kommen, welche man 180 ☐ Meilen groß achtet. Man zählt jetzt in diesen gesammten Landen 275 Städte, 1728 Schriftsassen, 508 Vorwerke, 6422 Dörfer, und 1,900,000 Einwohner. Die gesammte Armee bestehet gegenwärtig aus 27,680 Mann. Aus diesen gesammten Landen hat der Landesherr zwischen 6½ bis 7 Millionen *) Thaler jährlicher Einkünfte. Diese Besi-

---

*) Das die Einkünfte Kursachsens 6½ Millionen betrugen, ist ausgemacht genug; doch steigen sie, nach dem Zeugnisse erfahrner vaterländischer Geschäftsmänner, oft auf 7 Millionen.

Befigungen haben nicht alle einerley politifche Eintheilung
erhalten können, weil einige Stücke deffelben, die nach
und nach durch Kauf, Verträge oder Erbfchaft dazu gekommen find, ihre befonderen Regierungen und Einrichtun-
gen behalten haben. Doch ift die Eintheilung in Aemter
allen Provinzen gemein. Die alten Erblande machen
einen unzertrennlichen Körper aus und find in 7 Kreife
getheilet, deren Stände auf den Landtagen nach folgender
Ordnung fitzen:

1) der Kurkreis. 2) der Thüringifche. 3) der
Meißnifche. 4) der Erzgebürgifche. 5) der Leipziger. 6) der Voigtländifche und 7) der Neuftädtfche.

Bis auf Kurfürft Morigens Zeiten beftunden die
Lande der jetzigen Kur- oder Albertinifchen Linie nur aus
dem Thüringifchen, Meifner, Erzgebürgifchen und Leipziger Kreife. Diefer Kurfürft brachte, durch die bekannte
Wittenbergifche Capitulation 1547 den Kurkreis, und
fein Bruder und Nachfolger, Auguft, den Voigtländi-
fchen durch Kauf, und den Neuftädtfchen für die, bey
der ihm aufgetragenen Exekution der Acht gegen Johann
Friedrich II. zu Gotha verurfachten Kriegskoften, an fich.

Jeder Kreis ift in verfchiedene Aemter getheilt,
worunter eines das Kreisamt heißt, in welches die Steuern aus den übrigen zufammenfließen, und deren der Erz-
gebür-

gebürgische, wegen feiner Größe, zwey hat. Die Eintheilung des Landes in Aemter dienet zur Verwaltung der
kurfürstlichen Kammergüther, zur Ausübung der Gerichtsbarkeit über die Amtsassen und ihre Güter, zur Pu-
blikation der Landesgesetze u. s. w.

Der Kurfürst von Sachsen hat in dem Kurfürsten-
kollegium überhaupt den sechsten, und unter den weltlichen
den dritten Platz. Das markgräflich Meißnische Haus
besizt diese Würde, nebst den damit verbundenen Landen,
wie auch die Erzmarschallswürde des Reichs und alle von
selbiger abhängende Rechte, seit 1423. — Den kurfürstlichen Titel führte zuerst Herzog Rudolph II. von Sachsen,
aus dem askanischen Stamme, und die Erzmarschallswürde verwalten die Herzoge von Sachsen schon seit Bernhard I. (985.) aus dem Bullingischen Hause. Sie haben aber ihre Verrichtungen als Reichs-Erzmarschälle den
Grafen von Pappenheim aufgetragen, welche sich mit der
Erbmarschallswürde nebst Stadt und Schloß Pappenheim, vom Kurfürsten erblich belehnen lassen, und Erb-
auch Untermarschälle genannt werden. Die Hauptlinie,
oder diejenige, welche dies genannte Amt wirklich verwalten, nennen sich, auf Kurfürst Augusts Verordnung,
seit 1571. Marschälle Zu, die Nebenlinien aber Von Pappenheim. Von dem Reichserzmarschallamte hängt auch
das Reichs-Erbthürhüteramt, welches gegenwärtig die

G   Gra-

Grafen von Werthern verwalten, wie auch die Schußge-
rechtigkeit über alle Hof- und Feldtrompeter und Heerpau-
ker des Reichs, ab; auch ist der Kurfürst, als Markgraf von Meißen, Reichsoberjägermeister. Das Pfalz-
grafenamt rührt ohnstreitig von den fränkischen Königen
her, welche, nach Ueberwindung der Sachsen, gewisse
Vicarien ihrer Rechte in diesem Lande bestellten. Unter
König Heinrich I. wurde der zu Altstädt der wichtigste *),
angesehenste und mächtigste, dessen Amt und Rechte noch
auf unsre Zeiten Einfluß haben. Die Familie dieser
Pfalzgrafen hatte sich in verschiedene Linien getheilt und
besaß ansehnliche Güter im sächsischen **) Thüringen.
Nach ihrem Abgange kam 1182. die Pfalzgräfliche Würde
an Landgraf Herrmann von Thüringen, und nach Absterben dieser Familie mit der Landgrafschaft zugleich an
Markgraf Heinrich den Erlauchten. Zwar haben auch
die Herzoge von Sachsen, askanischen Stammes, Ansprüche auf die Pfalzgrafenwürde gemacht, und auch den
Titel von selbiger geführt, aber auch ihre Ansprüche sind
mit

*) Die zu Grona am Harze, zu Wörlitz, Wachthausen und
Merseburg bestellten Pfalzgrafen scheinen mehr Aufseher
und Vertheidiger der daselbst befindlichen Schlösser, als
Vorgesetzte der Grafen, in Abwesenheit des Kaisers, gewesen zu seyn.

**) Ich rede hier von denjenigen Zeiten, in welchen Thürin-
gen noch seine, nach Herrmannfrieds Ueberwindung getrof-
fene, Abtheilung hatte.

mit dem Herzogthume Sachsen zugleich an die Herren Markgrafen von Meißen gekommen. Auf diese Würde gründet sich das Reichsvicariatsamt, welches dem Kurfürsten von Sachsen, wenn das Reich ohne Oberhaupt, oder ein römischer König minderjährig, oder der Kaiser bei einer langwierigen Reise, außer den Gränzen des deutschen Reichs ist, in denjenigen Theilen des deutschen Reichs, wo das Sachsenrecht gilt, zu stehet, und welches Kursachsen in diesen Theilen, so wie Kurpfalz in den übrigen, und beiden gemeinschaftlich über Italien, zuerst durch die goldne Bulle gesetzlich bestätiget worden ist. In neuern Zeiten haben es verwaltet:

1. aus der erneſtiniſchen Linie, Friedrich der Weise 1496. bey einer Reise, und 1519 nach dem Tode des Kaisers Maximilian I.

2. aus der Albertinischen Linie:

   a) Johann George der I. 1612. und 1619.

   b) Johann George der II. 1657.

   c) König Friedrich August II. 1711.

   d) König Friedrich August III. 1740. und 1745.

Zu Verwaltung der in- und ausländischen Angelegenheiten des Landes sind mehrere hohe Collegien angeordnet, deren jedes seine bestimmten Geschäfte hat. So verwalten zwey Ministeria: das geheime Cabinet und geheime Concilium, die Regierung des Landes im Großen. Mit

sehns-

Lehns- Policey- und Juſtizſachen beſchäftigen ſich die Lan-
des- und Stiftsregierungen. Mit Juſtiz allein, das Ap-
pellationsgericht, die Ober- und Hofgerichte, und die
Schöppenſtühle. Mit den Landeseinkünften, das geheime
Finanzcollegium, die Stiftskammern und das Oberſteuer-
collegium. Die Militairangelegenheiten beſorgt das geheime Kriegskollegium. Die Kirchen und Schulen nebſt
allen Religionsangelegenheiten, hat der Kirchenrath zu
beſorgen, (welchen eigentlich der jedesmalige Oberconſiſto-
rialpräſident, Oberhofprediger und älteſte weltliche Rath
des Oberconſiſtoriums zu Dresden formiren) mit welchem
das Oberconſiſtorium daſelbſt verbunden iſt. Unter ihm
ſtehen die Accademien zu Leipzig und Wittenberg, und
die Schulen, beſonders die drey berühmten Fürſtenſchulen. Ferner die Conſiſtorien zu Leipzig und Wittenberg;
das Stiftsconſiſtorium zu Wurzen. Die Unterconſiſto-
rien zu Glauche, Stollberg und Sonnewalde, nebſt der
Schwarzburgiſchen Inſpection Ebeleben. Die Conſiſtorien zu Merſeburg und Zeitz ſtehen unmittelbar unter dem
geheimen Concilium, an welches auch der Kirchenrath, in
wichtigen Fällen, Bericht erſtattet. Zwar iſt die Lutheriſche Religion die herrſchende im Lande, doch haben auch
die Reformirten zu Leipzig und Dresden, die Catholiken
zu Dresden, Leipzig, Annaburg, Hubertsburg, Weiſ-
ſenfels und Meiſen, wo eigentlich kurfürſtliche Hofkapel-
len ſind; die Herrnhuter zu Barby, die Griechen zu Leip-

zig, und die Juden zu Dresden und Leipzig, freie Reli-
gionsübung. Wissenschaften und Künste sind schwerlich
irgendwo mehr geschäzt und befördert, als in Sachsen,
wovon die vielen berühmten Gelehrten und Künstler, die
vortreflichen Lehr- und Erziehungsanstalten, und der
Buchhandel zeugen, der an keinem Orte Deutschlandes
so groß ist, als in Leipzig. Wären doch nur die treflic-
chen Vorschläge rechtschaffener und einsichtsvoller Patrioten zur Verbesserung der Land- und kleinen Stadtschulen
bald anwendbar, sie würden Sachsens Wohl um viele
Grade erhöhen.

Natürliche Beschaffenheit des Landes.

Es liegt dasselbe unter einem gemäßigten Himmelsstriche,
hat im Thale und platten Lande sowohl, als in den ge-
bürgigten Gegenden gesunde Luft, größtentheils vortrefflichen, mehrentheils guten, nur wenig schlechten Boden,
und wird durch eine Menge kleine und große Flüsse be-
wässert. Zu lezteren gehören hauptsächlich

1) die Elbe, welche aus Böhmen kommt, den meisnischen Kreis der Länge nach, die eigentlichen säch-
sisch herzoglichen Lande, die Grafschaft Barby, und
die burggräflich magdeburgischen Lande durchströmt.
Weil sich die mehresten kleinen und großen Flüsse

G 3   des

des Landes nach derselben ziehen, so muß sie ein Hauptthal desselben machen. Sie geht von Böhmen an bis Torgau herunter, in verschiedenen Gegenden enge zwischen hohen Gebürgen, daher bleibt sie hier viel länger schifbar, als im Kurkreise. Sie dienet sehr zum Handel Böhmens und der Provinz mit Dreßden, auch zu Transportation des Salzes, welches aus Dürrenberg für diese obern Gegenden bis Torgau, auf der Axe geführt wird.

2) Die Saale durchläuft einen Theil des sächsischen Voigtlandes, das Naumburgische, berührt Thüringen und das Merseburgische.

3) Die Mulde entspringt in zween Armen, davon der eine auf der böhmischen Gränze hervorquillt, und die Freyberger, der andere aber im kursächsischen Voigtlande, welches er der Länge nach durchströhmt, entsteht, und die Zwickauische Mulde heißt. Beide Arme vereinigen sich bey Kolbiz, im Leipziger Kreise, durchfließen ihn, auch den einen Theil des Kurkreises, und fallen bey Dessau in die Elbe.

4) Die weisse Elster entspringt im kursächsischen Voigtlande, durchschneidet es der Länge nach, berührt den neustädtischen Kreis, das Naumburgische, nimmt bey Leipzig die Parde und dann beym Dorfe Meckern die Pleiße auf, und ergießt sich im Merseburgischen in die Saale.

5) Die

5) Die Unſtrut hat ihre Quelle auf dem Eichsfelde, geht bey Thomasbrück ins Kurſächſiſche, durch-ſtrömt es in vielen Krümmungen von Weſten nach Oſten, und ergießt ſich bey Naumburg in die Saale.

Von kleinen Flüſſen kann man bemerken: die Weiſe-ritz, Schope, Flöße, Pleiße, Chemnitz in Meißen; die Wipper, Helme, Ilm, Leine, Helbe, Werre und Wipper in Thüringen, das auch noch überdies viele kleine Gewäſſer hat, welche die Schönheit und Fruchtbarkeit ſei-ner ſo reizenden Thäler erhöhen. Uebrigens hat das Land mehrere Teiche von beträchtlicher Größe, als: der Frieß-nitzer bey Weide, der 3, der Filzteich bey Schneeberg, der 1¼ Stunde im Umfange hat; die Teiche bey Merſe-burg, Torgau, Wermsdorf, Auguſtenburg, Frauen-ſtein, Chemnitz, Zwickau u. ſ. w. Dieſe Gewäſſer lie-fern einen Ueberfluß an allen gewöhnlichen Fiſcharten. (Lachſe fängt man in der Elbe, Saale und Mulde) ſie tragen aber auch nicht wenig dazu bey, daß die Beſitzun-gen dieſes Kurfürſtenthumes zu den fruchtbarſten und ſchönſten Gegenden Deutſchlandes gerechnet werden, und auf ihrer Oberfläche von 729 ☐ Meilen beynah zwey Millionen Menſchen nicht nur mit der Nothdurft reichlich verſehen, ſondern noch Auswärtigen verſchiedene Güther überlaſſen werden können.

Sach=

Sachsen bringt Getraide aller Art so viel herfür, als seine Einwohner brauchen; ja bey guten Jahren hat es sogar Ueberfluß, welcher theils durch die besten Anstalten, theils durch den emsigsten Fleiß der Einwohner, immer erhöhet wird. Der Kurkreis bringt im Ganzen gewiß sein Bedürfniß, weil die fruchtbaren Gegenden von Bitterfeld, Barby und Gommern, die ärmsten Gegenden übertragen. Der meisnische und voigtländische haben ihr Bedürfniß hinlänglich, und der leipziger und thüringische Kreis können durch ihren Ueberfluß das Erzgebürge füglich ernähren. Da aber die Entfernung die Zufuhr sehr erschwert, so geht aus Thüringen das mehreste ins Ausland. Doch ist seit 1773. befohlen, daß wenn der Weizen und Roggen 4, die Gerste 2, und der Hafer 1 Thlr. kostet, kein Getraide mehr aus dem Lande gehen soll. Im Voigtlande und Erzgebürge werden die häufigsten und besten Erdbirnen gebauet. Heidekorn bauet man vorzüglich um Dresden und im Kurkreise. Hirse geräth am besten um Zeiz und Pegau. — An Obst aller Art ist Ueberfluß vorhanden. Die besten und wohlschmeckenden Obstarten erzeigt man um Zeiz, Weißenfels und Naumburg. Wein wird besonders in zwo Gegenden des Landes gebauet. Das meisner Weingebürge erstreckt sich von Pirna an der Elbe bis unterhalb Meißen. Blanker Wein ist hier der vorzüglichste. Die kurfürstlichen Berge sind beträchtlich, ihre Frucht wird vorzüglich

zu

zu Dresben und Torgau aufbewahret. Die andere gute Weingegend liegt in Thüringen und bringt rothen Wein von vorzüglicher Güte. Das Gebürge zieht sich von Weißenfels, längst der Saale, bis über Schulpforte hinauf, und von Naumburg rechts an der Unstrut bey Freyburg hin. Ja man hat hier sogar Versuche mit Burgunder angestellt, einige tausend Fächser verschrieben und köstlichen Wein erbauet. Dieser Wein spart große Summen, welche andre Länder für ausländische Weine und besonders Weinessig zahlen müssen. In Weißenfels und Naumburg sind beträchtliche Weinessigbrauereyen, die viel ins Ausland absetzen — Der Hopfenbau ist nicht so beträchtlich, als er seyn könnte. Zwar bringen Thüringen und der Kurkreis ihr Bedürfniß, aber im leipziger Kreise wird, außer um Eulenburg, gar keiner gebauet. Der erzgebürgische und meisner haben nicht zureichend Hopfen, so daß er aus Böhmen *) zugeführt werden muß. Der Boden ist in diesen Gegenden keinesweges die Ursache des geringen Hopfengewinnstes. Ich sahe Gegenden des meisner Kreises, wo weit und breit kein Hopfen gebauet wird, und doch wuchs er häufig wild — braucht man stärkere Fingerzeige der Natur? — Der Tabaksbau ist

G 5   beson-

*) Es ist sonderbar, aber ausgemacht, daß die böhmischen Hopfenhändler, seit einiger Zeit, den sächsischen Hopfen aufkaufen, und ihn sodann wieder nach Sachsen, als den besten böhmischen, absetzen.

befonders feit 1765, wo man bey Pirna und Zwickau wohlgerathne Verfuche anstellte, ein beträchliches Product des Landes. Die hohe Landesobrigkeit fuchte ihn befonders durch Prämien zu erheben, und fie würkten fo fehr, daß man fchon um 1779. allein im Kurkreife und der Niederlaufiß 10,000 Centner Tabak árnbete. Im leipziger Kreife findet man in einigen Dörfern um Leipzig und in den Aemtern Zörbig, Düben, Grimma, Borna und Pegau Tabaksbau.

Zu Kölleba in Thüringen ist befonders eine große Tobaksplantage. — Der Flachsbau ist im ganzen nicht unbeträchtlich. Am mehreften baut man ihn in den thüringifchen Aemtern Eckardtsberge, Langenfalze, Weißenfee, Freyburg, und in der Graffchaft Stollberg. Im meifnifchen in den Aemtern Tippeldswalde, Hohenstein, Pirna und dem erzgebürgifchen Amte Wolkenstein. Befonders gute Flachsorte im Gebürge find auch die Dörfer Königswalde, Rückerswalde, Mildenau, Mauersberg, Pfaffendorf und Dürrenthal. — Anis, Fenchel und Kümmel baut man befonders in großer Menge in Thüringen und verführt ihn nach Niederfachfen — Waid wird jezt nur noch in Thüringen, befonders bey Langenfalze gebaut, weil man fich an beffen Stelle des Indigo bedient. — Grapp wird erst feit 1753. bey uns gebaut, und feit 1768 hat man beffen Anbau befonders, von Seiten

ten der Obrigkeit, begünstiget. In Thüringen pflanzt man ihn am häufigsten um Weißenfels und Kindelbrück. In Meisen um Dahlen und Dresden. In Wergwitz bey Leipzig hat der bekannte nunmehr verstorbene Oeconom, der Edle Herr Schubart von Kleeféld, eine große Grapplantage angelegt. Da bey diesem Gewächse erst in drey Jahren die Aernde erfolgt, und es also ziemlichen Verlag fordert, so ist es genug, daß man schon 1780. 400 Centner in hiesigen Landen gewonnen, und der Anbau, zum Vortheil unserer Cattundruckereyen, immer gestiegen ist.

Holz.

Die vielen Hammerwerke, Schmelzhütten, Manufakturen, Fabriken und Salzsiedereyen unsers Landes, scheinen, nebst dem übrigen Bedürfniß der Einwohner, mehr Holz nöthig zu haben, als das Land hervorbringt, doch ist das, was fehlt, unbeträchtlich, und wird durch die Holzlieferungscontrakte, die das geheime Finanzcollegium mit Auswärtigen schließet, wie auch durch Torf, Stein= und Braunkohlen, ersezt. Die vorzüglichsten Holzörter sind: die Annaburger, Liebenwerder und Gräfenhänische Hayden im Kurkreise; die Dreßner, Dippoldiswaldische, Wermsdorfische und Torgauische oder Dübensche Hayden im leipziger Kreise. Fast alle Gebürge des Erzgebürges liefern Holz. Der voigtländische Kreis

hat

hat beträchtliche Waldungen, und im neustädtschen und thüringischen haben wir Stücke des großen thüringer Waldes. Die Mannsfeldischen Wälder, sächsischen Antheils, betragen allein über 40,000 Acker. Jedes neue Ehepaar muß zwey wilde und zwey Obstbäume pflanzen, durch welche Verordnung von 1770. bis 1786. ohngefähr 1,035,525 Stück angepflanzet worden sind. — Der weiße Maulbeerbaum wird wenig gepflanzet, daher ist auch der von demselben abhängige Seidenbau nur unbeträchtlich, obgleich der Landesherr die ruhmwürdigsten Aufmunterungen gegeben hat. Die vorzüglichsten Plantagen sind: zu Osterwitz bey Pillnitz, bey und in Leipzig, Eulenburg, Rochlitz, Schönwölke im Markgrafthum Meißen; zu Wittenberg, Seyda, Belzig und Jütterbock im Kurkreise, und Langensalze im thüringischen Kreise.

Viehzucht.

Obgleich die Viehzucht in allen ihren Theilen sehr beträchtlich ist, so ist doch nicht zu leugnen, daß man auch diese, noch sehr zu verbessern, die herrlichste Gelegenheit hätte. Einige Gegenden, z. B. der sogenannte Flämmig (ein Landstrich im Kurkreise längst der brandenburgischen Gränze, von Flanderern angebaut) und einige Theile des Erzgebürges, sind zwar nicht zur guten Viehzucht geschickt; aber doch bringt der größte Theil des Landes sein

Be-

Bedürfnis, und einige Gegenden haben sogar Ueberfluß. Der thüringische und leipziger Kreis haben in der Rind-viehzucht einen großen Vorzug. Man sucht sie hie und da, besonders im meisnischen Kreise, durch schweizerisches Rindvieh zu verbessern. Man hat bisher, der vortref-lichen Verordnungen der hohen Landesobrigkeit ohngeach-tet, zu wenig auf die Aufhebung der Communtristen, den fleißigen Anbau der Futterkräuter und die Stallfütterung gedacht, und da die Ausübung dieser nützlichen Vorschrif-ten bloß auf den freyen Willen der Unterthanen beruhet, so wird die Einfalt, Anhänglichkeit an das Herkommen, und der Eigennuß noch lange widerstreben. Um die Schaafzucht, welche, wegen der zunehmenden Manufa-cturen täglich wichtiger für das Land wird, zu verbessern, hat man spanische Störe kommen lassen, um die Wolle zu veredeln. Der Kurfürst hat mit dieser spanischen Schaafzucht den Anfang gemacht, man muß aber erst von der Zukunft erwarten, in wie ferne diese Gattung bey uns ausdauert. Die Schweinezucht ist besonders in Thü-ringen sehr beträchtlich, und im Hennebergischen giebt es eine außerordentlich große Schweineart. Für die Pfer-dezucht ist, außer den kurfürstlichen Stutereyen, zu Klo-ster Veßra im Hennebergischen, zu Wendelstein im Thü-ringischen, zu Merseburg, und zu Repiß, Gradiß und Döh-len bey Torgau im meisnischen Kreise, wenig gesorgt, ob-gleich an vielen Orten die herrlichste Gelegenheit dazu ist.

In

In Thüringen zieht sich der Landmann seine Pferde selbst, und im Meisnischen werden nur zu Rochlitz Pferde gezogen. Die Bienenzucht ist in älteren Zeiten mehr als in neuern, wo der Zucker den Honig verdrängt hat, betrieben worden. Der Kurkreis hat in der Bienenzucht schon lange den Vorzug behauptet, und schon in der Mitte des 11ten, ja schon im 10ten Jahrhunderte, haben die Bischöffe in Magdeburg den Wachs- und Honigzehenden daselbst gehoben. In der Gegend von Dresden trifft man auch ansehnliche Bienenzucht; in den übrigen Theilen des Landes nur hie und dort einen Liebhaber. Daß das Land an großem und kleinem Wildpret einen sehr großen Ueberfluß habe, ist mehr als zu bekannt. Wegen der häufigen Klagen, die aus vielen Gegenden des Landes, wegen des Schadens, welchen das übermäßig vermehrte Wild anrichte, einliefen, ist seit 1783. verordnet, daß Klagen dieser Art, zu des Landesherren höchst eigner Erfahrung gebracht werden sollen. — Groß und klein Federwildpret hat das Land auch in Ueberfluß. Enden giebt es bey Weißenfels, Weißensee, und besonders in ungeheurer Menge auf den großen torgauischen Teichen, zu welchen ein kurfürstlicher Endenjäger gehalten wird. Trappen finden sich im Kurkreise und dem Stifte Merseburg; Schnepfen besonders in Thüringen; Lerchen um Leipzig *),

Wei-

---

*) Die leipziger Lerchen sind polnische, die mit der Morgenluft

Weißenfels und Merseburg; Aurrhäne im Erzgebürge.

Mineralien.

Ein großer Theil des Landesreichthums besteht in
den Producten des Mineralreiches, mit deren Aufsuchung
und Bearbeitung viele tausend Menschen beschäftiget sind.
Der Erzgebürgische Kreis hat hierin vor allen andern den
Vorzug. Man findet gediegen und gemischtes Silber,
besonders bey Freyberg, Marienberg, Annaberg, Johanngeorgenstadt und Schneeberg. — Kupfer gewinnt man fast an allen Orten, wo Bergbau getrieben
wird. Um Freiberg findet man Kupferkies, wo der
Centner oft 20 Pfund Kupfer giebet. Der Neustädtische
Kreis, die Mannsfeldischen Lande, und die Grafschaft
Stollberg haben ansehnliche Kupferbergwerke. — Eisen
findet man zu Freyberg, Johanngeorgenstadt und Eybenstock, im voigtländischen, am mehresten aber im neustädtischen Kreise. — Die Bergwerke bey Altenberg, Lauenstein, Marienberg, Ehrenfriedersdorf und Geyer geben
häufig Zinn, welches nach dem Englischen für das beste
gehalten wird. — Bley ist an allen Orten, wo Silber
gefunden wird. — Spießglas und Zink wird vorzüglich

luft kommen; trifft sie ein anderer Wind, so werden sie
mager.

lich bey Freiberg — Kobolt am schönsten bey Schneeberg, Annaberg, Johanngeorgenstadt und im neustädti-
schen Kreise gegraben. — Wismuth findet man um
Altenberg und Schneeberg — Arsenik um Freyberg,
Altenberg, und gediegen um Johanngeorgenstadt. —
Ferner hat das Land beynahe alle Arten Edel- und andre
Steine, deren Aufsuchung vielen Menschen Brodt verschafft. Topasen, Granaten, Amethisten, Opale, Beril, Agat, Calcedon, Carniol, Jaspis, Alabaster;
Steinarten, aus welchen Glas verfertiget wird, findet
man im Ueberfluß, Marmor und Kalkstein im Ueberfluß,
Asbest, Serpentinstein, Basald, Porphyr, Granit,
Schiefer, Bernstein, Sandstein, Steinkohlen, Braunkohlen, Torf und Schwefel. — Salz hatte Sachsen
ehehin nicht hinlänglich, man führte es daher besonders
aus dem Saalkreise und Pohlen ein. Jezt könnte der
Kurfürst, für dessen Rechnung die fünf Salzwerke größtentheils betrieben werden, das ganze Land füglich mit
Salz versorgen, wenn nicht einige Rittergüter, denen
Halle näher gelegen ist, ihre Freiheit nüzten und ihr Bedürfniß daher bringen ließen. Die mehresten der vorge-
nannten Producte werden im Lande verarbeitet, daher
giebts Manufacturen und Fabriken aller Art, und die besten Künstler in Gold und Silber wie auch Steinarbeit.
Die vorzüglichsten Manufacturen und Fabriken sollen bey
den Orten genennt werden, in welchen sie sich befinden,

damit

damit man nicht nöthig hat, die Namen der Städte und Ortschaften zu oft abdrucken zu lassen.

Einleitung
zum Kurkreise.

Unter den Slaven gehörte der heutige Kurkreis, theils den Siuslern, theils den Lusiciern. Die lezteren besaßen den jenseits der Elbe gelegenen Theil, welcher bey ihnen den Gau Plonim und ein Stück vom Gau Lusici ausmachte, so wie der diesseits der Elbe gelegene Theil von den Siuslern Nibizi genannt wurde. Plonim gränzte gegen Mittag an die Elbe, gegen Morgen an Lusici, gegen Mitternach an Hevelbun, und gegen Abend an Zerbst; und zu Lusici gehörte ein schmaler Strich, längst der heutigen Niederlausitz. Weder Heinrich I. noch seine Nachkommen konnten die im heutigen Kurkreise, jenseits der Elbe, wohnenden Slaven völlig unterjochen; sondern mußten lange mit dem Tribute zufrieden seyn: welchen sie in der Noth versprachen, aber nicht länger entrichteten, als sie die Uebermacht der Deutschen fürchteten. Albrecht der Bär, Graf von Askanien und Markgraf zu Soldewedel, (welche Markgrafschaft aus der heutigen Altmark

H   bestand

beſtand und in der Folge die Mark Brandenburg genannt
wurde) überwand dieſe unruhigen Nachbaren, um die
Mitte des 12ten Jahrhunderts, völlig, ließ, nach dem
Beiſpiele anderer nordiſchen Fürſten, Coloniſten aus Flan-
dern kommen, die häufigen Sümpfe austrocknen, die
Wälder ausrotten, und das Land urbar machen. Nach
ſeinem Tode bekam es ſein jüngerer Sohn, Bernhardt,
zugleich mit der Grafſchaft Askanien, und als 1179 Heinrich der Bär, Herzog zu Sachſen, in die Acht erklärt
wurde, ſo ertheilte ihm Kaiſer Friedrich I. die Herzoglich
Sächſiſche Würde, nebſt den damit verbundenen Ländern,
welche den größten Theil des heutigen niederſächſiſchen und
ein Stück des weſtphäliſchen Kreiſes ausmachten. Aber
aller ſeiner Bemühungen unerachtet, konnte er ſeine Anſprüche auf dieſe Lande nicht realiſiren; daher legte er den
erhaltenen Herzoglich Sächſiſchen Titel auf dieſe durch ſeinen Vater eroberten Slaviſchen Lande. Sein Sohn,
Albrecht I., ſuchte die Anſprüche ſeines Vaters zu erneuern, und es gelang ihm auch, das Lauenburgiſche zu erobern, das aber in der Folge durch die ſo gewöhnliche als
ſchädliche Ländertheilung, unter dem Namen eines beſondern Herzogthums, von der Wittenbergiſchen Hauptlinie
abgeriſſen wurde. Albrecht II., ſein jüngerer Sohn,
brachte 1270 die Burggräflich Magdeburgiſche Würde,
welche bisher die edeln Herren von Querfurt beſeſſen hatten, erblich an ſein Haus, und hinterließ einen Prinzen,

Ru-

Rudolph I., welchen er mit Agnes, Kaiser Rudolph von
Habsburg Tochter, erzeugt hatte, dem der Herr Großvater die schöne Grafschaft Brene *), zum Schaden des
markgräflich meisnischen Hauses, gab. Dieser Rudolph führte auch aus seinem Hause zuerst, seit 1323, den
Titel eines Erzmarschalls, obgleich seine Vorfahren schon
dieses Amt begleitet hatten. Da ihm das lauenburgische
Haus diese Würde streitig machte, so sicherte sie Kaiser
Karl IV. 1355 nebst der Kurstimme, ihm und seinen
Nachkommen, mit Ausschließung jener, in einer Urkunde
zu, und bestätigte 1356 diese Entscheidung durch die gol-
dene Bulle, vermöge welcher auch die Kurlande, zu ewi-
gen Zeiten, nicht getheilt werden dürfen.

Ihm folgte sein ältester Sohn, Rudolph II., welchen das ausschließende Recht zur Kurstimme und Erzmarschallswürde, durch eine neue goldne Bulle, die in
der Geschichte den Namen der Sächsischen führt, bestätiget ward. Er starb 1370, nachdem er vorher 1363 dem
Grafen von Löser die Sächsische Erbmarschallswürde erblich beygelegt hatte. Da er keine Erben hinterließ, hätte
billig seines mittleren Bruders, Otto, Sohn, Albrecht,
folgen sollen. Allein durch Karls IV. Vermittelung erhielt der jüngste Bruder, Wenzel, die Kurlande, nebst

H 2   den

---

*) S. in der alten Geographie die Grafschaft Brena.

den auf denselben ruhenden Würden. Wenzel blieb 1388 in einem Treffen, und hatte von seinen zwey Prinzen zuerst den ältesten, Rudolph III., und da dieser ohne Erben starb, auch den andern, Albert III. bis 1422 zu Nachfolgern in der Kur. Unter den verschiedenen Competenten zu diesen Landen und Würden entschied Kaiser Siegesmund für den Markgrafen von Meißen, Friedrich den Streitbaren, und belieh ihn, in Rücksicht seiner gegen die Hussiten geleisteten Dienste, 1423 mit den Kurlanden, der Kurstimme und Erzmarschallswürde. Schon lange hatten diese Herzoge und Kurfürsten, die zum Burggrafthume Magdeburg gehörigen Lande, meistentheils veräußert, und da Albert III. endlich sahe, daß seine Familie mit ihm aufhören würde, so verpfändete er noch vor seinem Ende alles, was ihm davon übrig war, und legte dadurch den nachherigen Kurfürsten aus dem meisnischen Hause, große Hindernisse in dem Weg, diese Würde in ihrem ganzen Umfange zu behaupten.

––––––––––

Die gesammten zum Kurkreise gehörigen Lande sind in 11 Aemter getheilt, unter welchen

I. Wittenberg das Kreisamt ist. Es enthält:

   1) Wittenberg, die Hauptstadt des ganzen Kurkreises, und die zwote unter den vier vorsitzenden Städten

ten auf den Landtagen, fast eine halbe Stunde jenseits der Elbe, über welche Friedrich der Weise 1487
hier eine hölzerne Brücke gebauet hatte, die 1630
demolirt, aber 1787. auf kurfürstliche Kosten vortreflich aufgebauet ist; mit einer Universität, einem
Hofgerichte, Schöppenstuhle, Consistorium und
einem Generalsuperintendenten, der zwar der einzige
im Lande ist, aber nur die Kirchensachen des Kurkreises allein unter sich hat, und gewöhnlich aus der
theologischen Fakultät daselbst gewählt wird. Die
Stadt soll vom Herzoge Bernhardt zu bauen angefangen, und von Albrecht I. vollendet worden seyn.
So viel ist gewiß, daß sie Melanchton, nebst ihrer
Gegend, eben noch nicht schön gefunden haben mag,
wenn er versichert, ihre Bewohner wären ehrliche
Bauern, hätten Häuser aus Leim und Stroh, und
es wäre von hieraus nur ein Schritt in die Barba-
rey. Der 1502 von Friedrich dem Weisen daselbst
angelegten Universität, und noch mehr der 1517
durch Luthern angefangenen Kirchenverbesserung,
hat sie ohnstreitig ihre geschwinde Aufnahme, so
wie der 1756 und 1760 geschehenen Bestürmung der
Oesterreicher, welche, um die Preußen herauszu-
treiben, die Stadt beynahe gänzlich einschossen, ihren jetzigen zerstöhrten Zustand zuzuschreiben. Auch
die Schloßkirche, welche Rudolph I. erbauet und

H 3   der

der heiligen Ursula nebst den 11000 Jungfrauen ge-
widmet hatte, und welche von Friedrich dem Weisen 1490 erweitert und hernach der Universität überlassen wurde, hatte nebst dem alten Residenzschlosse
der Kurfürsten, Ernestinischer Linie, das Unglück,
1760 eingeschossen, aber auch das Glück, 1770 viel
schöner wieder aufgebauet zu werden. Sie steht
nebst dem Schlosse unmittelbar unter dem geheimen Concilio, welches auch den von der Universität gewählten Probst bestätigt. In einem bey dieser Kirche stehenden Thurme wird das gemeinschaftliche Kur- und Fürstliche Archiv aufbewahret, zu
welchem keine Linie ohne die andere kommen kann.
Die Einkünfte der hiesigen Universität beruhen auf
acht Dörfern, einer Mühle und einem einzelnen Gute,
nebst einigen Capitalien. Die Universitätsbiblio-
thek ist 1514 angelegt worden, George Spalatin war
der erste Bibliothekar. Sie hat auch an der Bibliothek des vortreflichen Herrn Geheimen Kriegsraths von Ponikau einen großen und kostbaren
Schatz, besonders zur Sächsischen Geschichte, zu
erwarten. So lange das hohe Kurhaus der evangelischen Religion zugethan war, war jederzeit der
Kurprinz Rector der Akademie, 1696 aber ward
diese Würde den Professoren übertragen. Die Cri-
minaljurisdiction hat das Amt über die Universität.

Die

Die Stadt hat eine Tuchmanufactur, und von den
beiden hiesigen Maulbeerplantagen gehört die eine
dem Kreisamte, die andre dem Rathe.

2) Kemberg ✝ *), eine von den Fleminingern erbauete
Stadt, die sie nach der Stadt Kemrich, in ihrem
Vaterlande, nannten. In ihrer Gegend wird viel
Hopfen gebauet.

3) Schmiedeberg und Zahne, kleine Städtchen. Er=
stere ist mit Bergen umgeben, leztere war in älteren
Zeiten eine Dynastie **), hatte ein reiches Cistertien=
serkloster, dessen Mönche die Besitzer (von Weder=
ben) zu Grunde gerichtet haben.

4) Reinharz, ein Dorf mit dem Stammschlosse der
Erbmarschalle von Sachsen. Der Erbmarschall,
Graf Hans von Löser, hat hier eine vortrefliche
Werkstadt, mechanischer und optischer Instrumente,
angelegt.

Mit dem Kreisamte Wittenberg ist auch noch die
Grafschaft Barby verbunden, wegen welcher das Kur=
haus noch Sitz und Stimme auf der westphälischen Gra=
fenbank und den obersächsischen Kreistagen hat. Barby
H 4 war

*) Dieses ✝ bedeutet jederzeit eine Superintendentur.
**) Fast der ganze Kurkreis war bald, nach Vertreibung der
Wenden, in Dynastien getheilt, die aber nicht, wie in
Meißen und Thüringen, unter den Kaisern, sondern unter
den Herzogen zu Sachsen standen.

war ehedem eine Dynaſtie und ein kurſächſiſches Lehn der
Herren von Mülingen, und Kaiſer Maximilian I. erhob
ſie 1497 zu einer Reichsgrafſchaft. Da nun die Familie
der von Mülingen 1652 dem Ausſterben nahe war, ſo
gab Johann George I. ſeinem zweyten Sohne, Auguſt,
eine Erſpectanz auf dieſelbe. 1659 ward ſie durch den
Tod Auguſt Ludwig, des lezten Grafen zu Barby und
Herrn zu Mülingen, offen, und Auguſt ſchenkte ſie ſeinem Prinzen, Heinrich, der auch in Barby reſidirte.
Mit Heinrichs Sohne ſtarb dieſe Familie wieder aus, und
Barby fiel 1728 an Weißenfels, wo damals Johann
Adolph regierte, und 1746 an das Kurhaus zurück. 1748
überließ König Friedrich Auguſt II. das Schloß zu Barby mit allem was dazu gehörte, pachtweiſe an Heinrich
Reuß XXVIII., welcher es auch ſeit 1765, nebſt dem
Vorwerke Döben, auf deſſen Boden ſeit 1767 der herrn-
hutiſche Flecken Gnadenau gebauet iſt, in Erbpacht bekommen hat. Die Grafſchaft hängt nur durch einen
ſchmalen Erdſtrich mit den Ueberbleibſeln der burggräflich
magdeburgiſchen Lande zuſammen, die Kurſachſen noch
beſizt, und iſt übrigens von den anhältiſchen und magdeburgiſchen Landen umgeben. Die Grafſchaft hat vortreflichen Getraidebau und herrliche Vieh- beſonders Schaafzucht; nur leidet ſie oft durch die Ueberſchwemmungen der
Saale und hauptſächlich der Elbe, in welche ſich hier die
erſtere ergießt. Die Stadt Barby, der Hauptort der
Graf-

Grafschaft, an der Elbe, ist der Hauptsitz der Herrnhuter in Sachsen, welche hier seit 1749 ein seminarium
theologicum, und seit 1754 ein collegium academicum,
eine Bibliothek, Observatorium, Buchdruckerey, Buch-
laden, und besonders eine vortrefliche Naturaliensamm-
lung, welche noch stets durch ihre Missionarien ansehnlich
vermehret wird, haben.

II. Gommern mit Elbenau enthält die Ueberreste der
    Burggrafschaft Magdeburg, welche die Kurfürsten von
    Sachsen, als ehemalige Burggrafen, aus den Hän-
    den der Erzbischöffe, haben retten können. Was
    eigentlich in älteren Zeiten den Burggrafen von Mag-
    deburg gehörte, läßt sich eben so wenig als die Rechte
    bestimmen, welche sie in der Stadt Magdeburg und
    bey dem Grafengedinge in Halle hatten, wenn wir
    nicht aus den Archiven Aufschluß bekommen. Die
    Kurfürsten, Askanischen Stammes, hatten alle ihre
    burggräflich magdeburgischen Besitzungen an die Bi-
    schöffe von Magdeburg verpfändet, und da Friedrich
    der Streitbare beym Antritte der Kur, wegen Geld-
    mangel an die Einlösung nicht denken konnte, so mußte
    es dabey bleiben, bis endlich Johann Friedrich der
    Großmüthige Geld zu diesem Behuf zusammenbrachte.
    Allein der damalige Kurfürst, Albrecht, von Mainz,
    welcher zugleich Bischof zu Magdeburg war, konnte

H 5   auf

auf keine Weise zum völligen Abtritt aller burggräflichen Lande, sondern 1538, kaum dazu bewegt werden,
daß der Kurfürst Gommern, welches zulezt verpfändet worden war, einlösen durfte. Doch hörten hiermit die Streitigkeiten nicht auf, und Kurfürst August
suchte besonders die Rechte seines Hauses auf alle Lande
und Gerechtsame des Burggrafthums Magdeburg geltend zu machen, konnte aber weiter nichts ausrichten,
als daß 1579 am 10ten Jul. ein Vergleich zu Eisleben zu Stande kam, vermöge dessen Gommern, Elbenau, Ranis, Plötzkau und andre Orte mit ihrem Zubehör, nebst dem burggräflichen Titel und Wapen, zu ewi-
gen Zeiten, dem Kurhause zukommen, dieses Haus aber
auf alle Gerechtsame und übrige burggräfliche Lande, ewig
Verzicht leisten sollte, wobey es auch geblieben. Den
Titel eines Burggrafen von Magdeburg führt jederzeit
nur der regierende Herr des Kurhauses Sachsen allein. — Dieses Amt hat den fruchtbarsten Boden,
liefert jährlich 2000 Scheffel Zinsgetraide, auch hat
man durch die 1782 hier aufgehobene Kuppeltrift dem
Viehstande sehr aufgeholfen. Es enthält

1) Gommern †, ein Städtchen und Schloß, in welchem seit 1619 die Amtsexpedition ist.

2) Plötzkau, ein aufgehobenes Kloster, Cistertienser
Ordens; und Elbenau, ein Kirchdorf auf einer Insel in der Elbe.

III. Das

III. Das Amt Gräfenhaynchen, ist außerordentlich klein und hat keinen merkwürdigen Ort, als das Städtchen Gräfenhaynchen †, welches flanderischen Ursprunges, und ehemals eine Dynastie gewesen ist. In seiner Gegend nimmt jene bekannte große Hayde den Anfang, in welcher König August II. dem Prinzen Eugen von Dessau die Jagd abtrat.

IV. Belzig, liegt an der brandenburgischen Gränze, hat wenig Ackerland, und geringe Vieh- desto stärkere Bienenzucht und Seidenbau. Es ist hier ein ungeheurer Sumpf, welcher sich bis in die Mark Brandenburg hinein erstreckt, und dessen sächsischer Antheil allein 6 ☐ Meilen beträgt; doch macht man Anstalt, ihn auf kurfürstliche Kosten auszutrocknen. Es liegen in diesem Amte

1) Belzig †, ein Städtchen, welches seit 1781 zwo Maulbeerplantagen hat, davon die eine dem Amte, die andre dem Rathe gehöret.

2) Brück, ein geringes Städtchen, und Niemek, ein Flecken flanderischen Ursprunges.

V. Seyda, in welchen nur das Städtchen Seyda † zu merken ist, das eine Maulbeerplantage hat, welche sich 1782 auf 2000 Stämme belief. Seyda war ehedem eine Dynastie, den Schenken von Landsberg gehörig,

hörig, die Otto, Schenk von Landsberg, an Kurfürst
Friedrich dem Weisen verkaufte.

VI. Das Amt Annaburg, ist in dem Flecken Annaburg,
bey welchem ein Schloß gleiches Namens liegt, das
ehezin Lochau hieß, und seinen jetzigen Namen von
Anna, Churfürst Augusts Gemahlin, erhielt, die es
von neuem erbauete. Auf dem alten Schlosse starb
1525 Friedrich der Weise, und in der Mitte des vorigen
Jahrhunderts wurde hier eine merkwürdige Unterre-
dung zwischen den Churfürsten von Sachsen und Brandenburg, und dem Herzoge von Braunschweig, wegen des eingeschlichenen Crypto-Calvinismus, gehalten. Herr Aster, Ingenieurhauptmann in Dresden,
hat 1775 in der großen Hayde, die von Annaburg ihren
Namen führt, ein, 1 Elle und 20 Zoll langes, und
1 Elle und 5 Zoll breites, auf Holz gemahltes Bild,
und zwar bey der sogenannten Zscharniker Mühle, entdeckt, welches eine Zusammenkunft der Kurfürsten:
Johann Friedrich von Sachsen, Herrmann V. von
Cölln, und Joachim II. von Brandenburg, vorstellt.
Bey Annaburg ist ein Thiergarten, der eine Meile im
Umfange hat und mit einer steinernen Mauer umgeben
ist.– Auf dem Schlosse ist eine Erziehungsanstalt für
katholische und lutherische Soldatenkinder, welche 1738
am 21sten Nov. zu Dresden, nach dem, von den ge-

lehrten

lehrten Geheimen Kriegsrathe von Ponikau, verfer-
tigten Plane, in den Kasernen ihren Anfang nahm;
aber am 15ten Aug. 1762 hieher verlegt ward. Die
Anzahl der Knaben ist nicht bestimmt, und bestand im
Jahr 1786 aus 286 lutherischen und 70 katholischen
Kindern. Die Viehzucht ist, wegen des vortrefflichen
Wiesewachses, in diesem Amte ansehnlich.

VII. Schweinitz hat schönen Ackerbau und gute Vieh-
und Bienenzucht. Es sind in demselben

1) Schweinitz, ein Städtchen, welches aus einem
Jagdschlosse der Kurfürsten, askanischen Stammes,
entstanden ist. 1046 wurden hier zween Prinzen
des Kurfürsten, Rudolph III., mit ihrem Hofmei-
meister, von einem einfallenden Schloßthurme, erschlagen. Kurfürst Ernst bauete das Schloß 1470
wieder anf, und 1532 starb auf selbigen Johann der
Beständige. Jezt ist es völlig eingegangen. Der
hiesige Wein ist der beste im Kurkreise.

2) Herzberg ✝, ein Städtchen, in welchem die Hüf-
ner eine eigne Innung ausmachen, und welches
auch von seinem ansehnlichen Tuch- und Wollenhan-
del gute Nahrung hat.

3) Jessen ✝, ein Städtchen, bey welchem guter Flachs
und etwas Wein gebauet wird, den man von den
Berge,

Berge, der ihn trägt, Gohrenbier nennet. Man
gräbt auch Torf in dieser Gegend.

4) Lichtenberg, ein kurfürstlich Schloß mit einem schönen Lustgarten und Vorwerke, das aus einem berühmten Feldkloster, der Antonierherren, entstanden ist, dessen Präceptor jederzeit Kanzler der Universität Wittenberg war. 1727 starb hier die Gemahlin Friedrich Augusts I., Christine Eberhardine.

5) Schönewalde und Prettin, sind kleine Städtchen.

VIII. Pretzsch, in welchem nur das Städtchen Pretzsch
mit einem Schlosse zu bemerken ist, welches der eigentliche Wittwensitz der Königin Christine Eberhardine
war. Johann George III. hat es mit dem Städtchen
den von Arnim abgekauft. In dieser Gegend findet
man schönen Bernstein; auch wächst Wein und viel
Getraide in selbiger.

IX. Schlieben enthält

1) das Städtchen Schlieben ✠, das ehedem mit seinem
Zubehör eine eigne Herrschaft der Herren von
Schlieben ausmachte, und in welchem vortrefliches
Lagerbier gebrauet wird.

2) Die Herrschaften: a) Baruth, die 1596 Graf Otto
von Solms kaufte, und auf welcher 9½ Ritter-
pferde

pferde haften, und b) Sonnewalde, welche sonst
den Grafen von Eulenburg (oder Jlenburg) gehörte, 1486 an die von Minkwitz überlassen wurde
und 1537 an die Grafen von Solms kam.   Ihre
Besitzer haben eigentlich Sitz und Stimme auf dem
Landtage, weil aber die gegenwärtigen katholisch
sind, so dürfen sie nicht erscheinen.

X. Das Amt Liebenwerda enthält

1) Liebenwerda ✝, ein Städtchen, von welcher eine
   ansehnliche Hayde, in der man Torf gräbt, den
   Namen hat.   Das hiesige Schloß brannte 1733 ab.

2) Die Städtchen Wahrenbrück und Uebigau.

XI. Bitterfeld, hat vortreflichen Boden und enthält

1) Bitterfeld ✝, ein Städtchen an der Mulde, in
   welcher hier Lachse gefangen werden.   Auch wird
   gute Siegelerde in ihrer Gegend gefunden und viel
   Kümmel gebauet.

2) Brena, sonst der Hauptort der Grafschaft dieses
   Namens, in welchem ein berühmtes, von Hedwig,
   Friedrichs Grafen von Brena Gemahlin, im Jahre
   1200 gestiftetes Kloster ehemals war.   Am wahrscheinlichsten hat sie ihren Namen von den Slaven
   erhalten, welche hier ihre Todten verbrannten und
   opferten, wovon noch jezt ein Hügel, der größtentheils

theils aus Asche besteht, zeuget, die der vortrefliche
Naturforscher, Herr Steuereinnehmer Vogel, zur
Düngung seiner Felder gebraucht, und den besten
Waid erzeugt.

3) Pouch, ein verfallenes Schloß an der Mulde, ehedem der Hauptort einer Grafschaft gleiches Namens, auf welche Churfürst Friedrich der Weise seinem Lieblinge, Philipp von Solms, eine Anwartschaft gab. Da aber die alten Grafen von Pouch
erst unter Kurfürst Moritz absturben, so machte man
den von Solms Schwierigkeiten wegen der Erbfolge, weil in der wittenbergischen Capitulation von
1547 nichts davon stehet: daß eine Linie die Verspre-
chung der andern erfüllen solle; welches endlich in
diesem Falle doch geschah. — Uebrigens findet man
in den Dörfern dieses Amtes ungemeine Arbeit-
samkeit, die jedem, welcher über die Elbe herkömmt,
sehr auffallen muß. Dort macht die Unfruchtbar-
keit des Bodens die Einwohner faul, mürrisch und
schmutzig, hier hingegen bearbeitet man nicht nur
mit dem größten Eifer das Land, sondern alles, was
über fünf Jahr alt ist, nährt sich vom Strumpfstricken, welche Arbeit auf die Messen nach Leipzig
und Naumburg gebracht und weit und breit verführet wird.

Vom

Vom thüringischen Kreise.

Unter dem thüringischen Kreise begreift man keinesweges alles, was dem Kurhause Sachsen in Thüringen gehört; man versteht unter selbigem vielmehr nur den nörd-
lichen Theil dieser alten Landgrafschaft. Das sächsische
Manßfeld, wie auch die Aemter Querfurth und Heldrungen, können nicht zum thüringischen Kreise gerechnet werden, weil die Stände dieser Landschaften nicht, so wie die
des thüringischen Kreises, auf den Landtagen erscheinen,
auch ihre besondere Regierungen und Steuereinrichtungen
haben. Zum thüringischen Kreise werden folgende 12 Aemter gerechnet *):

I. Das Kreisamt ist Tännstädt. Es ist dieses das kleinste
Amt im Lande, denn es begreift, außer 4 Dörfern, nur
die amtsäßige Stadt Tennstädt, welche 508 Häuser
hat, und erst im Jahre 1489 mit einer Mauer umgeben
worden ist. Sie liegt in einer sehr fruchtbaren Gegend,
in der man Waid bauet, am Flüßchen Seltenrein.
Die Stadt gehörte ehedem zum Amte Langensalze.

Da

*) Die vorzüglichsten Producte sind in der allgemeinen Ein-
leitung angezeigt worden, — sie bey jedem Kreise zu wie-
derholen, würde für unsern Platz zu weitläuftig seyn.

J

Da aber Langenſalze, vermöge des großen Teſtaments Johann George I., an die weiſenfelſiſche Linie kam, und bald nach dem Tode deſſelben zwiſchen dieſer und der Kurlinie, wegen der Gerichtsbarkeit über die Schriftſaſſen, Streitigkeiten entſtunden, und Sachſen=Weiſenfels dieſe an das Kurhaus überließ, ſo wurden alle Schriftſaſſen des thüringiſchen Kreiſes nach Tennſtädt unter ein Amt gebracht, da aber 1746 die Weiſenfelſiſche Linie wiederum ausſtarb, wieder in ihre Aemter zurück gewieſen. Tennſtädt iſt jedoch bis jezt nicht nur als das thüringiſche Kreisamt, ſondern auch noch in anderer Rückſicht wichtig. Gegenwärtig verwaltet nämlich der daſige Kreisamtmann die Landeshoheit:

1) über die kurſächſiſchen Antheile an der Ganherrſchaft Treffurth;

2) über die Herrſchaften Blankenhayn, Niederfranichfeld und Gleichen, welche den Fürſten und Grafen von Haßfeld gehören. Kurmainz, die ſächſiſch=Erneſtiniſche Linie, und die Fürſten und Grafen von Haßfeld, ſtritten lange wegen der Landeshoheit über dieſe Stücke, und weil ſie ſich nicht vereinigen konnten, ſo übertrugen ſie dieſe an Kurſachſen, verwaltungsweiſe. Wegen dieſer Geſchäfte ſtehet der Kreisamtmann unmittelbar unter dem geheimen Concilium.

Tref=

Treffurth *) war ehemals eine eigne freye Reichsdy-
naftie der Herren von Treffurth, welche die benachbarten
fächsischen, mainzischen und heffischen Lande mit Streife-
reyen beunruhigten. Daher bestürmten die Herren dieser
Lande, vereinigt, ihr Schloß, nahmen es mit allem Zubehör 1332 ein, und ließen es seitdem gemeinschaftlich oder
ganherrisch verwalten. Zur Ganherrschaft gehören, auf-
ser dem Städtchen Treffurth **) mit einigen Dörfern,
drey etwas von selbigem entlegene Dörfer, Ober- und
Niederborla, und Vorgula, welche die Voigtey genannt
werden. In der Theilung von 1485 kam auch der fäch-
fische Antheil an Treffurt zur Hälfte an die Ernestinische
Linie, und da dieses in der Folge Sachsen-Coburg erhielt, welches es an das Stift Heresfeld veräußerte, so
kam es, sammt dem genannten Stifte, im westphälischen
Frieden, an Hessenkaffel. Im Jahr 1724 gab Hessenkaffel alle seine Rechte auf Treffurth an Kursachsen, gegen die Ansprüche, welche leztres an die hanauische Ver-
laffenschaft machte, nur einige Nußrechte ausgenommen,

J 2   welche

---

*) Dieser Theil kann eigentlich auch nicht zum thüringischen
 Kreise gerechnet werden, da er weder in Thüringen liegt,
 noch auch gleiche Einrichtung mit den übrigen Aemtern dieses Kreises hat; weil aber alle Geographien ihn hier ab-
 handeln, so lassen wir ihm auch diesen Plaß,

**) Bey der Stadt liegt das alte Schloß Nordmannftein,
 welches die alten Herren von Treffurth erbaueten. Sie
 wohnten anfangs in einer Höle unter diesem Schlosse.

welche es vorher schon an die Nebenlinie, Heſſen-Rothenburg, überlaſſen hatte. Kurſachſen hat daher zwey, und Kurmainz ein Drittheil an Treffurth. Das ius circa ſacra hat Kurſachſen allein, weil die ganze Herrſchaft bis auf einige Dörfer, welche katholiſch ſind und unter Kurmainz ſtehen, proteſtantiſch iſt. Die Fiſcherey auf der Werra und in dem Forellenbach iſt im Reviere getheilt, und das Wild wird von jedes Herrn Jäger in ſein Amt geliefert. In der Voigtey hält Kurſachſen einen Voigt, und übt in derſelben einige ausſchließende Rechte aus.

II. Das Schulamt Pforte begreift

1) Pforte, welches aus den Schul- und darzu gehörigen Wirthſchaftsgebäuden beſteht, und am Fuße eines Berges an der Saale in einer reizenden Gegend liegt. Das ehemalige hieſige Ciſterzienſer Mönchskloſter war anfangs 1130 von einem gewiſſen Graf Bruno zu Schmöllen im Altenburgiſchen, geſtiftet, aber 1140 vom Biſchof Udo oder Otto I. zu Naumburg, einem Sohne Graf Ludwigs des Springers, mit Genehmigung des Pabſtes, hieher verlegt worden. Der Biſchof räumte den Brüdern gegen ihre Beſitzungen um Schmöllen, die ſie, der noch daſelbſt wohnenden Slaven wegen, verließen, einen viel kleinern Diſtrikt in dieſer luſtigen Gegend ein, und beſchenkte ſie noch überdem mit

mit einer Bibliothek, die aus den Erklärungen der Propheten Esaias, Daniel und den zwölf sogenannten kleinen, aus einer Ueberſetzung des Joſephus, drey Büchern von den Heiligen, und einem Miſſale beſtand. Im Jahr 1162 wanderte eine Colonie dieſer Mönche in das neugeſtiftete Kloſter Altenzell. Die Beſitzungen und Einkünfte des Kloſters waren in der Folge ſo gewachſen, das Kurfürſt Moritz 1543 eine Fürſtenſchule daſelbſt anlegen konnte, wo 150 Zöglinge nebſt ihren Lehrern bis jetzt vortreflich verpflegt werden. Man hält ſie jetzt für die beſte Schule im Lande, obgleich auch für die übrigen zwo Fürſtenſchulen vom Höchſtlöblichen Kirchenrathe zu Dresden die geſchickteſten Lehrer gewählt werden. Die Aufſicht über die Oekonomie hat das Geheime-Finanzkollegium. In der Kellerey ſollen über 1200 dresdner Eimer Wein liegen, welche von den reichlichſten Leſen der Weinberge, die die Schule beſitzt, nach und nach übrig geblieben ſind, ohne daß die Eigenthümer Noth gelitten haben.

2) Memleben, ein Pfarrdorf, wo ehemals ein berühmtes Benedictiner Mönchskloſter war, das jetzt ein kurfürſtliches Vorwerk iſt, deſſen Revenüen ſeit 1551 größtentheils der Schulpforte gehören. Heinrich I. hat es geſtiftet, und er und ſein Shn, Otto der Große, ſind daſelbſt geſtorben.

J 3   3) das

3) Das Vorwerk Kösen an der Saale, hat das kleinste Salzwerk im Lande. Die Quelle liegt 575 Fuß
und 8 Zoll tief. Man siedet daselbst in sieben Pfan-
nen jährlich 27 bis 28000 Stück *) Salz und
braucht beinahe 3000 Klaftern Holz.

III. Tautenburg, war ehedem eine eigne Herrschaft, welche den Schenken **) von Thüringen gehörte, und
von welcher sich eine besondere Linie derselben nannte.
Kurfürst Johann Georg I. verwandelte die Herrschaft,
nach dem 1646 erfolgten Ableben Christians, des lezten Schenken von Tautenburg, in ein Amt. Kursachsen muß noch, wegen ihrer ehemaligen Unmittelbarkeit, 20 Gulden zu einem Römermonate an das
Reich zahlen. In neuern Zeiten hat der berühmte
Graf Moriz von Sachsen die Einkünfte dieses Amts
gezogen. Es gehören zu selbigem

1) Tautenburg, ein altes Bergschloß, welches Rudolph, Schenke von Tautenburg, erbauete.

2) Frauenpriesnitz †, ein Dorf nebst einem aus einen
Nonnenkloster entstandenen kurfürstlichen Vorwerke.

IV. Das Amt Weißenfels enthält

1) Die Stadt Weißenfels † mit einem schönen Schlosse, welches von seinem Erbauer, dem Stifter der
Wei-

*) Ein Stück Salz hat 117 dresdner Metzen.
**) Vorgel ist das Stammhaus dieser berühmten Familie.

Weißenfelsischen Linie, August, Administrator von Magdeburg, welcher zu Halle residirte, Augustus-burg heißt. Die Stadt machte ehedem mit ihrem Districte eine eigne Grafschaft aus, welche Otto der Reiche kaufte. Im vorigen und zu Anfange dieses Jahrhundertes, war die Stadt durch den Hof der Herzoge, in den blühendsten Umständen. Sie liegt in einer der schönsten und fruchtbarsten Gegenden des Landes an der Saale, über welche hier ehemals eine hölzerne verdeckte Brücke führte, welche durch die, nach der Schlacht bey Roßbach, fliehenden Franzosen, aus Furcht vor den siegenden Preußen, angezündet, aber 1780 auf kurfürstliche Kosten vortreflich wieder aufgebauet wurde. Herzog August stiftete hier das sonst so berühmte Gymnasium illustre, welches nur noch im Schatten existirt. Der Stifter wendete dazu die Revenüen des ehemals hier befindlichen, von Markgraf Dietrich dem Bedrängten gestifteten, Clarenklosters an; und einige Städte seines Herzogthums, als Sangerhausen, Langensalze, Weißensee und andere, mußten jährlich eine Summe zahlen, wogegen sie das Recht hatten, einige Freystellen im Gymnasium vergeben zu dürfen. Die ersten Revenüen sind von 1746 an nach und nach eingezogen, aber die leztern werden noch jezt bezahlt, und obgleich nicht ein einziger Leh-

J 4

rer

rer mehr befoldet wird, fo leben doch von felbigen
einige Gymnafiaften, die, da fie gar keinen Unterricht
genießen, auch nicht einmal gute Dorffchulmeifter
werden können. Man hat fchon 1776 vorgefchla-
gen, ein Schulmeifterfeminarium hier einzurichten,
das aber noch nicht zu Stande gekommen ift. Seitdem der Hof ausgeftorben ift, und die fonft berühmten und nur noch jezt in Geographien lebenden Fabriken und Manufakturen, gänzlich eingegangen
find, hängt zwar den Einwohnern noch eine gewiffe
großftädtifche Art zu leben an, die aber mit ihrer
Armuth gewaltig contraftirt. Gegenwärtig wird
noch guter Zwieback gebacken und verführt. Es
wächft im Gebiete der Stadt Wein, und feit etlichen Jahren bricht man einen Sandftein, welcher
an Güte nicht weit hinter dem pirnaifchen fteht.
Das ehemalige fchöne Reithaus, das fchönfte im
Lande, liegt, von der Stadt abgefondert, auf
einem Berge, und ift gegenwärtig zu einer Getrai-
denniederlage eingerichtet worden. Es hat fieben
Böden über einander, auf welchen ein Theil des
Ueberfluffes aus Thüringens fruchtbarem Schooße,
aufbewahret wird. Auf dem Jägerhaufe vor der
Stadt wohnt der Landjägermeifter von Thüringen.
Auch muß fich der Stallmeifter der kurfürftlichen
Stuterey zu Wendelftein hier aufhalten. Das
Amt

Amt ift in folgende drey Gerichtsftühle eingetheilt:

a) Burgwerben, ein Pfarrdorf mit Rittergut, begreift den jenſeits der Saale gelegenen Theil des
Amtes.

b) Stöſen, ein Flecken, bey welchem man Brenn-
kohlen findet. In dieſen Gerichtsſtuhl gehört
auch die ehemalige Herrſchaft Droiſig, welche
nach dem Abſterben des lezten Beſitzers, Graf
Gotthelf Adolph von Hoym, dem Landesherrn
anheim gefallen iſt. Weil man noch nicht darüber einig werden kann: was bey dieſer Herrſchaft allodium, und was wirkliches Mannlehn
und dem Kurfürſten zugefallen iſt, ſo werden die
ſämmtlichen zur Herrſchaft gehörigen Güter ad-
miniſtrit.

c) Hohenmölzen, ein Flecken, welcher ſehr anſehnliche Vieh- und Käſemärkte hat, auf deren leztere
viele 1000 Schocke hieher gebracht werden.

VI. Das Amt Freyburg iſt in fünf Gerichtsſtühle: Freyburg, Laucha, Neber, Mücheln und Bedra abgetheilt. Zu merken ſind:

1) Freyburg †, eine, ohnweit dem Einfluſſe der Unſtrut in die Saale gelegene, Stadt, welche von
Ludwig, dem ſogenannten Springer, erbauet wor-

J 5

den

ben ist, und ihm und seinen Nachkommen zur Residenz gedienet hat. Sie liegt in einer reizenden Gegend, wo viel Weizen und Wein gebauet wird.

2) Burgscheidungen, sonst Schidingen, ein Kirchdorf mit einem Rittergute, welches doppeltes Reichsafterlehn ist. Ehedem war es die Hauptstadt des thüringischen Königreichs.

3) Mücheln, Laucha und Neber, drey kleine Städtchen. Roßbach *), bey welchem am 4ten Sept. 1757 die Franzosen mit einem Theile der Reichs- und kaiserlichen Armee von den Preußen geschlagen wurden, ist ein Pfarrdorf.

4) Goseck, ein Pfarrdorf mit einem großen Rittergute. Ehemals gehörte es, mit einem ansehnlichen Distrikte, einer besondern Linie der Pfalzgrafen von Sachsen, welche es in ein Benedictinerkloster verwandelten. Es soll auch noch die Gruft der Pfalzgrafen hier existiren, aber gegenwärtig durch die Schloßkirche, in welcher der eigentliche Gottesdienst gehalten werden muß, da die Dorfkirche nur zu Leichenpredigten dient, verbauet und absichtlich von den gegenwärtigen Besitzern verborgen worden.

5) Zscheip-

*) Die berühmte Schlacht hat von diesem Dorfe den Namen erhalten, weil das französische Laager bey selbigem stand, eigentlich ist sie zwischen den Dörfern Burgwerben, Dagewerben und Markwerben vorgefallen.

5) Zscheipliß, ein Dorf und Rittergut an dem Berge, auf welchem das Schloß des 1065 ermordeten Pfalzgrafen, Friedrich, stand. Auch findet sich auf der Morgenseite ein steinern Kreuz mit unkenntlich gewordenen Figuren, welches man für ein Denkmal jener Schandthat hält.

VII. Das Amt Eckhardtsberga enthält:

1) Das vom Markgraf Eckhardt I. in Meisen erbauete Städtchen Eckhardtsberge †, bey welchem man eine sehr feine Farbenerde findet, die man natürliches Berlinerblau nennt. Eckhardt II. schenkte die Stadt dem Bisthume Naumburg, und von selbigem kam sie 1288 an die Landgrafen von Thüringen, als Schutzvoigten von Naumburg.

2) Bibra oder Bebra, ein Städtchen mit einem Gesundbrunnen und kurfürstlichen Vorwerke — Marienthal, ehemals ein Nonnenkloster, jezt ein Rittergut; und Kloster Heßlar, ein Kirchdorf, aus welchem die Unterthanen einige Steuern nach Weimar geben.

Auch werden folgende gräflich freyherrlich und herrlich Wertherische Besitzungen zu diesem Amte gerechnet.

1) Ein Theil der Grafschaft Beuchlingen, von welcher sich ehedem eine berühmte thüringische Familie nannte, welche das Erbmarschallamt von Thüringen

gen und höchstansehnliche Güter besaß, die sie größtentheils nach und nach an die eigentlich aus Hohenstein stammenden von Werthern veräußerte, und 1567 völlig ausstarben. Adam, Graf von Beuchlingen, verkaufte ihnen 1519 noch das auf einem Berge liegende alte Stammschloß seiner Familie, und behielt sich nur das Recht vor: die Vasallen zu kommandiren, womit jedoch Johann George I. 1633 seinen geheimen Rath, George von Werthern, gleichfalls belehnte. Auf diesem alten Schlosse Beuchlingen wohnt der Wertherische Lehnsdirector.

2) Die Herrschaft Wiehe, gehörte ehedem gleichfalls einer eignen Familie, unter dem Titel einer Dynanastie. Nachdem die alten Dynasten abgegangen waren, kam sie an das schwarzburgische Haus, von welchem sie Dietrich, Freyherr von Werthern, 1464 kaufte. Sie gehört noch gegenwärtig der freyherrlichen Linie.

3) Auch die der adlichen Linie von Werthern zustehende Herrschaft Frohndorf hatte vor 1505 ihre eignen Herren, von welchen sie theils an die Grafen von Stollberg, theils an die Fürsten von Schwarzburg kam.

Man rechnet ferner zu diesem Amte die Balley Thüringen, welche dem deutschen Orden gehöret, und aus

ben

den Commenten Zwößen, Leheften, Liebstädt und Negel-
städt bestehet. Zu Zwößen ist der bestimmte Sitz des
Ballif, welcher, vermöge gewisser 1583 und 1593 unter
kursächsischer Auctorität abgeschlossener Recesse, ein Unterthan Kursachsens ist, unter dem Oberhofgerichte zu Leipzig steht, und auf den Landtagen im engern Ausschusse der
thüringischen Stände, die erste Stimme hat, wenn er
persönlich auf denselben gegenwärtig ist. Ohne Kursachsens Consens darf kein neuer Ballif gewählet werden,
und bey einer Vacanz hat dieses hohe Haus die Administration über die ganze Balley.

VIII. Zum Amte Sangerhausen gehören:

1) Die Stadt Sangerhausen †, welche eine der ältesten Städte Thüringens ist, ehedem eine eigne Herrschaft ausmachte, und durch die Vermählung Graf
Ludwigs mit dem Barte, (welcher der Stammvater der Landgrafen von Thüringen war) mit Cäcilie,
an die Landgrafen kam. Schon unter Ludwig II.
ward in derselben ein Getraidemagazin errichtet, und
noch im vorigen Jahre hat sie die Erneuerung der
Freyheit erhalten, besondere Kornmärkte halten zu
dürfen. Sie liegt in einer sehr fruchtbaren Gegend.
Die Stadt hat eine gute Schule, welche aus einem
ehemaligen Augustinerkloster entstanden ist.

2) Wahl-

2) Wahlhausen und Rode. Ersteres, ehemals ein kaiserliches Schloß, jezt ein Flecken mit einem Rittergute; und lezteres ehemals ein Prämonstratenserkloster, jezt ein Pfarrdorf und Rittergut.

3) Röblingen, ehemals ein eignes Amt mit drey Dörfern und Kaltenborn, sonst ein berühmtes Nonnenkloster, jezt wenige Häuser.

IX. Das Amt Sachsenburg ist eins der vier sogenannten assecurirten Aemter. Der Hauptort in selbigem ist Sachsenburg, ein offner Flecken, von welchem sich ehemals die Fabel verbreitet hatte, Karl der Große habe hier den Sachsenspiegel publicirt.

X. Im Amte Weißensee ist zu bemerken:

1) Weißensee †, ein Städtchen, wozu Landgraf Ludwigs des Eisernen Gemahlin den Grund legte, an einem großen Landsee, welcher zu Ende des vorigen und zu Anfange dieses Jahrhundertes ausgetrocknet und in Wiesen verwandelt worden ist. Herzog George der Bärtige gab der Stadt, wegen ihres ruhigen Verhaltens, in dem bekannten Bauernkriege, die völlige Steuernfreyheit, wovon sie jezt nur noch die halbe Trankfteuerfreyheit besizt. Den ehemaligen hiesigen Comenthurhof des deutschen Ordens hat 1594 der Stadtrath an sich gekauft, und die

Mal-

Malthefer Comthur, welche gleichfalls eingegangen war, ist seit 1777 wiederum hergestellt.

2) Kindelbrück, ein Städtchen an der Wipper, welches sonst den Namen Langendorf führte.

3) Kolleda oder Kölln, ehemals ein gräflich Beuchlingisches, seit 1519 ein Werthersches Städtchen, welches wegen seiner starken Viehzucht auch Kuhkölln heißt. Es ist auch eine der größten Tabaksplantagen hier.

4) Die zur Balley Heßen gehörige Comthur Griffstädt, welche unter sächsischer Hoheit stehet. Der Ballif hat deswegen Siß und Stimme im engern Ausschuße.

XI. Im Amte Langensalza liegen

1) Langensalza †, welche die größte, volkreichste und nahrhafteste Stadt im ganzen kursächsischen Thüringen ist. Sie machte ehemals mit ihrem Gebiete eine eigne Herrschaft der Herren von Salza aus, welche kaiserliche Schußvoigte des ohnweit diesem Orte von Karl dem Großen erbaueten Klosters, Hamburg, waren, welches zur Zeit der Reformation secularisirt und mit allen Gütern an den Rath von Langensalza für 30,000 Gülden verkauft ward. Im 13ten Jahrhundert hatten sich drey Brüder Herren von Salza, drey Schlösser erbauet, welche jedoch

jedoch zusammenhiengen, und ihnen den gemeinschaftlichen Namen der Dreyburg beygelegt. Die
Einkünfte ihrer Herrschaft verwalteten sie gemeinschaftlich. 1346 verkaufte die eine Linie ihren Antheil an den Landgraf Friedrich, da aber die beyden
andern, von Kurmainz aufgehezt, den Landgrafen die Besitznehmung verweigerten und ihm spot-
teten, ließ er die Stadt an mehrern Oertern
anzünden und völlig einäschern. Daburch erzwang
er einen Vergleich, vermöge welches diese Herrschaft
zur Hälfte an ihn, die andere Hälfte aber an Kurmainz abgetreten warb. Die Herren von Salza
theilten nun nichts, als ihre Erbgüter, welche in
den Schlössern Ufhoben und Dutstädt bestanden,
worzu einige Dörfer gehörten, und von Herrman-
nen von Salza, welcher 1409 seinen Stamm beschloß, an die Grafen von Gleichen und Orlamünde
vermacht wurden. Langensalza liegt in einer der
fruchtbarsten Gegenden unsers Landes, hat innerhalb der Mauern 979 Häuser, wovon aber noch ge-
gegen 100 in der Asche liegen. Es hat ferner an
die 5500 Einwohner, welche mit halbseidnem und
wollnem Zeuge, besonders aber mit Getraide ansehnlichen Handel treiben. Auf dem hiesigen Schlosse
starb 1775 die lezte verwittwete Herzogin, Friede-
rika, von Weißenfels, und warb in Weißenfels in
dem

dem in der dafigen Schloßkirche befindlichen herzoglichen Begräbniſſe beygeſezt.

2) Themsbrück oder Thomasbrück, ein Städtchen an
der Unſtrut, ehemals denen von Verlepſch zuſtändig. — Großengottern oder Biſchofsgottern, ein
anſehnlicher Marktflecken.

XII. Ins Amt Wendelſtein gehören:

1) Wendelſtein, ein wüſtes Schloß mit einer kurfürſtlichen Stuterey und Vorwerke. Johann George I.
hat dieſes Schloß mit Zubehör von denen von Heßlar, an welche es die von Wißleben verſezt hatten,
an ſich gebracht.

2) Roßleben, ein Flecken an der Unſtrut, ehemals
ein Benedictiner Nonnenkloſter, welches Heinrich
von Wißleben, zur Zeit der Reformation, an ſich
brachte, und von deſſen Einkünften 1554 eine Frey-
ſchule errichtete, welche gegenwärtig, unter der
Aufſicht eines vortreflichen Rectors, eine der vorzüglichſten Schulen des Landes iſt. — Das kleine
Amt

XIII. Sittichenbach gehörte ehemals, ſo wie das vorige,
zum Fürſtenthum Querfurth. Nach dem Rückfall
der herzoglich weißenfelſiſchen Landesportion 1746
ward es wiederum mit dem thüringiſchen Kreiſe vereiniget. Sittichenbach hieß ehedem Stechen, und war

K   eine

eine berühmte Cistercienser Mönchsabtey, welche zur
Zeit der Reformation an Mannsfeld, und von da an
Kursachsen kam. Das Amt besteht aus wenigen Dör-
fern, unter welchen Sittichenbach das vornehmste ist.

Vom neustädtischen Kreise.

Es gehörte dieser Kreis ohne Zweifel zu dem Gebiete der
Sorbenwenden; allein er begreift auch denjenigen Distrikt,
welcher zu allererst von den Thüringern erobert und bewoh-
net worden ist; auch ist er bey den Theilungen des markgräflich meisnischen Hauses immer zur thüringischen Landesportion geschlagen worden. Daher handeln wir ihn
hier, und nicht wie andere Geographen bey dem Markgrafthume Meisen, ab. — Er ist von dem erzgebürgischen Kreise, den Fürstenthümern Altenburg und Saalfeld, und den reußischen Landen umgeben, und begreift
drey der assecurirten Aemter *).

Kurfürst August, dem die Vollziehung der Acht an
seinem Vetter, dem Herzog Johann Friedrich, aufgetragen

*) Die übrigen assecurirten Stücke waren das Amt Sachsen-
senburg in Thüringen, wozu in der Folge auch noch die
fünf zwölf Theile der gefürsteten Grafschaft Henneberg
kamen.

gen war, hatte beynahe acht Tonnen Goldes auf diesen Krieg verwendet, und war nicht völlig entschädiget worden. Johann Wilhelm, der Bruder des geächteten Herzogs, dem die Lande desselben zufielen, mußte ihm also einen Assecurationsschein d. d. Saalfeld am 8ten Jenner 1567 ausstellen, in welchem dem Kurfürsten diese drey Aemter nebst andern schon genannten Landstücken des Herzogs, bis zur völligen Bezahlung der Kriegsunkosten, zugesichert wurden.

Im Jahr 1660 brachte es der Herzog Moriz von Sachsen-Zeiz, bey Vermählung mit einer weimarischen Prinzessin, dahin: daß sich das Haus Sachsen, Ernestinischer Linie, durch einen Vertrag vom 9ten August des angeführten Jahres, des Pfandrechts begab; worauf Kurfürst Johann Georg II. einen Verzichtsbrief d. d. 8ten Sept. a. c. auf alle weitere Prätentionen, wegen der Kriegsunkosten, ausstellte.

Die Aemter sind:

I. Arnshaug mit Triptis.

1) Arnshaug, ein altes Bergschloß mit 20 Häusern. Es ist dieses das Stammschloß der alten berühmten thüringischen Grafenfamilie von Arnshaug. Otto, Graf von Arnshaug, starb 1290, und seine Gemahlin, Elisabeth, vermählte sich hierauf zum zweitenmale mit dem Grafen Herrmann von Orlamünde,

K 2   und

und als auch dieser mit Tode abging, so wurde Land=
graf Albrecht der Ausgeartete ihr dritter Gemahl.
Ihr Stiefsohn, Friedrich der Freudige, entführte
ihre schöne Tochter, gleichfalls Elisabeth genannt,
vermählte sich 1301 mit derselben, und brachte auf
diese Art die ansehnlichen Besitzungen der ehemali=
gen Grafen von Arnshaug an sein Haus.

2) Neustadt †, an der Orla, die Hauptstadt dieses
Kreises, hat ein Schloß, welches der Herzog Fried=
rich Heinrich zu Sachsen=Zeitz erbauet hat, und
ein Bergamt für den ganzen Kreis. Die unter die=
sem Kreisbergamte stehenden Bergwerke haben den
besten Kupferbau des ganzen Landes. Man findet
hier Kupfererz aller Art, besonders aber Kupferkies.

3) Rahnis, ein Städtchen, alte Burg und Gan= oder
Gemeinherrschaft *) der von Brandenstein, Brei=
tenbauch, Geyersberg und Brockdorf, welche beyde
leztere Familien gegenwärtig gräflich sind, mit eini=
gen zugehörigen Rittergütern.

4) Triptis, ein uraltes amtsäßiges Städtchen. Land=
graf Friedrich II. in Thüringen, beliehe 1328 den
Voigt

*) Wegen der in mittlern Zeiten so gewöhnlichen Befehdun=
gen baueten verschiedene Familien, deren Güter an einan=
der gränzten, in der Mitte ihrer Besitzungen ein festes
Schloß, das ihnen zu ihrer gemeinschaftlichen sichern Woh=
nung diente, und solche zusammengezogene Güter erhielten
den Namen: Ganherrschaft.

Voigt Heinrich den jüngern zu Plauen mit den Oertern Triptis, Auma, Ziegenrück; allein seine Söhne nahmen sie ihm wieder ab.

5) Auma, ein kleines Städtchen am Flüßchen gleiches Namens.

6) Laubsdorf, ein Ort ohnweit Triptis, wo man eine
sehr schöne braune Farbenerde findet.

II. Das Amt Weyda mit Mildenfurth hat

1) Weyda ✝, eine Stadt an dem Bache Weyda,
welcher mitten durch die Stadt fließt, und sich nicht
weit von hier in die Elster ergießt. Es ist dieses
eine sehr alte Stadt, welche durch Heyrath von den
Grafen zu Schwarzburg an die Voigte Reuß, und
in dem bekannten voigtländischen Kriege, nebst andern Dertern, an die Markgrafen von Meisen kam.
Man verfertiget hier sehr gute Kalamanke und
Kamlotte, auch ist auf dem hiesigen Schlosse eine
besonders privilegirte Wollenzeugmanufaktur und
eine Schönfärberey angelegt.

2) Schloß Berga, ein altes Schloß mit einem, gegenwärtig den von Watzdorf gehörigen, Städtchen.

3) Mildenfurth, ein ehemaliges Prämonstratenser
Mönchskloster, von Heinrich dem Reichen, Herrn
des ganzen Voigtlandes, 1193 gestiftet. Nach der
Reformation gehörte es den von Wollendorf. Kur-

fürst Johann George I. kaufte es, und verwandelte es in ein Amt, das in der Folge mit Weyda verbunden ward. Einige darzu gehörige Dörfer liegen im Reußischen; daher die Voigte ehemals die Landeshoheit über selbige ausüben wollten.

4) Kundorf, das hiesige Eisenbergwerk, giebt das mehrste Eisen im ganzen Lande. Mehrere 1000 Fuder werden von hier auf die Hammerwerke des thüringer Waldes, nach Suhla im Hennebergischen, nach Saalfeld und in das Schwarzburgische verführt.

III. Ziegenrück begreift:

1) Ziegenrück, eine kleine amtsäßige Stadt und Bergschloß an der Saale, und

2) Liebengrün, ein Flecken.

Das Fürstenthum Querfurth.

Ist erst in neuen Zeiten aus den vier, ehemals zum Erzbisthum Magdeburg gehörigen, Aemtern, Querfurth, Jüterbogk, Dahme und Burg, entstanden, welche im Prager Frieden von 1635 an Kursachsen überlassen, und im Westphälischen Frieden 1648 bestätigt wurden. Im Jah-

Jahre 1632 legte August, zweyter Prinz Johann Georg I., auf Verordnung seines Vaters, die Verwaltung des Hochstifts Meißen nieder, und ließ geschehen, daß selbiges den Erblanden, mit Zustimmung der Domherren, auf ewig einverleibet ward, wofür August diese vier genannten Aemter erhielt. Als hierauf der schon oben angeführte Streit, wegen der Schriftsassen in Thüringen, zwischen der Kur- und Weißenfelsischen Linie entstand, so verglich sich Herzog August mit seinem Bruder, Johann Georg dem II., 1665 dahin: daß der Herzog dem Kurfürsten alle Schriftsassen in Thüringen überließ, und der Kurfürst dagegen dem Herzoge die völlige Landeshoheit über die vier Magdeburger und die drey Thüringischen Aemter, Heldrungen, Sittichenbach und Wendelstein abtrat, und versprach: sich bey dem Kaiser und Reich zu verwenden, daß der Herzog, wegen dieses Stück Landes, Sitz und Stimme auf den Reichs- und Obersächsischen Kreistagen erhielt. Ob es nun aber schon der Kaiser und die Reichsstände genehmigten, so fehlte es doch an der Einführung auf dem Reichstage, und Sachsenweißenfels erhielt daher nur Sitz und Stimme auf den Obersächsischen Kreistagen. Nach dem Tode des Herzogs August kam das Erzbisthum Magdeburg, vermöge des Westphälischen Friedens, an den Kurfürsten Wilhelm von Brandenburg, welcher Ansprüche auf die Landeshoheit über diese vier von Magdeburg abgerissenen Aemter aus dem Grunde machte:

K 4   weil

weil ſie weder im Prager, noch Weſtphäliſchen Frieden mit
ſelbiger an Kurſachſen übertragen worden wären. Herzog Johann Adolph I., welcher ſeinem Vater, Auguſt,
in der Regierung gefolget war, mußte dahero das Amt
Burg wiederum an Magdeburg überlaſſen, um die Anſprüche des Kurfürſten völlig zu befriedigen.

Gegenwärtig werden zu dieſem Fürſtenthume die
Aemter Querfurth, Heldrungen, Jüterbogk und Dahme,
welche lezteren Lande im Kurkreiſe liegen, gerechnet.

I. Im Amte Querfurth iſt der Hauptort die alte Stadt
Querfurth, die ehedem mit ihrem Zubehör eine eigne
Herrſchaft der berühmten Edeln Herren von Querfurth
ausmachte, welche ein ſehr altes deutſches Geſchlecht
waren, viele Güter nach und nach, als im Jahre
1264 einen anſehnlichen Theil der Grafſchaft Mannsfeld für 2,500 Mark Silber, und endlich auch die
Burggräflich Magdeburgiſche Würde an ſich brachten.
Sie ſtarben aber 1496 völlig aus, da denn die mehreſten ihrer Güter, als eröfnete Lehen, an Magdeburg
zurück fielen. Wie ſie an Kurſachſen gekommen, iſt
ſchon erzählet worden.

Die Stadt Querfurth ✠, die Hauptſtadt des ganzen
Fürſtenthums, liegt in einer ſchönen und fruchtbaren Gegend, hat ſowohl um die eigentliche Stadt,
als auch um die Vorſtadt, Mauern, in welchen
zuſam-

zusammen ohngefähr 376 Häuser stehen, deren Besitzer sich größtentheils vom Ackerbau nähren. Auch liegen in der Vorstadt vier Rittergüter, welche aus ehemaligen Klostergütern entstanden sind. Auf dem hier befindlichen, mit tiefen Graben und starken Mauern umgebenen Schlosse, werden die Sitzungen der Stände dieses Fürstenthums auf den Landtagen gehalten, die aber, welche außerdem angestellt werden, sind auf dem Rathhause der Stadt, wo auch das Archiv aufbewahret wird. — Die berühmte Eselswiese, ein Markt, welcher jährlich auf einer bey der Stadt gelegenen Wiese gehalten wird, ist aus den Wallfahrten entstanden, die die frommen Seelen vordem zu dem heiligen Esel des großen Apostels Kilian vornahmen. Denn dieser blieb hier unbeweglich stehn, als er seinen frommen Herrn einst nach Preußen tragen sollte, um dort die Lehre des heiligen Vaters von Rom zu verkündigen. Die protestantischen Töpfer bringen noch jezt das Bild dieses prophetischen Esels hieher.

II. Im Amte Heldrungen liegt das Städtchen Heldrungen ✝, bey welchem ehedem ein festes Schloß war, das 1646 von den Schweden geschleift worden ist. Auch dies machte ehedem eine eigne Herrschaft aus, von welcher eine berühmte thüringische Familie den Namen

K 5 führ-

führte. Die lezten dieses Geschlechts beunruhigten
die Grafen von Hohenstein durch Einfälle so sehr, daß
sich diese beym Markgrafen in Meisen beschwerten, welcher die Herren von Helbrungen verjagte, und mit ihren Gütern die Grafen von Hohenstein belehnte, die
es 1484 an die Grafen von Mannsfeld veräußerten.
Mannsfeld hatte nicht lange nachher die Dreistigkeit,
Herzog Georg dem Bärtigen den Krieg zu erklären,
weil ihm dieser die Lehn über die angekaufte Grafschaft
Beichlingen versagte. Ernst legte deswegen einen
Wall um das Schloß Helbrungen und versah es mit
acht Basteyen. Bey der 1570 eröfneten Sequestration der Mannsfeldischen Lande, hat sich gefunden,
daß die von Baumbach 128,293 Gülden 14 Gr. 4 Pf.
auf diese Herrschaft geliehen hatten, welche Summe
Johann Georg I. hernach bezahlte, und diese Herrschaft schon damals erblich an sein Haus brachte.

III. Das Amt Jüterbogk liegt im Kurkreise an den Gränzen der Mark Brandenburg. Der Hauptort dieses
Amts ist Jüterbogk †, eine Stadt, welche 600 Häuser in der Stadt, und 128 in den Vorstädten zählt,
und welcher man noch ihren alten befestigten Zustand
ansieht. Sie ist eine der ältesten Städte dieser Gegend, und durch verschiedene merkwürdige Zusammenkünfte bekannt. Es sind, außer verschiedenen Ober-
säch-

ſächſiſchen Kreistagen, auch 1548 die Theologen wegen des Interims, und 1611 die Kurfürſten von Sachſen und Brandenburg, nebſt andern proteſtantiſchen Fürſten, hier zuſammen gekommen. Es ſind auch beträchtliche Tuchfabriken, auch Maulbeerplantagen hier, die Gegend hat ziemlichen Wein- und guten Getreidebau. In jedem der drey Stadtthore hängt eine Keule und an ſelbiger ein Zeddel mit folgenden erbaulichen Verſen:

Wer ſeinen Kindern giebt das Brod,
und leidet darnach ſelber Noth,
den ſchlag man mit der Keule todt. —

IV. Das Amt Dahme, gleichfalls im Kurkreiſe, enthält die Stadt Dahme †, welche mit ihren Vorſtädten gegen 350 Häuſer zählt, und das gutgebaute ehemalige Reſidenzſchloß der Herzoglich Weißenfelſiſchen Wittwen hat. Sie machte ehemals, mit ihrer Pflege, eine eigne Herrſchaft aus, kam aber gar bald' in die Hände der habſüchtigen Erzbiſchöffe von Magdeburg. Man verfertiget hier viel Tuch.

Die Grafschaft Mannsfeld.

Auch diese hatte ehedem ihre eignen Besitzer, die eines der ältesten und berühmtesten Geschlechter in Thüringen ausmachten, deren Stolz und Unruhe aber verursachte, daß im Jahr 1264 ein Theil, und endlich ihre ganze Grafschaft in die Hände der edeln Herren von Querfurth fiel. Burchhardt, als Graf von Mannsfeld, der 3te dieses Namens, war ein Sohn Burchhardt des 6ten edeln Herren zu Querfurth, welcher sein Geschlecht in verschiedene Haupt- und Nebenlinien bis 1780 fortpflanzte, wo der lezte seines Stammes, Joseph Wenzel, als Fürst von Fondi, im Neapolitanischen, welchen Landstrich König Karl II. von Spanien zuerst 1690 Heinrich Franz, Grafen zu Mannsfeld, gegeben hatte, starb. Die Grafschaft bestand aus Kursächsischen, Bischöflich Magdeburgischen und Halberstädtischen Lehnen. Die Gräfliche Familie hatte sich im 15ten Jahrhundert schon in verschiedene Zweige getheilt, und dieses nebst den häufig unglücklich geführten Kriegen derselben, wurde die Ursach, daß sie sich genöthigt sahen, die ganze Grafschaft, um ihre Schulden, welche den Werth der ganzen Grafschaft zweymal über-

überstiegen, zu tilgen, 1570 an ihre Lehnsherren zur Sequestration zu überlassen. Kurfürst August, dieser große
Vermehrer der sächsischen Staaten, brachte im Jahr 1573
die Halberstädtischen Lehnstädte dieser Grafschaft, gegen
die Lehnsherrlichkeit über die Graf- und Herrschaften Hohenstein, Lohra und Klettenberg, durch Tausch an sich,
und erhielt also zwey Drittheile dieser Grafschaft, welche
er durch ein besonderes zu Eisleben angeordnetes Oberauf-
seheramt, das, jedoch unter andern Umständen, noch jezt
fortdauern sequestriren ließ. Anfangs führten zwar Kursachsen und Magdeburg die Sequestration gemeinschaftlich, bis auf die Bergwerke, welche, als Kursächsisches
Lehn, allein von Sachsen verwaltet wurden; endlich aber
trennten sie sich, und Magdeburg hob sie 1716 in seinem
Antheil ganz auf. Gegenwärtig wird die Regierung
durch das Oberauffeheramt in Eisleben, unter welchem
das dasige 1690 errichtete Bergamt, nebst allen andern
Gerichtsstellen der Grafschaft, steht, unter höchster Di-
rection des Hochpreißlich Geheimen Conciliums, verwaltet. In Kirchensachen steht sie seit 1780 unter dem Con-
sistorio zu Leipzig. Die Bergwerke sind ansehnlich. Man
gräbt hier vorzüglich Kupferhaltigen Schiefer, wovon
der Centner 1, 1½ bis 3 Pfund Kupfer giebt, welches
man durch das Rosten herausbringt, und sodann Schwarzkupfer nennt. Der Centner von solchem Schwarzkupfer
enthält 6 bis 12 Loth Silber, welches in der Seigerhütte

und

und Hettſtädt vom Kupfer geſchieden wird *). Heut zu
Tage gewinnt man jährlich nicht viel über 1600 Centner
Kupfer, da man ehedem wohl 20,000 Centner gewonnen
hat. 1199 hat man die Bergwerke erſt zu bauen angefangen. Sie haben ſich gegen Weſten über Sangerhau-
ſen bis an das Dorf Wickerode, und gegen Oſten bis an
die Ufer der Saale, ausgebreitet, und betragen in die
Länge 3 und in die Breite 6 Meilen. Die Grafſchaft iſt,
der vielen Berge ohngeachtet, fruchtbar, hat guten Getraidebau und Viehzucht, auch anſehnliche Wälder, welche Kurfürſtlicher Seits allein 40,000 Acker betragen.
Der Kurfürſtliche Antheil an dieſer Grafſchaft enthält
5 Städte und 42 Dörfer. Unter den erſten iſt

1) Eisleben die größte und vorzüglichſte. Ehemals
   war ſie der Sitz der gräflichen Regierung, des Bergamts und Conſiſtoriums. Sie beſteht aus der Alt-
   und Neuſtadt, wovon leztere ſeit 1508 zu einer
   freyen Bergſtadt angelegt ward. Beyde Städte
   begriffen ehedem gegen 900 Häuſer, wovon gegenwärtig nicht 700 mehr übrig ſind, in welchen gegen 3000 Menſchen wohnen, die ſich vom Acker-
   und Bergbau, von der Viehzucht und Bierbraue-
   rey nähren, welches leztere man hier Krabbel heißt.

Das

---

*) Das preußiſcher Seits im Mannsfeldiſchen gewonnene Ku-
pfer wird nicht geſeigert, ſondern mit noch etwas Silber
verſezt und als Scheidemünze ausgeprägt.

Das ehemalige Gräfliche Schloß ist völlig eingegangen. Das Haus, in welchem Luther gebohren worden, ist zwar abgebrannt, aber von neuem aufgebauet und zu einer Schule eingerichtet. Das hiesige gute Gymnasium ist von Luthern 1546, auf der Grafen Begehren, angeleget worden.

2) Heckstädt oder Hettstädt, eine Stadt an der Wipper, ist aus einem Dorfe entstanden, welches zu Ende des 12ten Jahrhunderts, wegen des daselbst zuerst entdeckten reichen Kupferbergwerks, angelegt wurde, und 1380 das Stadtrecht von den Bischöffen von Halberstadt erhalten hat. Die Bischöffe gaben es bald darauf den Grafen von Mannsfeld zur Lehn, und traten endlich auch die Landesherrlichkeit an Kursachsen ab.

3) Artern, ein altes Städtchen an der Unstrut, bey welchem man ein großes Braunkohlenlager findet. Es bestehen diese Braunkohlen aus versteinerten Bäumen und Aesten von Bäumen, die unter einer Schicht Flußsand und Thon liegen. An einigen noch nicht ganz versteinerten Stämmen kann man die Holzart noch entdecken. Die Wurzeln sind in Schwefelkies verwandelt, und so hart, daß sie beym Anschlagen Feuer geben. Man braucht diese Kohlen in den vor der Stadt liegenden Salzkoten, welche schon im 15ten Jahrhundert entdeckt, und lange

in

in den Händen von Privatleuten gewesen, sind. Da 1570 die Gebäude völlig abgebrannt waren, so kaufte sie Kurfürst August für 40,000 Gulden. Die Salzquelle ist, nächst der Dürrenberger, die reichste im Lande.

Von den Stiftern.

Wir müssen uns hier, meine Leser, wieder in jene Zeiten zurück denken, da die Sachsen die gegenwärtig kursächsischen meisnischen Provinzen einnahmen und ihre Bewohner unterjochten. Das Schwerdt der tapfern Thüringer und Sachsen hatte zwar die hier wohnenden Slaven unter König Heinrichs I. Joch gezwungen, die Religion aber sollte sie unter solchem erhalten. Wie nothwendig dieses Unterjochungsmittel bey jener rauhen Nation war, sahen erst seine Nachfolger ein. Otto der Große, nach damaligem Sinne ein herzlicher Verehrer der päbstlichchristlichen Religion, that im Jahr 955, am Tage des heiligen Laurentius, bey Augspurg, wo er eben wider die Hunnen jenes entscheidende Treffen zu liefern im Begriff war, das Gelübde: wenn ihm Christus zum Siege verhelfen

helfen würde; so wolle er sich der Ausbreitung der christlichen Religion ernstlich annehmen, und in dieser Absicht einige Bisthümer in den slavischen Landen errichten. Zwar erhielt er den Sieg, konnte aber, wegen seiner überhäuften Geschäfte in Italien, nicht eher, als 962 an die Erfüllung seines Gelübdes denken. Und auch jetzt widersetzte sich der Bischof Bernhardt zu Halberstadt seinem Unternehmen, ein Bisthum in Merseburg anzulegen, so ernsthaft, daß weder päbstlicher Befehl noch Bann im Stande war, den geizigen Bischof (die Stadt Merseburg mit ihrem Distrikte stand unter seiner geistlichen Aufsicht) zur Einwilligung zu bewegen. Endlich im Jahr 968 gieng er aus der Welt, und Otto machte nunmehro sogleich Anstalt, drey Bisthümer, nämlich zu Merseburg, Zeiß und Meisen zu errichten, und denenselben die geistliche Aufsicht über die von seinem Vater eroberten slavischen Lande zu übergeben. Am 3ten Weihnachtsfeyertage 968 wurden schon zu Magdeburg, wo sich Otto damals befand, die Gränzen dieser geistlichen Sprengel bestimmt, und die Bischöffe eingesegnet. Der naumburgische Sprengel umfaßte ohngefähr das Sorbenland; der merseburger das Land der Siusler; bis auf die Gauen Niziji, Quesici und einen Theil von Siusli, welche dem Bischof von Magdeburg unterworfen waren, und der meisnische begriff das Land der Daleminzier, wozu in der Folge noch der größte Theil von Lusici, oder der heutigen Nie-

L

der-

derlaufitz, und ein kleiner des heutigen Kurkreiſes kam.
Alle drey Bisthümer wurden dem Erzbisthume Magde-
burg unterworfen, und die Rangordnung war: Merſe-
burg, Zeitz und Meiſen.   Da aber die Biſchöffe von
Meiſen an den Markgrafen in Meiſen große und mächtige
Gönner hatten, ſo haben ſie ſich unter den kurſächſiſchen
Stiftern auf den Landtagen den Vorſitz zu verſchaffen ge-
wußt.   Doch hiervon zu ſeiner Zeit.

Vom Hochſtifte Merſeburg.

Merſeburg iſt ohnſtreitig eine der allererſten Städte in
Thüringen, und Dittmar, der älteſte und beſte Zeuge in
dieſer Sache, glaubt, ſie ſey von den Römern gegründet
worden; welches jedoch die neuern Geſchichtſchreiber be-
zweifeln.   So viel aber iſt gewiß, daß ſchon zu Karls
des Großen Zeiten Grafen hier angeſtellet waren, die,
aller Wahrſcheinlichkeit nach, aus dem Buziſchen, oder,
wie es nachher hieß, Wettiniſchen Hauſe ſtammten, und
vermuthlich, nebſt den oben beſchriebenen gräflichen Rechten und Geſchäften, auch die Gränzen gegen die Slaven
zu vertheidigen und zu erweitern hatten, welches beſon-
ſonders durch die berühmte merſeburgiſche Legion, von

Hein-

Heinrich I. an, glücklich von statten gieng. Merseburg war
nicht allein der Sitz dieses, sondern auch eines königlichen
Pfalzgrafen. Denn Heinrich I. und seine Nachfolger gefie-
len sich besonders daselbst, wenn sie von den schweren Ge-
schäften des beynah immerwährenden Krieges sich erholen
wollten. Daher ward sie nach und nach immer mehr verschönert und befestigt. Ein altes Gebäude, welches die
Römer angelegt haben sollen, ließ Heinrich ummauern
und in eine Kirche verwandeln, welche unter seinem Sohne
erweitert und zur Kathedralkirche gemacht ward. Otto
der Große stattete auch dieses neue Hochstift sehr ansehnlich aus, und seine Nachkommen vermehrten die Güter
desselben außerordentlich. Dem heiligen Johannes und
Laurentius ward die besondere Beschützung des Stiftes im
Himmel, und dem Bischof Boso, welcher bis dahin in
Zeitz gewesen, und das Kloster Bosau gestiftet hatte, die
erste Verwaltung desselben auf Erden übertragen. Das
Hochstift ward zwar durch den Erzbischof Giseler zu Magdeburg, welcher dem Boso erst als Bischof von Merseburg gefolgt war, wieder zerstückelt, und größtentheils
an Magdeburg, theils aber auch an Halberstadt, Naumburg und Meißen vertheilt. Nachdem aber dieser habsüch-
tige und treulose Mann — er war aus dem Geschlechte
der berühmten Grafen von Nordheim — im Jahr 1004
gestorben war, so stellte Heinrich II. das Bisthum wieder her, und ernannte seinen Capellan, Wigbert, zum Bi-

schof,

schofe, konnte aber doch nicht alles, besonders von Magdeburg, wieder zurückbringen, weil Gieseler verschiedene
Versicherungsurkunden, welche der Kaiser und andere
Personen über verschiedene Güter ausgestellet hatten, ab-
schreiben, statt Merseburg Magdeburg setzen, und die
Originale verbrennen ließ. Doch haben die Kaiser alles
reichlich durch Schenkungen erseßt, was man von andern
nicht zurückbekommen konnte.

Die Geographie dieses Stifts ist, was den geistlichen Sprengel anbelangt, so wie bey den übrigen, bis
auf die neuen Zeiten größtentheils dieselbe geblieben, weil
die übrigen angränzenden Herren Bischöffe, wachsam über
ihre Rechte, das Gleichgewicht zu erhalten suchten, das
keine Regierungskunst so glücklich, wie die geistliche, erhalten hat. Der merseburgische geistliche Sprengel erstreckte sich vom Einflusse der weißen Elster in die Saale
bis Skeubitz herunter, gieng über Tauche und Brandis
ziemlich bis an die Mulde herüber, von da bis Rochlitz,
und in der Folge noch weiter herauf über Pönig, Borna,
Pegau, Lützen, diesseits der Saale fort bis an den Einfluß der Unstrut in selbige, von da über Sangerhausen
nach Eisleben, wieder an der Saale bis an die Elster herunter. Die Eigenthumsgüter des Bisthums, welche
noch jezt unter dem Namen des Hochstifts Merseburg dem
Kurhause Sachsen gehören, und höchstens 5½ Meile lang

und

und 3½ breit sind, waren ohnstreitig ehemals noch viel beträchtlicher. Die Bischöffe hatten fürstlichen Rang, welcher ihnen noch in den neuern Zeiten, durch Reichsdiplomata, bestätiget ist. Man gab sich zur Zeit der Reformation, von Seiten des Reichs, alle Mühe, das Stift unmittelbar zu machen: aber die Kurfürsten von Sachsen wußten ihre Rechte auf selbiges standhaft zu behaupten. Als der letzte Bischof, Sigismund von Lindenau, 1544 gestorben war, so postulirte das Domcapitul den damaligen Prinz August zum Administrator des Stifts, und setzte ihm den Fürsten Georg von Anhalt, zur Verwaltung der geistlichen Angelegenheiten, an die Seite. 1548, nach der Trennung des Schmalkaldischen Bundes, legte August die Administration, und George sein Amt, nieder. Karl V. setzte hierauf 1549 Michael Heldingen, damaligen Weihbischof zu Mainz, als Bischof nach Merseburg. 1562 aber postulirte das Domcapitul den Prinz Alexander, Herzog Augusts jüngern Sohn. Von dieser Zeit an ist das Hochstift beständig mit dem Kurhause Sachsen durch Verträge verbunden, und der jedesmalige Kurfürst Administrator des Stifts. Von 1652 bis 1738 hat es eine besondere Nebenlinie des Kurhauses besessen.

Das Stift hat gegenwärtig noch seine eigene Regierung, Consistorium, Kammer und wichtige Freyheiten. Unter den 19 hiesigen Domherrenstellen werden

den 17 mit Adelichen, die 32 Ahnen beweiſen können, und 2 mit Profeſſoren der leipziger Juriſten-
facultät beſezt. Das Stiftstérritorium hat den fruch-
barſten Getraideboden und den herrlichſten Wieſewachs,
und iſt in 4 Aemter getheilt, welche 7 Städte, 1 Flecken
und 217 Dörfer enthält.

I. Das Küchenamt Merſeburg enthält:

1) Die Stadt Merſeburg † *). Sie iſt die Hauptſtadt
des Stifts, der Siß des Domcapitels, der Regierung, des Conſiſtoriums, und der Rentkammer.
Die im gothiſchen Geſchmack aufgeführte Domkirche iſt, wegen ihrer Alterthümer, äußerſt merkwürdig. Das alte biſchöfliche Schloß hat Johann
Georg I. wiederum herſtellen laſſen. Neben demſelben iſt das wohleingerichtete Gymnaſium, welches aus den anfänglich zu einer Fürſtenſchule be-
ſtimmten Revenüen erwachſen iſt. Man hat, zur
Ehre dieſer Stadt ſey es öffentlich geſagt, ſeit einigen Jahren die vortreflichſten Anſtalten zur Verpflegung der Armen gemacht, worzu der ehrwürdi-
ge Kanzler, Herr von Burgsdorf **), am mehr-
ſten

*) Der hieſige Superintendent iſt der einzige im Stifte, und
zugleich Conſiſtorialaſſeſſor.
**) In dieſem Jahre ſind Se. Hochwohlgebohren, zu Be-
lohnung Ihrer großen Verdienſte, zum Vicekanzler bey ti-
ner hohen Landesregierung zu Dresden erhoben worden.

ſten beygetragen hat. Die Stadt hat immer noch gute Nahrung von ihrem ſo berühmten, weit verführten Biere. Die hieſige kurfürſtliche Stuterey iſt in den in der Vorſtadt Altenburg gelegenen Kloſtergebäuden.

2) Dürrenberg, das ſtärkſte Salzwerk unſers Landes. Die gegenwärtige Quelle iſt erſt 1763 von dem Bergrath Borlach entdeckt worden. Sie liegt unter der Saale und hat einen ſo ſtarken Zufluß, daß ſie überläuft, wenn man in vier Stunden nicht ſchöpft. Man braucht jährlich 14000 Klaftern Holz.

3) Auch in den Dörfern Kötzſchau und Deutitz ſind Salzwerke, die ſchon vor 1572 bekannt, aber im 30jährigen Kriege zerſtört worden ſind. In neuern Zeiten ſind ſie von Privatleuten wiederum aufgebauet worden. Die mehreſten Koten hat das Geheime Finanzcollegium an ſich gekauft, und das Salz der übrigen muß an den Landesherrn geliefert werden.

4) Keuſchberg, ein großes Pfarrdorf neben den dürrenbergiſchen Salzwerken an der Saale, in deſſen Gegend man noch die deutlichſten Kennzeichen von den Verſchanzungen findet, welche bey der 933 hier gegen die Hunnen gelieferten Schlacht aufgeworfen worden ſind. Im freyen Felde, wo rund umher kein Baum zu ſehen iſt, liegt ein Gehölze, welches den

J 4 　　　　Ma-

Namen des Leichengartens führt, weil es ehedem
ein Sumpf war, in welchen die erschlagenen Ungern
geworfen wurden. Auch der in alten Zeiten bey
Schlachten so gewöhnliche Hügel ist noch zu sehen,
welcher vermuthlich die Asche der Vornehmsten der
Thüringer und Sachsen bedeckt, die hier, für die
Ruhe ihrer Brüder, ihr Leben verhauchten.

II. Das Amt Skeudiz enthält:

1) Das kleine Städtchen Skeudiz, an der Elster, welches Conrad der Große von Meisen an die Bischöffe
von Merseburg, gegen Leipzig, vertauscht haben soll.

2) Ehrenberg, ein Amtsdorf, welches seinen eigenen
Lehnsträger hat, der ein Bauer ist, und vom Amte
Skeudiz, mit allen Grundstücken des Dorfs, auf
einmal belehnt wird, und welcher die einzelnen Bauern folgendergestalt belehnt: Mitten im Dorfe liegt
ein großer Stein, hinter selbigen tritt der gemeinschaftliche Lehnsträger und beafterlehnt die einzelnen
Bauern, wofür er jedesmal nur einen Schmaus erhält. Das Dorf hat auch seine eigenen Statuten
und Siegel.

3) Breitenfeld, ein Dorf, bey welchem 1631 und
1642 die Kaiserlichen von den Schweden geschlagen
wurden.

III. Das

III. Das Amt Lützen, mit welchem seit 1655 das ehemalige Amt Zwenkau vereiniget worden ist, enthält:

1) Das Städtchen Lützen mit einem landesherrlichen Schlosse. 1632 am 6ten Nov. fiel bey dieser Stadt das berühmte Treffen vor, in welchen die Schweden, für die evangelische Religion, gegen die Kaiserlichen stritten, und zwar den Sieg erfochten, aber auch ihren großen Anführer, König Gustav Adolphen, verlohren. Das Herz und die Eingeweide dieses im Tode noch siegenden Helden wurden nach Weissenfels gebracht. Ersteres, welches 1 Pf. 20 Loth wog, liegt in der dasigen Markt-, und lezteres in der Klosterkirche. Ob es den Protestanten zu besonderer Ehre gereicht, daß dieser große, für ihre Religion auf deutschem Boden gefallene König kein besseres Denkmal, als einen Feldstein, auf der Stelle, wo er todt gefunden ward, erhalten, mögen andere untersuchen *).

L 5   2) Mark-

---

*) Im Jahr 1780 reisete ich in Gesellschaft einiger aus Siebenbürgen kommenden, nach Jena reisenden, Studenten von Leipzig aus. Als wir Markranstädt im Rücken hatten, fragten sie jeden Augenblick sehnsuchtsvoll, ob sie nicht bald diesen berühmten Stein sehen könnten. Als wir herannaheten, entblößten sie ihre Häupter, knieten, vier an der Zahl, um den Stein, und einer unter ihnen betete laut, und dankete Gott für die hier erfochtene Religions- und Gewissensfreyheit, und alle sagten: Amen!

2) Markranstädt und Zwenkau, ein Paar Städtchen. lezteres hat ein Schloß und eine gute Pulvermühle.

IV. Im Amte Lauchstädt befindet sich

1) Lauchstädt, ein Städtchen mit dem berühmtesten Gesundsbrunnen des Landes, dessen Quelle man zu Anfange dieses Jahrhunderts unter dem dasigen Schlosse entdeckt hat. Der Ort ist unter der gegenwärtigen Regierung sehr verschönert worden.

2) Schaafstädt, ein Städtchen mit einem der adelichen Funkischen Familie gehörigen Rittergute.

Vom Hochstifte Naumburg.

Nicht weniger berühmt als Merseburg ist das, gleichfalls von Otto dem Großen 968 gegründete, Hochstift Naumburg, dessen erster Bischof, Hugo I., am 21. Dec. gedachten Jahres zu Magdeburg eingeweihet, und anfangs mit seinem Domcapitul nach Zeiß, 1029 aber, mit Erlaubniß des Markgrafen Herrmann und seines Bruders Eckhardt II. nach Naumburg gesezt ward. Es war schon vorher eine Hauptkirche in Zeiß gewesen, welche Boso, nachheriger erster Bischof zu Merseburg, unter dem Titel eines Pfarrlehns, zulezt besessen, und mit einigen

gen

gen in der dasigen Gegend gelegenen Nebenkirchen andere
belehnt hatte. Der Sprengel dieses Bisthums erhielt
anfangs folgende Gränzen. Vom Einflusse der Unstrut
in die Saale längst derselben herunter über Weißenfels,
von da nach Pegau, Regis, Waldenburg, Kemnitz, von
da an der weißen Mulde über Zwickau herunter bis an
den Ursprung derselben; von hier auf der Fränkischen
Gränze bis Lobenstein hin, endlich an der Saale wieder
herunter bis an die Unstrut. Es enthält also ohnstreitig
denjenigen Theil des flavischen Landes, welcher zuerst erobert und christlich worden ist. Er hieß freylich bald nachher das Osterland. Allein diejenigen Geographen, welche
ihn zu Meißen rechnen, scheinen weniger Recht zu haben,
als diejenigen, die ihn als einen Theil Thüringens ansehen.
Denn ohnstreitig waren die Thüringischen Grafen und
Herren die Ueberwinder der Bewohner desselben. Aus
diesem ansehnlichen und fruchtbarem Landstriche bekamen
die Bischöffe den Zehnden von allen Früchten, welche die
Erde hervorbrachte. Aberglaube und heilige Einfalt
machte Hohe und Niedere mildthätig gegen dasselbe, und
manches schöne Landgut ward dem Bischof und seinen
Domherren geschenkt, um einige Tage weniger im Fege-
feuer schmachten zu dürfen. Was die Bischöfe von Merseburg unter den sächsischen Kaisern gewesen waren, das
wurden die Naumburgischen unter den folgenden. Die
mehrsten hielten sich in den verderblichen Kriegen, welche
die

die sächsischen und thüringischen Fürsten so lange mit ihren
Kaisern führten, immer zu leztern, und ihre Rechte und
Reichthümer wurden immer größer. Die eigentlichen
Schuhvoigte des Stifts waren, von Herrmanns Zeiten
her, die Markgrafen von Meisen, welches Recht durch
besondere Verträge von den Bischöffen den Markgrafen
aufgetragen und zugesichert worden ist. Hieraus aber
folgt keinesweges, daß das Eigenthum der naumburgischen Bischöffe damals zu Meisen gehört habe. Denn
Herrmann stammte, wie längst bekannt, aus Thüringen,
und seine Vorfahren hatten die Stadt Naumburg mit
der umliegenden Gegend lange besessen, ehe sie noch Markgrafen in Meisen wurden. In der großen Theilung von
1485 kam die Schuhgerechtigkeit über dieses Stift an die
Ernestinische Linie, und 1549 übergab sie Karl V. zu Regen-
spurg dem Kurfürsten Moriß. Seitdem sind Prinzen des
Sächsischen Hauses zu Administratoren gewählt worden.
Johann Georg I. gab es seinem vierten Sohne, dem Herzoge Moriß, welcher anfangs zu Naumburg, nachher zu
Zeiß residirte. Sein Sohn, Moriß Wilhelm, nahm
1715 die katholische Religion an, und das Capitul erklärte
ihn des an seinen Vater 1658 ausgestellten erblichen Ca-
pitulationsscheins ohngeachtet, seiner Würde verlustig.
Nachdem er wiederum zur lutherischen Religion, besonders durch D. Frankens Bemühungen, zu Pegau zurück-
gekehret war, starb er 1718, und der König Friedrich

Au-

August II. ward, gegen Ausstellung hinlänglicher Rever-
salien, erblicher Administrator; von welcher Zeit an das
Stift, so wie Merseburg, an die Person des jedesmaligen Kurfürsten gebunden ist.

Das Stiftsterritorium liegt sehr in Zickzack und daher kann seine Größe nicht füglich bestimmt werden; es
hat aber überall den vortreflichsten Boden. Besonders
findet man Ueberfluß an Getreyde aller Art, vortrefliche
Viehzucht, Wein, Holz und Gartengewächse. Die
Stiftsregierung, Consistorium und Rentkammer sind zu
Zeitz. Es ist in drey Aemter getheilt. Das

I. ist das Amt Naumburg, welches enthält:

1) Naumburg, am Einfluß der Unstrut in die Saale
in einer vortreflichen Gegend. Die Stadt besteht
aus zwey Theilen, nämlich aus der eigentlichen
Stadt und sogenannten Freyheit. Jede derselben
hat eine sehr wohl eingerichtete lateinische Schule.
Erstere steht unter dem Rathe, und leztere unter
dem Domcapitul. Sie hält jährlich eine Messe,
welche am Tage Petri und Pauli, oder am 29. Jul.
eingelautet wird. Am 5ten Juli ist Zahltag. Leipzig, welche das Privilegium hatte: daß 15 Meilen
im Umkreise keine Messe angelegt werden sollte, hat
wegen dieser Petri und Paulsmesse, wie auch wegen
den zu Magdeburg angelegten Messen, weitläuftige
Strei-

Streitigkeiten geführt, hat aber doch der Macht
der Geistlichen weichen müssen. Wein, Wolle,
Tuch, Pferde und Federhandel sind die wichtigsten
Nahrungszweige dieser Stadt. Auch ist der hiesige
Seidenbau nicht unbeträchtlich. Die hier verfer-
tigte Stärke und Seife ist die beste im Lande. Auf
der Freyheit steht die Dom- oder die Cathedralkirche,
welche Eckhardt II. zu bauen angefangen hat. Das
älteste Denkmal in selbiger ist die Statüe des Markgrafen Eckardt I, welcher ehemals in dem jetzigen
Dorfe Großenjena an der Saale begraben lag, das
drey Viertheil Stunden von Naumburg liegt, und
damals eine Stadt war. Das Domcapitul besteht
aus 12 Capitularen und 6 Praebendatis maior. und
4 minor. Das Unter- oder Nebenstift Zeiß hat
6 bis 7 Canonicos.

a) Osterfeld, ein Städtchen, welches der Domprob-
stey in Naumburg gehört, auf einer Anhöhe mit
guten Viehmärkten. Im Amte

II. Zeiß findet man

1) Zeiß, eine Stadt an der Elster. Sie ist größtentheils an einen Berge gebauet, auf dessen Spitze
das von Moritz, Johann George I. Sohn, 1661
erbauete Schloß, Moritzburg, steht, in welchem
sich jetzt die Amtsexpedition befindet. Das Stifts-
con-

confiftorium, welches 66 Prediger unter sich hat, steht, so wie das Merseburgische, unmittelbar unter dem geheimen Concilium, und darf weder an den Kirchenrath Bericht erstatten, noch seinen Superintendenten zum Colloquium für das Oberconsistorium stellen, sondern das Domcapitul schlägt drey Subjecte vor, aus welchen das hochpreißliche geheime Concilium einen ernennet. Die Stadt hat auch ein gutes Gymnasium. Die beste Nahrung geben der Stadt ihre guten Steinbrüche, Tuchmanufakturen und Lederhandel.

Von der gefürsteten Grafschaft Henneberg.

Dem Kurhause Sachsen gehören auch fünf Zwölftheile der im fränkischen Kreise gelegenen gefürsteten Grafschaft Henneberg, welche ehedem ihre eignen, in der Geschichte sehr berühmten, Besitzer hatte. Die Grafen von Henneberg sind seit den ältesten Zeiten kaiserliche Burggrafen zu Würzburg gewesen, und endlich erbliche Schutzvoigte und Marschälle desselben geworden. Kaiser Heinrich VII. erhob endlich 1310 den Graf Berthhold von Henneberg mit

allen

allen seinen Nachkommen, in den Fürstenstabt. Als
1554, unter der Regierung Fürst Wilhelm des IV., das
Haus seinem Aussterben nahe war, so wurde zu Kahle im
Altenburgischen am 1sten Sept. eine Erbvereinigung zwi-
schen Henneberg und dem Sächsisch-Erneſtiniſchen Hauſe
errichtet, an welcher in der Folge auch die Albertiniſche
Linie, im Fall die Erneſtiniſche ausſterben ſollte, nebſt
Heſſen, Antheil nahm. 1565, nach Johann Friedrichs
Tode, nahmen ſeine beyden ältern Brüder eine Theilung
ihrer Lande vor, und es wurde auch die Hennebergſche
Anwartſchaft getheilt. Als aber bald nachher Johann
Friedrich der Mittlere, wegen der Grumbachiſchen Hän-
del, in die Acht erklärt, und dem Kurfürſten Anguſt von
Sachſen die Exekution derſelben aufgetragen wurde, ſo
gab Maximilian II. 1573 dem leztern, für aufgewandte
Kriegskoſten, nebſt andern Landen des geächteten Herzogs,
eine Anwartſchaft auf fünf Zwölftheile der gefürſteten
Grafſchaft Henneberg, welche vom 27ſten Dec. 1583, als
an welchem Tage der Hennebergſche Fürſtliche Stamm
mit Georg Ernſt verloſch, mit dem Erneſtiniſchen Antheile gemeinſchaftlich verwaltet wurde. Da aber Johann
Georg I. im Jahr 1652 ſein berühmtes Teſtament machte, und ſeinen Antheil an Henneberg zur Zeitziſchen Landesportion ſchlug, ſo theilte der erſte Herzog zu Zeiz, Moriz, mit der Erneſtiniſchen Linie durchs Loos, und bekam folgende, an Getraide, Holz, Torf, Steinkohlen,

Vieh-

Viehzucht, Silber, Kupfer und besonders Eisen ergiebige vier Aemter.

I. Schleusingen enthält:

1) Die alte fürstliche Residenzstadt Schleusingen mit einem Schlosse, an den Flüssen Schleusa und Erla. Sie ist gegenwärtig der Sitz des Oberaufseheramts, welches die Angelegenheiten des ganzen Kursächsischen Hennebergs besorgt, und nebst dem gleichfalls hier befindlichen Consistorium in Justiz und Kirchenangelegenheiten unter dem geheimen Concilium zu Dresden, in Rentsachen aber unter dem geheimen Finanzcollegium steht. Das 1571 von den lezten hennebergischen Fürsten angelegte Gymnasium gehört noch gegenwärtig allen Herzoglich sächsischen, an dieser gefürsteten Grafschaft Theilhabenden Familien gemeinschaftlich.

2) Der Wilhelmsbrunnen, ein Gesundbrunnen im Walde bey Schleusingen. Hirschbach, ein Dorf mit Eisenhämmern; und Schmidtfeld, ein Kammergut.

II. Suhla begreift:

1) Suhla einen offenen Ort, welcher über 700 Häuser hat, deren Bewohner von ihren guten Gewehr Stahl Barchent und Zwilligfabriken gute Nahrung haben.

M   2) Hein-

2) Heinrichs, ein Städtchen an der Hasel, welchem Herzog Moritz Statuten und Schöppen gegeben hat, hat Stahl= und Eisenhämmer.

III. Im Amte Kühndorf mit Bennshausen finden sich:

1) Kühndorf, ein Pfarrdorf mit Schloß und Kammergut, welches ehedem seine eigenen Besitzer hatte, hernach auch eine Commente des Johanniterordens war.

2) Schwarza, ein Pfarrdorf mit einem Schlosse und Papiermühle, gehört dem Grafen zu Stollberg-Wernigerode unter Kursächsischer Hoheit.

3) Bennshausen ein Flecken, an welchem sich sonst ein kaiserliches Halsgerichte befand, welches die peinliche Gerichtsbarkeit in der umliegenden Gegend ausübte.

IV. Vesra, ein Kammergut und Vorwerk am Flüßchen Vesra, war ehedem eine Prämonstratenser Mannsabtey, die zur Zeit der Reformation eingezogen ward. Gegenwärtig ist hier auch eine kurfürstliche Stuterey, die der kurfürstliche Stallmeister zu Merseburg mit versieht.

V. Das Kammergut und Vorwerk Rohr, liegt bey dem unter dem Amte Kühndorf belegenen Dorfe Rohr, und ist aus einem Nonnenkloster entstanden.

Von

Von der Grafschaft Stolberg.

Die Grafschaft Stolberg hat zwar gegenwärtig noch ihre eigenen Besitzer, steht aber ganz unter Kursächsischer Hoheit.

Die Grafen stammen von einem der ältesten und berühmtesten deutschen Geschlechter ab, und besitzen noch gegenwärtig einen ansehnlichen Landstrich in Thüringen: indem ihnen, außer Stolberg, auch die Grafschaft Hohnstein unter Braunschweig-Lüneburgischer, und die Grafschaft Wernigerode unter Kurbrandenburgischer Hoheit, gehören.

Der 1572 verstorbene Graf Heinrich der ältere ist der gemeinschaftliche Stammvater aller gegenwärtig noch blühenden gräflich Stolbergischen Linien. Seine Söhne, Ludwig Georg und Christoph, stifteten zwey Linien, wovon die erstere bald wieder ausstarb, die andere aber noch jezt fortdauert. Graf Christoph kann also als der nächste Stammvater der Grafen von Stolberg angesehen werden. Seine zwey Söhne, Graf Heinrich Ernst und Johann Martin, stifteten wiederum zwey Hauptlinien, die wernigerodische und stolbergische. Die wernigerodische theilte sich hierauf, durch Graf Heinrich Ernsts Enkel,

M 2

die

die Grafen Christian Ernst und Friedrich Karl, wieder in die wernigerodische und gederische; welche leztere mit ihrem Urheber 1742 in den Reichsfürstenstand erhoben ist. Die Enkel des Grafen Johann Martin, Stifters der stolbergischen Linie, Christoph Friedrich und Just Christian, theilten ihr Erbe wiederum, und stifteten, nämlich jener die stolberg-stolbergische, und dieser die stolberg-roslaische Linie, die noch blühen, und mit allen ihren Besitzungen, ob sie gleich nur zum Theil kursächsisches Lehn sind, (denn die Grafschaft Stolberg ist ein Zusammenfluß mehrerer Lehne) unter kursächsischer Hoheit stehen.

Die Grafschaft Stolberg liegt am Harze und gränzt gegen Mittag an Schwarzburg, gegen Morgen an das Amt Sangerhausen und die Grafschaft Mannsfeld, gegen Mitternacht an die Fürstenthümer Anhalt und Blankenburg, gegen Abend an die Grafschaft Hohnstein, und das nordhausische Gebiet; und beträgt in ihrer größten Länge 5, und in der größten Breite 3 geographische Meilen.

In den stolberg-stolbergischen Antheilen rechnet man 1 Stadt und 9 Dörfer; im roslaischen 15 Dörfer. Sie hat an mehrern Orten guten Ackerbau und Wiesewachs; den größten Theil aber nehmen Wälder und Berge ein, davon die leztern, außer andern Mineralien, etwas Silber und viel Kupfer geben.

Die

Die Einkünfte läßt jede Linie durch ihre besondere Kammer verwalten: beyde aber haben eine gemeinschaftliche Regierung, Bergamt und Consistorium, unter welchem die 28 Pfarren oder Kirchspiele der ganzen Grafschaft stehen, zu Stolberg.

Die Grafen sind, wegen dieser Grafschaft, Mitglieder des wetterauischen Grafencollegiums, haben auch einen eignen Sitz auf den obersächsischen Kreis= und Münz=probationstagen. Auf den kursächsischen Landtagen haben beyde Linien jede eine Stimme in der ersten Klasse der Landschaft.

Außer der Grafschaft Stolberg besitzen beyde Linien auch noch die Aemter Kelbra und Heringen in der goldnen Au mit den Fürsten von Schwarzburg gemeinschaftlich. Sie sind beyde kursächsisches Lehne und stehen, mit einigen besondern Rechten ihrer Besitzer, gleichfalls unter kursächsischer Hoheit.

Der stolberg=stolbergischen Linie gehören folgende Aemter:

I. Stolberg, welches eigentlich kurmainzisches Lehn ist: Kursachsen aber hat, vermöge des Recesses vom 5ten April 1738, die Landeshoheit über dasselbe. Der Hauptort ist Stolberg, eine Stadt mit dem gräflichen Residenzschlosse in einem tiefen schmalen Thale. Das Schloß, welches auch eine eigne Kirche hat, liegt auf

dem

dem Berge über der Stadt. Sie hat ihre beste Nahrung von Bergwerken und vortreflichen Steinbrüchen. Auch befindet sich hier eine gute lateinische Schule.

II. Das Amt Hayn begreift, nebst andern Dörfern, auch das Dorf Straßberg, welches ein gutes Silber-Kupfer- und Bleybergwerk hat.

Die stolberg-roslaische Linie besizt:

I. Das Amt Roßla, in welchem der vorzüglichste Ort das große Pfarrdorf Rosla, mit dem gräflichen Residenzschlosse, ist.

Ferner die Aemter

II. Questenberg. III. Wolfsberg. IV. Ebersburg und V. Berenroda.

Vom Markgrafthume Meisen.

Das Markgrafthum Meisen ist größtentheils in den Händen des Kurfürsten; ein kleines Stück (nämlich Altenburg) ausgenommen, welches gegenwärtig die Albertinische Linie, und zwar in derselben das Haus Sachsen-Gotha, besizt, und welches erst in dem bekannten naumburgischen Vertrage an dieselbe abgetreten wurde, weil sie auf keine andere Art zu bewegen war, ihren Ansprüchen

chen auf die Kurwürde, nach Kurfürst Morißens Tode, auf immer, so lange nämlich die Albertinische Linie nicht ausstürbe, zu entsagen. Die Besißungen der Voigte Reuß, so wie der Grafen und Herren von Schönburg, haben zwar zu dem ehemaligen Sorbenlande, aber keinesweges unter die Markgrafen von Meisen, gehört, können also auch, wie doch einige Geographen gethan, nicht zum Markgrafthume Meisen gerechnet werden, obgleich die Besißungen der leztern theils kursächsische Lehne sind, theils aber auch, ob sie gleich anderwärts zur Lehn gehen, ganz unter kursächsischer Hoheit sich befinden.

Ein Stück der Besißungen der Voigte Reuß brachte Kurfürst August 1571 durch Kauf an sich, welches in drey Aemter getheilet, und unter dem Namen des Voigtländischen Kreises dem Markgrafthume Meisen einverleibet ward. Eben das ist auch mit dem ehemaligen Hochstifte Meisen, jedoch erst durch Kurfürst Johann Georg II., geschehen.

Das ganze Markgrafthum Meisen, wie es gegenwärtig dem Kurhause gehört, ist in 4 Kreise eingetheilet, unter welchen der meisnische der erste ist.

Vom

Vom meisnischen Kreise.

Es enthält derselbe 13 Aemter, unter denen

I. Meisen das Kreisamt ist.

Es giebt in Meisen 4 Aemter, welche durch die ehe=
malige vierfache Jurisdiction hier entstanden sind.

a) Hatte der Markgraf seinen Antheil an Meisen und
den dazu gehörigen Dörfern.

b) Der Burggraf.

c) Der Bischof, und

d) der Probst zu S. Afra.

1) Zum Erb= und Kreisamte Meisen gehören gegen=
wärtig:

a) Die Stadt Meisen an der Elbe und den Bächen
Triebisch und Meise, von welchem leztern sie den
Namen hat. Ihre Entstehung hat sie dem großen
Könige, Heinrich dem ersten, zu danken, welcher
im Jahr 922 einen mit Wald bewachsenen Berg
abräumen und ein festes Schloß auf selbigem anle=
gen ließ, dessen Besatzung bestimmt war, die Ein=
fälle der angränzenden, noch nicht überwundenen
Milzener Slaven, die jenseit der Elbe wohnten und
den größten Theil der heutigen Oberlausitz inne hat=
ten,

ten, abzuhalten. Nach und nach baueten viele
Menschen, die zu Befriedigung der Bedürfnisse dieser Besatzung nöthig waren, am Fuße des Berges
ihre Wohnungen auf, aus welchen in der Folge die
heutige Stadt entstanden ist. Meisen ist in der
alten Geschichte dieser Gegeud der merkwürdigste
Ort. Das alte Schloß, wovon jezt nur noch der
mittelste oder markgräfliche Theil stehet, war vermuthlich nach und nach erbauet worden. Der vor-
derste Theil gehörte dem Burggrafen, und der hin-
terste dem Bischoffe. Johann Georg II. ließ diesen alten Ueberrest des auf einem Berge belegenen
Schlosses, das den Namen Albrechtsburg führet,
erweitern; und seit 1710 befindet sich die berühmte
Porcellanfabrik auf demselben.

Mit dem Schloßberge ist, vermittelst einer
steinernen Brücke, der Afraberg verbunden, auf welchem ehehin ein Benediktinerkloster gestanden, das
aber vom Kurfürsten Moritz 1543 in eine Fürstenschule
verwandelt worden, in welcher, von den Einkünften
des Klosters, anfangs 80, jezt aber 121 Schüler
freien Unterricht und Unterhalt genießen. Auf dem
Schloßberge stehet auch die Dom- oder Stiftskirche,
welche Otto der Große erbauet und Herzog Heinrich der Fromme 1539 zum evangelischen Gottesdienste geweihet hat. In dieser Kirche war auch

die Capella Ducum, die Kurfürst Friedrich der Streitbare angelegt hat, und in welcher seine Nachkommen bis 1539 begraben liegen. In diesem Jahre aber ließ Herzog Heinrich der Fromme die Gruft zu Freyberg anlegen, in welcher alle seine Nachkommen, oder alle Kurfürsten und Herzoge zu Sachsen, aus der albertinischen Linie, so lange begraben wurden, bis dieses Haus die katholische Religion annahm, und die Gruft in Dresden angelegt ward.

Kurfürst Moritz stiftete 1545 hier auch ein Consistorium, welches aber 1580 vom Kurfürsten August nach Dresden verlegt ward, wo es sich noch befindet, und seit 1606 mit dem Kirchenrathe vereinbart ist.

Endlich war auch in Meißen ein Thurm merkwürdig, der den Namen des rothen Thurms führte, unter welchem jährlich einige Sitzungen desjenigen Gerichts gehalten wurden, unter welchem 20 vom Abte zu Heresfeld zu Lehn gehende Dörfer stunden, und bey welchem der Burggraf präsidirte, der Markgraf, Amtmann oder Voigt aber, nebst drey Edelleuten, drey Bürgern und drey Bauern, Beisitzer waren.

Die hiesige Porcellanfabrik ist 1710 von dem nachher baronisirten Apotheker Bötticher, der aus

Schleiß

Schleiß im Voigtlande gebürtig war, angelegt worden. Er war der erste, welcher 1702 unter den
Europäern die wichtige Kunst, Porcellan zu verfertigen, erfand, und 1706 auf der sogenannten Jung-
fer in Dresden das erste bereitete. Bis 1730 machte
man nur braunes, in der Folge aber besonders weis-
ses. Der Flöß der Porcellanerde ist bey dem Bergstädtchen Aue im Kreisamte Schwarzenberg. Die
Fabrik verschafft beynahe 1000 Menschen Unterhalt.
Der vorzüglichste auswärtige Absaß ist nach Kur-
land, Pohlen und in die Türkey. Meisen hat auch
eine gute Tuchmanufaktur, und in ihrer Gegend
sehr guten Weinbau. Die hiesige künstliche hölzerne
Brücke über die Elbe ist zwar 1757 von den Preus-
sen abgebrannt, aber schon 1764 wieder aufgebauet
und am 24sten August dieses Jahres eingeweihet
worden.

b) Lommaßsch, im gemeinen Leben Lumßsch, eine kleine Stadt an der Jahne. Sie ist eine der ältesten,
wo nicht die alleerälteste Stadt des Landes, und der
Slaven ihr berühmtes Glamaßi. Sie hat jezt einen
guten Federmarkt, welcher am 29sten Nov. gehalten wird.

c) Riesa, an der Elbe, ein, aus einem Benediktinerkloster entstandenes Rittergut mit einem kleinen
Städtchen.

d) Schar-

d) Scharfenberg, ein Bergschloß mit Rittergute zwischen Meisen und Dresden an der Elbe. Markgraf Heinrich der Erlauchte hielt sich hier sehr gerne auf; auch wurde hier das erste Silberbergwerk entdeckt, welches sehr ansehnlich war.

2) Das zweyte Amt in Meisen ist das Procuraturamt, welches aus 35 Dörfern besteht. Es ist selbiges zur Zeit der Reformation aus denenjenigen Dörfern entstanden, welche in der Gegend von Meisen dem Domcapitel gehörten. Einige Einkünfte aus diesem Amte sind zu den Revenüen der Domherrn geschlagen, und die übrigen dienen zu Stipendiis für Studenten zu Wittenberg und Leipzig. Der Amtmann hängt daher zugleich von dem Kirchenrathe zu Dresden ab.

Kesselsdorf ist unter den, zu diesem Amte gehörigen, Dörfern am merkwürdigsten geworden, denn bey selbigen rissen 1745 die Preußen den von den Sachsen schon erfochtenen Sieg leztern aus den Händen. 1760 ward das ganze Dorf von den Preußen, zu Befestigung ihres Lagers, niedergerissen.

3) Das Schulamt Meisen besteht aus 42 Dörfern, welche ehemals dem Kloster St. Afra gehörten, nun aber den Unterhalt der Fürstenschule liefern.

4) Zum Stiftamte Meisen gehören 27 Dörfer, und steht dem Domcapitel zu, welches es durch einen Syndikus verwalten läßt.

II. Das

II. Das Amt Dresden, dessen Amtmann den Titel eines Oberamtmanns führt, enthält:

1) Dresden, eine der prächtigsten Städte Deutschlands und reichsten Europens, die Hauptstadt des gesammten Landes und die kurfürstliche Residenz, welche auf den Landtagen unter den vorsitzenden Städten den dritten Platz behauptet. Sie liegt an beyden Seiten des Elbstrohmes und des Flusses Weißeritz, und besteht eigentlich aus drey Städten, nämlich: Altdresden, welches nach der Verordnung König August II. Neustadt heißt; aus Neudresden, oder der eigentlichen Residenz, und aus Friedrichstadt. Seinen Namen hat es am wahrscheinlichsten von dem Worte Dresen, welches im Wendischen eine Fähre oder Ueberfahrt bedeutet.

Neustadt ist ohnstreitig zuerst, und zwar von den Wenden angebauet worden. Im Jahre 1020 aber trat die Elbe so weit aus ihren Ufern, daß mehrere Hütten niederstürzten, deren Bewohner sich nun an der Abendseite des Flusses, auf dem sogenannten Taschenberge, anbaueten, wodurch die jetzige Residenz entstand. Markgraf Otto der Reiche hatte ein Schloß zu Dresden, und sein Enkel, Heinrich der Erlauchte, residirte in den lezten Jahren seines Lebens gemeiniglich hier. Er hatte aber

diese

dieſe Stadt mit ihrem Diſtricte ſeinem lezten Sohne, Friedrich dem Kleinen, gegeben, durch welchen ſie an die Markgrafen von Brandenburg verpfändet, aber von Friedrich dem Freudigen 1319
wiederum abgelöſet ward. Von dieſer Zeit an wurde Dresden täglich verſchönert, bis Herzog Albrecht
der Beherzte, welcher Dresden zuerſt zum feſten
Sitze der Herzoge zu Sachſen, Albertiniſcher Linie,
machte, den Grund zu ihrem gegenwärtigen Glanze
legte, zu dem in der Folge die Kurfürſten Auguſt
und Johann George III., und König Friedrich
Auguſt II. am allermehrſten beygetragen haben.
Dieſe brey Städte enthalten mit allen Vorſtädten
2450 Häuſer, deren jedoch noch einige unter dem
Schutte liegen, in welchen ſie im Bombardement
1760 vergraben wurden. Die Reſidenz hat 823,
ihre brey Vorſtädte 1171; Neuſtadt 248, Fried-
brichſtadt 171, und das ſogenannte Italieniſche
Dörfchen 37 Häuſer; unter welchen ſehr viele prächtige Paläſte ſich befinden. Dresden hat 18 Kirchen, worunter 13 Lutheriſche, unter welchen die
bald vollendete Haupt- oder Kreuz- und die Frauen-
kirche die vornehmſten und ſchönſten ſind.

a) Die Reſidenz oder Neudresden hat die mehreſten
und ſchönſten Palläſte, unter welchen das, zwar
von außen nicht ſehr ſchöne Reſidenzſchloß des Kurfürſten

fürsten, wegen seiner innern Pracht und geschmack-
vollen Einrichtung der Zimmer, eines der ersten
Schlösser Deutschlands ist. Es befindet sich in
demselben das berühmte grüne Gewölbe, wo in acht
Zimmern Kostbarkeiten aufbewahret werden, die
man in der ganzen Welt so vollständig und schön,
als hier, nicht mehr findet.

Mit dem Schlosse hängt der vom Kurfürsten
Christian I. 1586 erbauete kurfürstliche Stall zusammen, auf welchem die beynahe 2000 Stück enthal-
tende, vom Könige August III. besonders vervoll-
kommete, unschätzbare Bildergallerie sich befindet,
und welcher mit den Gebäuden der Rüstkammer,
deren in 36 Zimmern aufbewahrte Schätze man
auch Millionen werth achtet, zusammenhängt. Die
prächtige katholische Hofkapelle, ein wahres Mei-
sterstück der Baukunst, ist 1739 zu bauen angefangen, und 1751 am 29sten Jun. eingeweihet worden.
Der Zwinger ist 1711, eigentlich zur Orangerie, angelegt worden. In den Gebäuden desselben, an
deren Ausbesserung und Verschönerung man jezt
eifrig arbeitet, sind die Kunstkammer, Naturalien-
kammer, verschiedene Kammern mit chirurgischen
und mathematischen Instrumenten, mit Kupfer-
stichsammlungen, und bis 1786 auch mit der gros-
sen kurfürstlichen Bibliothek. Das große, prächtige,

fige, jezt aber verſchloſſene Opernhaus iſt 1718, das
kleinere, welches weniger Anſehen hat, 1764 er=
bauet. Das Landhaus iſt 1774, auf des Landes
Koſten, erbauet worden. Das Zeughaus ward
zuerſt 1559 erbauet, öfters verändert und 1759 er=
neuert.

Die große, ſchöne, ſteinerne Elbbrücke iſt, wie
ſie jezt daſteht, von 1727 bis 1731 erbauet worden.
Die erſte Brücke war hölzern und vermuthlich von
den Burggrafen zu Dohna angelegt worden. Hein=
rich der Erlauchte bauete ſie ſteinern, und ſie be=
ſtand aus 24 Pfeilern, die bis an das heutige Geor=
genthor reichten. Kurfürſt Moritz ließ ſie bis auf
19 Pfeiler verſchütten, und Auguſt III. ließ ihrer
noch zwey abbrechen, ſo daß ſie jezt nur 17 hat, und
552 Schritte lang iſt. Sie verbindet die Reſi=
denz mit

b) Neuſtadt, welches bis zu König Auguſt II. Zeiten
in geringem Zuſtande war, aus welchem ſie ſich,
wegen der öftern Brände und feindlichen Verwü=
ſtungen in Kriegszeiten, ſeit den älteſten Zeiten nicht
empor ſchwingen können. Am Markte ſtehet die
getriebene und vergoldete Statüe Auguſt II. auf
einem ſteinernen vierecfigten Poſtamente 1735 errich=
tet. Das Holländiſch = Japaniſche Palais ward 1715
vom Grafen Flemming erbauet, dem es Auguſt II.
für

für 66666 Thlr. 16 Gr. abkaufte, es größtentheils abtragen, und wie es jezt ist, einrichten ließ. Die ungeheure Pracht, die in demselben herrschte, gieng durch den Krieg verlohren, und lange stand es leer; bis endlich die unermeßlichen Schätze des an in- und ausländischen, besonders japanischen Stücken, so reichen Porcellangewölbes, das kostbare Antiken- wie auch das Münzkabinet, die vortrefliche, in zwey Etagen aufgestellte, über 132000 Bände fassende, noch täglich wachsende Bibliothek, die ihre vortref- liche Ordnung größtentheils dem gelehrten Herrn Bibliothekar Daßdorf zu danken hat, in demselben aufgestellet ward *). Unter den vielen in Dresden befindlichen Privatbibliotheken ist die des Herrn Ge- heimen Kriegsraths von Ponikau, eines unserer er- sten Patrioten, welche vorzüglich einen unschäzba- ren Vorrath zu unserer Vaterlandsgeschichte enthält, die allervorzüglichste.

Die Ritterakademie oder Kadettenhaus ist 1725 erbauet, worin eine, von Ihro Kurfürstliche Durchlaucht selbst abhängende, Zahl junger von Adel,

---

*) Es ist auch die äußerliche Reparatur dieses Gebäudes in diesem Jahre völlig zu Stande gekommen, und über den Eingange mit stark vergoldeten Buchstaben die Inschrift an- gebracht:

Museum vsui publico patens.

Adel, in militairiſchen und ſchönen Wiſſenſchaften, unterrichtet werden. Die Kaſernen, (ein vortrefliches Gebäude) ſtehen ſeit 1732.

Ueber die Weiſeriß kömmt man, vermittelſt einer ſteinernen, 66 Schritt langen, ſchon im 16ten Jahrhunderte erbaueten, Brücke nach

c) Friedrichſtadt oder Neuſtadt Oſtra. Kurfürſt Auguſt kaufte es 1559, und verwandelte daſſelbe in ein Küchenguth *). Kurfürſt Johann Georg II. gab ihm 1670 Stadtrecht und den Namen Neuſtadt Oſtra. König Friedrich Auguſt II. verſchönerte es und legte ihm ſeinen jetzigen Namen Friedrich= ſtadt bey.

Dresden hat überdem ſchöne Gärten, unter welchen der ſogenannte große, von Johann Georg den II. angelegte, und von König Auguſt den II. erweiterte und verſchönerte, mit vielen prächtigen Gebäuden gezierte, über eine Stunde im Umfange haltende Garten vor dem pirnaiſchen Schlage; der Prinz Antoniſche; der Prinz Maximilianiſche (beyde mit ſchönen Palläſten); der Palaisgarten; der

Mos=

*) Es beſtehet ſelbiges noch unter dem Namen des Vorwerks Oſtra. Schon Anna, Auguſts Gemahlin, ließ holländiſches Rindvieh für ſelbiges kommen, welches aber gegenwärtig mit ſchweitzeriſchem vertauſcht iſt.

Moszschinskysche und der Marcolinische in Friedrichstadt die vorzüglichsten sind.

Auch ist diese Stadt der Sitz der Höchsten
und Hohen Landeskollegien, als: des geheimen Ca-
binets, des geheimen Consiliums, des geheimen Fi-
nanzcollegiums, des geheimen Kriegsrathscolle-
giums, der Landesregierung und des Appellations-
gerichts, des Obersteuerkollegiums, des Kirchen-
raths und Oberconsistoriums u. s. f.

Erziehungs = und Lehranstalten giebt es in
Dresden mehr als an irgend einem andern Orte des
Landes. Die Kadettenschule, die Ingenieursschule,
die Artillerieschule ziehen die geschicktesten Krieger.
Die Kreuz= Neustädter= und Annenschulen unterrichten in den höhern Wissenschaften. Die Friedrich-
städterschule, viele Rathsarmenschulen, die 1772
eröfnete, vortrefflich eingerichtete Erziehungsanstalt
der Freymaurer, wo Kinder, beyderley Geschlechts,
in den zum glücklichen Leben nöthigen Dingen Unterricht erhalten, und gekleidet und gespeist werden,
und die Real= und Armenschule sind in Friedrichstadt.

Ein Waisenhaus, Lazareth, viele Hospitäler
und Armenstifter für Lutheraner und Katholiken,
sind die Zuflucht der Armen, Kranken und Alten.
Auch ist ein Findelhaus hier.

　　　　　　Fer-

Ferner blühen in Dresden Künste und Manufakturen. Die von dem unvergeßlichen Kurfürsten Christian III. gestiftete Akademie der Künste hat, seit ihrer Entstehung, die größten Männer in allen Theilen der Kunst gezogen. Die hiesigen Fabriken liefern sehr feines Tuch, Sarsche, Rasche, Strümpfe, Zeuge, Tapeten, Stickereyen, Gold- und Silberarbeiten u. s. w. Die Pulvermühle an der Weiseritz ist vom Kurfürst August 1576 erbauet. 1638, 1640, und 1775 entzündete sich, durch Verwahrlosung, das Pulver, und verschiedene Menschen kamen dabey um. Es giebt auch allhier eine Papier- Schleif- und Poliermühle. Die ehemals hier erbauete Glashütte ist, nachdem sie 1723 abbrannte, in eine Patientenburg verwandelt worden.

Die Jurisdiction über Dresden und Neustadt hat der combinirte Stadtrath, und über Friedrichstadt, wie auch einige in der Stadt gelegene Häuser und mehrere Dörfer, das hiesige Amt. Unter dem Rathe stehen auch folgende Aemter:

a) Das Brückenamt, zu welchen 4 ganze Dörfer und 5 zum Theil, nebst der Obergerichtsbarkeit über die Brücke, gehören. Der Rath verwaltet die Einkünfte dieses Amts für die Kirche zum heiligen Kreuz.

b) Das

b) Das Hospitalamt, unter welchem ein Hospital, worinnen 23 arme Bürgerwittwen erhalten werden, nebst einigen Dörfern stehet.

c) Das Religionsamt, welches zur Zeit der Reformation aus den Einkünften der auf den Altären in hiesigen Kirchen gestifteten Messen gemacht worden ist.

d) Zum Leibnißer Amte gehören die dem Rathe vom Kurfürsten Moriß, zur Zeit der Reformation, vom Kloster Altenzell vererbten 8 Dörfer *).

2) Plauen, ein Pfarrdorf, eine halbe Stunde von Dresden, bey welchem sich das berühmte enge, von der Weiseriß, über die hier eine sehr schöne steinerne Brücke führt, durchströmte Thal anfängt, welches von ihm der plauische Grund heißt. Dieses Thal wird bey Potschappel breiter, und enthält von hier bis nach Keßelsdorf ein Steinkohlenflöz, welches ohngefähr ¾ Meilen lang und ¼ Meile breit ist.

3) Pillniß, ein kurfürstliches Lustschloß und Kammergut, liegt in einer reizenden Gegend an der Elbe, zwey Stunden von Dresden. Das dasige alte Lustschloß ließ König August II. erneuern und erweitern, mit

N 3   präch-

---

*) Man sehe die schöne Beschreibung von Dresden, welche uns der fleißige und geschickte Herr Hasche in 2 Bänden geliefert hat.

prächtig meublirten Zimmern versehen, und 1725
30 in zwo Reihen stehende Häuser darneben anlegen,
die Quartiere für die kurfürstliche Dienerschaft abge-
ben, und das französische Dorf heißen.   Gegenwärtig hält sich der Hof den Sommer über allezeit
so lange hier auf, als es die Witterung nur einiger-
maßen gestattet.   Es liegt dieses schöne Schloß unter dem höchsten Theile des auf der Morgenseite der
Elbe sich hinziehenden Gebürges, welcher der Pors-
berg genannt wird, und von welchem aus man eine
Aussicht genießet, deren Ende das beste Auge, un-
bewafnet, nicht erreichen kann.   Von dem Schloß-
hofe an bis zu seinem Gipfel sind Stufen, und auf
einem in der Mitte hervorragenden Absatze ein Gebäude in altem gothaischen Geschmacke angelegt,
welches inwendig einen schönen Saal hat.

4) Willsdruf, ist ein sehr altes, den von Schönberg
schon seit 1442 gehöriges Städtchen mit einem Rittergute.

III. Das Amt Dippoldswalda begreift:

1) Die kleine amtsäßige Stadt Dippoldswalda an der
Weiserik.   Sie ist eine der ältesten Städte in Meisen, und schon im 12ten Jahrhundert den Markgrafen in Meisen zuständig gewesen.   Man bricht
gegenwärtig in ihrer Gegend gute Mühl- und
Schleifsteine.

2) Ra-

2) Rabenau, ein kleines Städtchen, ehemals eine eigne Herrschaft; kam im Jahr 1300 an die Burggrafen zu Dohna, und 1401 an die Markgrafen zu Meisen.

IV. Das Amt Pirna, eine schriftsäßige Stadt an der Elbe. In den ältesten Zeiten hat sie zu Böhmen, darauf den Bischöffen zu Meisen gehört; ist aber wiederum an Böhmen gekommen, und im 13ten Jahrhundert durch die Vermählung Markgrafen Heinrich des Erlauchten mit Agnes, einer böhmischen Prinzessin, an die Markgrafen gebracht worden. Eben dieser Markgraf ertheilte ihr die Stapelgerechtigkeit über diejenigen Waaren, welche aus Böhmen nach Dresden, und umgekehrt, geführt werden. Die vorzüglichste Nahrung der Stadt bestehet in den Handel mit Holz, Steinen und Getraide.

Die Steinbrüche, aus welchen beinahe ganz Dresden und alle umliegende große Gebäude erbauet sind, liegen jenseit der Elbe, sind einige Meilen lang, liefern aber nicht alle Steine von einerley Güte.

Bey dem Dorfe Cotta wird der allerfeinste, zur Bildhauerarbeit geschickteste, Stein gebrochen.

Sonnenstein, eine hohe Bergfestung, zwischen welcher und der Festung Königstein sich die 17500 Mann starke sächsische Armee gelagert hatte, und

genö-

genöthiget ward, sich, weil die kaiserlichen Hülfs-
truppen ausblieben, den Preußen zu ergeben. Die
Festungswerke auf Sonnenstein wurden hierauf von
den Preußen geschleift.

2) Königstein, ein kleines an der Elbe, unmittelbar
unter der Bergvestung dieses Namens, gelegenes
Städtchen.

Die berühmte Bergvestung Königstein gehörte
in den ältesten Zeiten zu Böhmen, war aber hierauf an die Bischöffe von Meisen gekommen, und
die Könige von Böhmen bekennen ums Jahr 1300
selbst: daß sie selbige von den Bischöffen zu Meisen
zur Lehn tragen. Hierauf hatten sie die Burggrafen zu Dohna erhalten, und 1401 kam sie, mit
den übrigen Besitzungen dieser Herren, an die Markgrafen von Meisen. 1425 wurde das feste Schloß
durch die Hussiten verwüstet, und hierauf ward die
Nutzung des Felsen Privatpersonen überlassen. George der Bärtige nahm den Felsen selbst wiederum
in Besitz, und bauete ein Mönchskloster, Cölesti-
nerordens, auf demselben, welches aber zur Zeit
der Reformation von den Mönchen verlassen ward.
Kurfürst Christian I. fieng an den Felsen zu beve-
stigen, und die von ihm angelegten Werke sind nach
und nach, und noch unter der gegenwärtigen Regierung, sehr vervollkommnet wurden. Diese Vestung
ist

ist, nach dem Urtheile der Kenner, weder durch Sturm noch Hunger, noch auch durch Unterminiren zu erobern. Sie kann weder von unten, noch von dem in der Nähe gelegenen Felsen, Lilienstein, beschossen werden. Der Berg ist fast auf allen Seiten ganz steil und wie abgehauen, wo er aber nicht ganz steil ist, da stehen dreyfache Kanonen übereinander. Der 900 dresdner Ellen tiefe durch den Felsen gehauene Brunnen, hält immer 18 Ellen Wasserstand, auch sind Cisternen angelegt, in welchen das Regen= und Schneewasser gesammelt wird. Ferner ist ein Wald, Obstbäume, Gartengewächse, Wiesen und zum Ackerbaue bequemes Land vorhanden. Sie hat große Vorrathshäuser, in welche theils Kriegsammunition, theils Korn, Mehl, Wein, Bier und andere Nothwendigkeiten auf viele Jahre beständig sich befinden. Der vorzüglichste Nutzen, den sie leistet, ist, daß die Kostbarkeiten des Landes dahin in sichere Verwahrung gebracht werden. Sie hat beständig eine Besatzung und einen Commendanten; es darf aber ohne einen ausdrücklichen Erlaubnißschein des Gouverneurs in Dresden, als Obercommendanten dieser Vestung, dieselbe keinen Fremden gezeigt werden.

3) Dohna, sonst Donya, Danin, eine kleine offene Stadt an der Müglitz, größtentheils auf einem

Ver-

Berge. Auf dem so genannten Schloßberge siehet man noch einige Spuren von dem alten Stamm-schlosse der berühmten Burggrafen zu Dohna. Das hiesige am Markte gelegene schriftsäßige Hospital hat das Recht, Deputirte auf den Landtag zu schicken.

4) Gottleube und Berggieshübel, beyde kleine Berg-städtchen. Bey lezterm ist ein Sauerbrunnen und warmes Bad und in ihrer Gegend bricht man weißen und grauen Marmor. Vorzüglicher aber sind die Marmorbrüche bey dem Pfarrdorfe und Rittergute

5) Maxen, bey welchem 1759 ein preußisches Corps von den Oesterreichern geschlagen und ganz zu Kriegsgefangenen gemacht wurde. Gleich unter Maxen liegt an den sogenannten Forellenbache das Dorf

6) Lungewiß mit, aus einem Rittergute entstandenen, Stifte für Prediger- und andere Wittwen bürgerli-chen Standes, in welchem die Wittwen, außer freyer Wohnung und Holz, jährlich 50 Reichstha-ler erhalten.

7) Bärenstein, ein Schloß mit einem kleinen Städt-chen an der Mügliß; von Peter von Bärenstein 1495 angelegt.

8) Lauen-

8) Lauenstein ist noch jezt eine eigene schriftsäßige Herrschaft, seit 1521 der alten Familie von Bünau gehörig, und enthält:

a) Lauenstein, ein Städtchen mit einem Schlosse,
gehört dem Herrn Geheimen Rath Rudolph von
Bünau, kursächsischen Gesandten an den drey
geistlichen Kurhöfen.

b) Neugeysing, ein Städtchen mit einem gleichfalls ganz unter diesem Herrn stehenden Berg-
amte und Schmelzhütte, wird größtentheils von
Bergleuten bewohnt.

c) Das halbe Dorf Zinnewalde. Die andere
Hälfte ist böhmisch. Es hat hier ein Zinnbergwerk gleiches Namens, welches nächst Altenberg
das reichste und beste im Lande ist. Die Zinngruben findet man nirgends so schön als hier.
Die sächsische Hälfte gehört ganz dem Herrn von
Bünau auf Lauenstein.

d) Die Dörfer Fürstenau, Gotterau, Löwenhayn,
Fürstenwalde, Oelsan nebst einigen andern
Dörfern.

V. Das Amt Hohnstein mit Lohmen bestehet aus den
zwey Aemtern, welche Kurfürst Moritz im Jahr 1543
von den Grafen Friedrich und Caspar von Schönburg,
gegen die Herrschaft Penig und das Haus und Gut
Zschillen, eintauschte, und enthält:

1) Hohn-

1) Hohnstein, ein Städtchen mit einem Schloße. Die beste Nahrung hat der Ort von Linnenweberey. Die hiesige kurfürstliche Spanische Schäferey nahm 1765 ihren Anfang, und 1769 ward hier die Anstalt getroffen: daß jährlich 6 Schäferbursche zu guten Schäfern gebildet werden.

2) Neustadt und Sebniß, beyde amtsäßige Städtchen, welche schon im 16ten Jahrhundert blühende Linnenwebereyen hatten, und noch jezt davon ihre beste Nahrung ziehen. Lezteres hat überdem sehr gute Seidenzwilligmanufakturen, bey dessen Verfertigung man sich immer die besten und geschmackvollesten Muster wählt. Der Absaß ist ungemein stark, da man ihn häufig zu Westen, Schlafröcken und Sommerkleidern trägt.

3) Schandau, ein Amtsäßiges Städtchen an der Elbe, auf welcher die Einwohner Handel mit Korn, Holz und Steinen treiben, die übrigen ernähren sich vom Spinnen und Weben.

4) Lohmen, ein schriftsäßiger Flecken, ehehin einer adelichen böhmischen Familie dieses Namens gehörig, welche aber, Räubereyen wegen, von dem Markgrafen verjagt und ihre Besißungen Meisnischen von Adel verliehen wurden. Gegenwärtig ist es ein kurfürstliches Kammergut.

VI. Im

A. Im Amte Stolpen findet sich

1) Stolpen, ein Städtchen, bey welchem ehemals ein festes Bergschloß stand, dessen Vestungswerke die Preußen 1756 demolirten, und welches in der Folge ganz abgetragen wurde. Die Stadt gehörte bis 1559 mit ihrem Zubehör, dem Hochstifte Meissen, in gedachtem Jahre aber tauschte sie Kurfürst August gegen Mühlberg und einige andere Orte ein. Der hohe Berg, auf welchem das Schloß stand, bestehet, nebst einigen umliegenden kleinen Bergen, aus Basaltsäulen, von welchem Steine auch das Schloß erbauet war. Es ist dieser Stein sehr hart, und wird zu Probier- und Schlagsteinen für die Goldschläger und Buchbinder gebraucht. Auch ist hier eine Spanische Schäferey.

2) Bischofswerda, eine kleine Stadt auf der Straße von Dresden nach Bautzen, welche mit weißem Garne guten Handel treibt. 1076 ward sie vom Bischoffe Benno zu einer Stadt gemacht, und 1529 erhielt sie das ius nundinarum.

3) Neusalze, ein Flecken, welchem ein gewisser Hiob von Salze 1673 für die vertriebenen Ungarn und Böhmen auf Oberlausitzischem Grunde und Boden anlegte.

4) Gö-

4) Göben, ein Pfarrdorf, deſſen Kirche, da ſie ſchon 1076 erbauet ward, eine der älteſten in hieſiger Gegend iſt.

VII. Das Amt Radeberg mit Lausnitz hat

1) Radeberg, eine kleine Stadt mit einem außer der Stadt belegenen baufälligen Schloſſe an dem Flüß-chen Röder, in einer ſehr angenehmen Gegend. Die Poſamentirer machen die ſtärkſte Innung aus. Eine halbe Stunde davon liegt der 1717 entdeckte Auguſtusbrunnen, deſſen Waſſer zum Trinken und Baden gebraucht wird.

2) Laußnitz, ein Dorf mit einem kurfürſtlichen Vor-werke und einem, von Johann Georg I. erbaueten, Jagdhauſe.

VIII. Das Amt Hayn mit Moritzburg enthält:

1) Moritzburg, ein kurfürſtliches Luſtſchloß in einem Walde 2 Stunden von Dresden. Kurfürſt Mo-ritz legte es 1542 an, Johann Georg II. bauete 1661 eine Capelle, welche 1720 von König Auguſt II., der das Schloß ſehr verſchönerte, zum katholiſchen Gottesdienſte geweihet ward. Der jetzige Kurfürſt hat einen ſehr ſchönen Pavillon auf der Nordoſtſeite des Schloſſes erbauen laſſen. Es giebt auch große und fiſchreiche Teiche, und eine ſchöne Menagerie hieſelbſt.

2) Gro-

2) Großenhayn, sonst bloß Hayn, eine alte, nach dem großen Brande 1744 sehr regelmäßig aufgebauete, Stadt an der Röder, hatte ehemals ein Schloß, welches aber 1540 schon abgebrannt ist. Man verfertiget hier Tücher, Strümpfe und Handschuhe; bey der guten Wollenfärberey hat man die schöne blaue und grüne Farbe erfunden, welche im Auslande unter dem Namen der Sächsischen bekannt und berühmt ist. Es befindet sich auch), nebst der großen Fregischen Cattunfabrik, eine gute Wollenfabrik daselbst.

Ehemals gehörte die Stadt den Königen in Böhmen, welche einen Voigt in derselben bestellten.

3) Ortrand, eine kleine Stadt an der Pulsniß, hatte ehedem ein Schloß und besonderes Amt.

4) Elsterwerda, ein Städtchen mit einem Schlosse und kurfürstlichen Kammergute. Das Schloß ist gegenwärtig der Sommeraufenthalt Sr. Königl. Hoheit des Herzogs Karl, von dessen Hofhaltung die hiesigen Einwohner ihren vorzüglichsten Unterhalt genießen. In der Gegend der Stadt giebt es Auerhähne.

5) Radeburg und Zabeltiß, ersteres ein Städtchen mit einem Schlosse; lezteres ein Pfarrdorf, gleichfalls mit einem Schlosse, welches Ihro Königl. Hoheit die

die Prinzeßin Elisabeth den Sommer über zu bewohnen pflegen.

6) Zeithain, ein Pfarrdorf, in welchem bey dem großen vom König August II. 1730 hier angestellten Campement, das 5 Millionen gekostet haben soll, das Hauptquartier war. Noch siehet man 6 große Pyramiden auf dem Plaße, wo das Lager gestanden hat.

IX. Das Amt Senftenberg, gehörte ehehin zur Niederlausiß und war denen von Polenz zuständig. Kurfürst Friedrich kaufte es 1446 und schlug es zum Markgrafthume Meisen.

1) Senftenberg, eine kleine Stadt mit einem von Wällen umgebenen Schlosse. Bey derselben liegt

2) Friedrichsthal, eine vom König August angelegte wichtige Spiegelfabrik. Die Spiegel werden theils gegossen theils geblasen, und können bis zu 4 Ellen hoch und 2¼ Elle breit gefertiget werden; doch geschiehet dieses bloß, wenn es bestellet wird. Die Niederlage ist zu Dresden, wo sie auch polirt werden. Seit einiger Zeit beziehet sie auch die leipziger Messe.

X. Das Amt Finsterwalde, begreift nur das Städtchen Finsterwalde in der Niederlausiß mit einem Schlosse und einigen Dörfern. Kurfürst Johann Georg I. kauf-

kaufte es 1625 von denen von Dieskau, und schlug es in der großen Theilung zur merseburgischen Landesportion.

XI. Das Amt Mühlberg hat

1) Mühlberg, eine Stadt an der Elbe mit einem alten Schloße. Sie machte ehedem mit ihrem Bezirke eine eigne Herrschaft aus, welche die alten Herren Birk von der Duba 1443 an sich kauften, da sie vorher Hohnstein mit Lohmen besessen hatten. 1520 fiel sie mit 19 dazu gehörigen Dörfern an Herzog Georg den Reichen, und Kurfürst August vertauschte sie in der Folge gegen Stolpen, an den meisnischen Bischof.

2) Cosdorf, ein Pfarrdorf, bey welchem die Preußen 1760 von den Oesterreichern geschlagen wurden.

XII. Das Amt Torgau enthält:

1) Torgau, eine alte Stadt an der Elbe, über welche hier eine hölzerne bedeckte Brücke führet. Die Stadt war schon unter den Slaven ein Marktplatz. Man hat lange fälschlich geglaubt, sie sey sonst eine Grafschaft gewesen. Bey der Stadt liegt auf einem Felsen das Schloß Hartenfels, welches öfters der Wohnsitz der Kurfürsten von Sachsen, Ernestinischer Linie, und noch zuletzt des Administrator Friedrich Wilhelms von 1591 bis 1601 gewesen, und auf welchem 1772 ein Zucht- und Arbeitshaus für 500

O   Arme,

Arme, Wahnsinnige und Verbrecher angelegt iſt,
nachdem ſchon vorher ſeit 1730 eine ſolche Anſtalt
für 200 Perſonen hier geweſen war. In dem Felſen, auf welchem das Schloß ſtehet, ſind zweifach
über einander Keller gehauen, die mit kurfürſtlichen
Weinen reichlich angefüllt ſind. Die Stadt iſt auch
in der Reformationsgeſchichte merkwürdig, indem
1530 dem Kurfürſten Johann dem Beſtändigen hier
die 17 ſogenannten Torgauiſchen Artikel übergeben
und 1576 die Torgiſche Schrift verfertiget worden,
aus welcher im folgenden Jahre, durch Kurfürſt
Auguſts Bemühungen, zu Bergen die Concordien-
formel gemacht wurde, auf welches Buch dieſer
Kurfürſt 80,000 fl. verwendet haben ſoll. Es ſind
hier verſchiedene Landtage gehalten worden, unter
welchen der von 1628 der wichtigſte iſt. Sie hat
auch gute Tuchmanufakturen. Die Viehzucht, der
Ackerbau und die Waldungen ſind hier ſo anſehnlich,
wie die großen, von Fiſchen, beſonders ſehr ſchmack-
haften Karpfen, vollen Teiche. Ohnweit der Stadt
ſchlugen die Preußen 1760 bey den Dörfern, Zin-
na, Neiden und Siptiß ein kaiſerliches Heer.

2) Belgern, eine kleine aber ſehr alte Stadt an der
Elbe. Am Markte ſtehet die Statue des berühmten Rolands, die vor einigen Jahren, auf Koſten
des

des Raths, verneuert worden iſt. Der in ihrer Gegend wachſende Wein iſt von geringer Güte.

3) Dommitzſch), ein kleines offenes Städtchen, hatte ehedem eine Commende des deutſchen Ordens und gehörte zur Balley Sachſen.

4) Schilda, eine kleine Stadt, vom Markgrafen Dietrich, 3ten Sohne Konrad des Großen, angelegt.

5) In den Dörfern Röpitz, Graditz (jezt wüſte Marken und kurfürſtliche Vorwerke) und Döhlen, befindet ſich die kurfürſtliche Stuterey, welche man gewöhnlich die Torgauiſche nennt.

XIII. In dem Amte Oſchatz ſind:

1) Oſchatz, ehemals Oßek auch Ozzek, eine alte von den Slaven erbauete Stadt in einer ſehr fruchtbaren Gegend. Kaiſer Heinrich III. gab ſie 1048 nebſt Strehla, Dahlen und Leißnig ſeinem Lieblinge, dem Biſchoffe Eppo von Naumburg. 1248 aber bekam Markgraf Heinrich der Erlauchte die drey erſten Orte für den Schutz, welchen er dem Stifte, als Erbſchutzherr, leiſten mußte, zu Lehn. Die Stadt iſt ſchon lange, wegen ihren guten Tuchmanufakturen, berühmt geweſen. Kaiſer Karl V. führte die mehreſten und geſchickteſten Tuchmacher von hier in die Niederlande, als er auf ſeinem Zuge, wider den Kurfürſten Johann Friedrich den Großmüthigen, in dieſe Gegend kam.

2) Dah-

2) Dahlen, ein sehr altes Städtchen und Rittergut, kam mit Strehla 1304 durch Kauf an die Herren von Jlenburg, 1367 aber an den Herzog Polken, Fürsten zu Schweidnitz und Markgrafen in der Lausitz. Hierauf ist es lange in den Händen derer von Schleinitz gewesen, bis es Christoph von Looß an sich brachte, und es 1619 dem Kurhause gegen Stöschitz überließ. Kurfürst Johann George I. schenkte es seinem Lieblinge D. David Döring, und 1726 kam es durch die Vermählung des gelehrten Geheimen Raths Heinrichs Grafen von Bünau mit einer von Schleinitz, an die gräflich Bünauische Familie. Das Rittergut, eines der beträchtlichsten im Lande, ist durch die außerordentliche Kenntniß seines gegenwärtigen Herrn Besitzers in der Oeconomie, sehr vervollkommet worden. Man bauet seit einigen Jahren Krapp, und verkauft jezt jährlich über 100 Centner von dieser Färbewurzel. Unter den Heerden des Gutes sind die durch Spanische Race veredelten Schaafheerden die vorzüglichsten. Auch der Seidenbau wird immer beträchtlicher.

3) Strehla, auch ein Städtchen an der Elbe gelegen, gehört mit seinem Rittergute denen von Pflug. Ihre Schicksale bis 1304 sind aus dem Vorhergehenden bekannt. 1370 kaufte Kaiser Karl IV. die Lehns-

herr-

herrlichkeit zur Krone Böhmen, und sein Sohn, Wenzel, gab sie 1384 dem Ritter Otto Pflug, dessen Nachkommen es noch jezt besitzen. Die Einwohner nähren sich größtentheils vom Ackerbaue, doch sind die hiesigen Töpferwaaren, wegen des guten hier befindlichen Tohnes, in gutem Rufe. Ueber die Elbe kommt man mittelst einer Fähre.

5) Borna und Bornitz, beydes Dörfer mit Rittergütern, welche ehemals dem markgräflich meisnischen Erbtruchsesse von Borne, Burne oder de Burnis, gehört haben.

Vom Leipziger Kreise.

Er ist in 14 Aemter getheilt, unter welchen

I. Leipzig das Kreisamt ist und folgende Oerter enthält:

1) Leipzig, die erste unter den vorsitzenden Städten, die reichste und reinste im Lande am Zusammenflusse der Barde und Pleiße, welche eine Stunde davon in die weiße Elster fällt, in einer ebenen und fruchtbaren Gegend.

Was man vom Flore dieser Stadt unter den Slaven sagt, ist nach den neuesten Untersuchungen

O 3 völ-

völlig unrichtig, und vielmehr erwiesen, daß Lip-
zik, Lipzi, Lipzk *), bis zu Heinrich I. Zeiten,
nichts als ein slavisches Dorf gewesen ist. Heinrich I. aber legte, wahrscheinlich in der Gegend des
heutigen Vorwerks Pfaffendorf, eine feste Burg,
unter dem Namen Altenburg, an. In der Folge
wurde der Sumpf ausgetrocknet und der Wald ausgerottet, auf welchem Leipzig erbauet ist. Auch die
ersten Herren der Stadt sind sehr ungewiß: und
erst dem Markgrafen Heinrich dem Jüngern, dem
Conrad der Große in dem Besitze des Markgrafthums folgte, kann man, unter denen Markgrafen
Meisens, mit Gewißheit die Herrschaft über diese
Stadt und Gegend, von 1127 an, zuschreiben.
Conrad der Große legte den Grund zur Handlung
derselben, aber erst sein Sohn, Otto der Reiche,
umgab sie 1175 mit Mauern, verschönerte sie, stiftete die zwey großen Märkte zu Ostern und Michaelis, und gab ihr das Recht, daß innerhalb einer
Meile von der Stadt kein Jahrmarkt gehalten werden sollte. Sein Sohn, Dietrich der Bedrängte,
bauete 1221 die Thomaskirche, und im folgenden
Jahre bey derselben ein Augustinerkloster, dessen
Einkünfte zur Errichtung der berühmten Thomas-
schule

*) So hieß sie noch im 16ten Jahrhundert.

schule angewendet worden sind. Unter ihm waren die Leipziger schon so mächtig und stolz geworden, daß sie es wagen durften, ihrem Landesherrn den Einzug in die Stadt zu verweigern. Zwar eroberte er sie durch List und legte verschiedene Pasteyen, unter welchen sich die Pleißenburg bis auf unsere Zeit erhalten, zu ihrer Bezähmung an; aber sie hat sich doch in der Folge immer stolz und ungehorsam gegen ihn und seine Nachfolger gezeigt. Unter den folgenden Markgrafen wurde Leipzig immer blühender, und erreichte zu Ende des vorigen und zu Anfange dieses Jahrhunderts die Staffel des Flors. Gegenwärtig hat die Stadt zusammen 1354 Häuser, wovon 811 in der Stadt, und 543 in den Vorstädten sich befinden, die ganz von der Stadt abgesondert, wohlgebauet, und mit vielen schönen Gärten versehen sind. Vor dem Petersthore steht die Statüe des gegenwärtigen Kurfürsten auf einem großen mit Linden bepflanzten Platze. Die eigentliche Stadt ist seit 1702 ganz mit einer dreyfachen Lindenallee umgeben, und den beinahe ganz ausgefüllten und in Gärten verwandelten Stadtgraben schließt eine schöne Maulbeerzucht ein. Unter den hier befindlichen 8 Kirchen ist die Thomaskirche gegenwärtig die vornehmste. Bis zur Reformation war es die vom Markgrafen Otto dem Reichen 1176

D 4   erbauete

erbauete Nikolaikirche. Die neue Kirche gehörte
ehemals dem Franziskanerkloster, stand von 1540
bis 1598 wüste, und wurde hierauf dem evangelischen Gottesdienste geweihet. Die Peterskirche war
eine Meßkapelle, lag bis 1610 wüste; jezt befindet
sich ein Seminarium Catechetarum bey selbiger.
Die Universitäts- oder Paulinerkirche; die Zucht-
und Waisenhauskirche; die Johanniskirche vor dem
Grimmischen Thore, in welcher das schöne Denkmal
des unvergeßlichen Gellerts sich befindet; und die La-
zarethkirche beym Eingang in das Rosenthal, sind
weniger ansehnlich. Den Reformirten ist ein Saal
des Renthauses zu ihrem Gottesdienste, und den Katholiken einer in dem Schlosse Pleißenburg eingeräumet. Die Griechen halten ihn, so wie die Juden, in
Privathäusern. Die mehresten Gebäude der Stadt
sind schön, und viele, besonders am Markte, in der
Peters- und Catharinenstraße, auf dem Altmarkte und
in der Grimmischen Gasse prächtig. Kurfürst Friedrich der Streitbare legte 1409, in Gemeinschaft
mit seinem Bruder Wilhelm, die hiesige Universität an, und der Pabst Alexander V. bestätigte sie
in eben dem Jahre, (vom Kaiser ist sie nicht con-
firmiret) und bestellte den jedesmaligen Bischof
von Merseburg (damals war es Walter von Köckeriß) zum beständigen Canzler derselben. Pabst
Jo-

Johann XXIII. schenkte ihr 6 Canonicate, nämlich
2 zu Meisen, 2 zu Naumburg und 2 zu Zeiß. Das
Naumburg-Zeißer Domcapitel aber kaufte der Universität 2 dieser Präbenten wiederum ab, doch gab
ihr Pabst Martin V. 2 andere zu Merseburg. Kurfürst Moriß vermehrte die Einkünfte der Universität
sehr ansehnlich, gab ihr 5 Dörfer, die ehemalige
Dominikanerkirche und das ganze Kloster. Stiftete auch das Convict. Der Bibliothek, welche
sein Vater, Herzog Heinrich, angelegt hatte, schenkte
er die Büchersammlungen der berühmtesten Klöster
des Landes. In den Gebäuden des Paulinerkolle-
giums befindet sich, nebst der Bibliothek, auch der
anatomische Schauplaß und das Convictorium; die
übrigen Stuben werden an Studenten vermiethet.
Bey demselben ist auch der botanische Garten. Leipzig hat auch außer dieser hohen noch zwey gute lateinische Schulen, nämlich die Thomas- und Niko-
laischule. Die Rathsbibliothek steht auf dem 1742
neuerbauten Saale des Gewandhauses, ist äußer-
lich prächtig, und hat eine schätzbare und vollstän-
dige Sammlung zur Sächsischen Geschichte. Scha-
be nur, daß gerade die wichtigsten Stücke dieser
Sammlung nicht genuzt werden dürfen. Leipzig ist
ferner noch der Siß des Oberhofgerichts, eines
Schöppenstuhls, des Oberpostamtes, eines Han-

dels-

delsgerichts und einer Bücherkommiſſion. Das
hieſige Conſiſtorium hat 23 Superintendenturen unter ſich, wovon die eine ſich ſelbſt hier befindet.
Die Academie der bildende Künſte iſt mit der zu
Dresden zu gleicher Zeit geſtiftet. Das Inſtitut
für Taubſtumme hat der gegenwärtige Kurfürſt, und
die Geſellſchaft der Wiſſenſchaften, beſonders der
pohlniſchen Geſchichte, hat der Fürſt Jablonovsky
gegründet. Leipzig iſt ferner eine der vornehmſten
Handelsſtädte Deutſchlands. Sie treibt ſowohl in
ihren 3 Meſſen, zu Oſtern, Michaelis und Neu-
jahr, die von dem Kaiſer beſtätiget ſind, als auch
auſſer denenſelben, beträchtlichen Handel mit allerley
in- und ausländiſchen Waaren, und hat ſelbſt viele
vortrefliche Manufakturen. 1786 hatte ſie 24 Buch-
händler, 128 Kauf- und Handelsherren, 268 Krä-
mer, 38 franzöſiſche und italieniſche Kaufleute;
16 Goldarbeiter, 22 Gold- und Silberbratzieher
und Spinner, 192 Stühle, auf welchen Sammt
und ſeibene Waaren verfertiget werden, 52 Strumpf-
wirker, 2 Schriftgießereyen, davon die Breitko-
pfiſche eine der berühmteſten in Deutſchland iſt,
10 Wachsleinwandfabrikanten, 1 Wachslichtfabrike
von inländiſchem Wachſe, mit einer zugehörigen
Bleiche, und 7 Tuchmacher. Sie hat ferner:
Seiden- und Tuchfärbereyen, Kattun- und Tape-
ten-

tendruckereyen, auch Corduan und gemeines leder, ingleichen Berlinerblau. Rauch- und Schnupftoback wird auch bereitet.

2) Taucha, ein Schloß und Rittergut, gehörte in den ältesten Zeiten den Erzbischöffen zu Magdeburg, aber seit 1569, nebst vielen Dörfern, dem Stadtrathe zu Leipzig.

3) Rötha, ein altes Städtchen mit einem schönen Schloße und Rittergute, gehört dem Freiherrlich Friesischen Hause.

4) Liebertwolkwitz, ein Flecken, ehemals denen von Fullen gehörig. Da diese 1752 ausstarben, kam es durch Vermählung der lezten Erbtochter an die gräflich Vitzthumische Familie. 1707 wurde hier der zu Altrannstädt geschlossene Vertrag, wegen der Religionsfreiheit der Schlesier, vom König Karl XII. und dem kaiserlichen Gevollmächtigten, Grafen von Wratislav, unterzeichnet.

5) Altrannstädt, ein Dorf mit einem Rittergute, mitten im Stiftmerseburgischen Territorium. Hier hatte König Karl XII. fast ein ganzes Jahr sein Hauptquartier, und schloß während des, 1706 den 14ten Sept., den bekannten Frieden mit August II. Könige von Pohlen und Kurfürsten von Sachsen, in welchem lezterer der Krone Pohlen gänzlich entsa-

gen

gen und eine große Summe Geldes verwilligen mußte.

II. Im Amte Delißsch bemerken wir:

1) Delißsch, eine alte von den Slaven angelegte Stadt in einer an Getraide außerordentlich fruchtbaren Gegend. Das hiesige, gegenwärtig eingehende Schloß war der ordentliche Wittwensitz der Herzoginnen der Merseburgischen Linie. Man verfertiget hier Tuch, und strickt eine große Menge wollene Strümpfe.

2) Landsberg, ein kleines Städtchen unter dem Berge, auf welchem das Schloß der alten Markgrafen von Landsberg gestanden hat, und auf welchem man jezt noch eine Capelle sieht, in welcher am andern Feyertage der hohen Feste Gottesdienst gehalten wird. Die ehemaligen Schicksale siehe im Vorhergehenden.

III. Das Amt Zörbig enthält:

1) Zörbig, gemeiniglich Zippelzörbig, (vermuthlich weil es in dem Winkel oder Zippel liegt, der hier die Gränze mit Anhalt-Dessau macht) ein Städtchen mit einem, durch einen Graben von selbigem gesonderten Schlosse. Sie ist eine der ältesten Städte des Landes, und wird von einigen für eine der drey Festungen angesehen, die Karl, Karls des Großen Sohn, nach Ueberwindung der sinsler Slaven, anlegte.

legte. Seit den ältesten Zeiten haben sie die Grafen von Wettin besessen. Nach der Errichtung des Erzbisthums Magdeburg kam Zörbig an daſſelbe, und die Biſchöffe überließen es hierauf einer Familie, welche ſich von dem Orte benennete. 1253 kam es wiederum an das Wettiniſche, nunmehr markgräflich meiſniſche Haus. 1600 ward es von den Grafen an Kalenberg und Herrn von Verlepſch wiederkäuflich abgetreten, aber bald wiederum eingelößt.

2) Löberitz, ein dem fürſtlichen Hauſe Anhalt-Deſſau gehöriges Rittergut.

IV. Das Amt Düben begreift:

1) Düben, eine kleine Stadt an der Mulde, über welche hier eine hölzerne Brücke führt. Die Haide, welche ſonſt die torgauiſche heißt, führt von ihr auch den Namen der Dübenſchen.

2) Schwerz, ein Dorf mit einem Alaunwerke, welches 1560 vom Kurfürſten Auguſt angelegt und verſchiedenen Perſonen übergeben, endlich aber 1771 wiederum an das kurfürſtliche Kammerkollegium gekommen iſt, welches es gegenwärtig durch einen Faktor dirigiren läßt. Es liefert jährlich 6000 Centner Alaun, welcher dem engliſchen an Güte gleichgeſchätzt wird, und ſoll 30,600 Thlr. einbringen. Man findet hier auch gediegenen Vitriol.

3) Schwem-

3) Schwemsel, ein Dorf, bey welchem eine Pechhütte sich befindet.

V. Im Amte Eulenburg findet man:

1) Enlenburg, ehedem Ilburg oder Ilenburg, eine mittelmäßige Stadt an der Mulde, über welche hier eine hölzerne Brücke ist, mit einem auf einem hohen Berge neben der Stadt gelegenen alten Schlosse, in welchem gegenwärtig die Amtsexpedition ist. Ihre Gegend ist an Nüssen und porstorfer Aepfeln fruchtbar; und die Stadt selbst hat von ihrem guten Biere, welches stark verführt wird, gute Nahrung. Das Hopfenbedürfniß erbauet sie selbst.

2) Das Pfarrdorf Gruhna mit einem freiherrlich Hohenthalischen Rittergute, halten einige für die ehemalige Burg und Festung der Slaven, es ist aber ausgemacht, daß dieselbe nicht hier, sondern weiter oben ohnfern der Elbe bey Meisen zu suchen.

VI. Das Erbamt Grimma enthält:

1) Grimma, eine Stadt mit einem jetzt eingehenden, von Friedrich dem Streitbaren erbaueten, und von Friedrich dem Sanftmüthigen oft bewohnten Schlosse, an der Mulde. Sie hat eine Fürsten= oder Landschule, welche Kurfürst Moritz 1550 von Merseburg in das hiesige Augustinerkloster verlegte, und

in=

in welcher gegenwärtig 80 Freyſtellen ſind. Die
Stadt treibt mit ſelbſtverfertigtem Tuche, Flanell,
welcher auch hier gedruckt wird, Zwirn, Tabaks‑
pfeifen, ſelbſterbaueten und zubereiteten Rauch‑ und
und Schnupftobak, guten Handel.

2) Döben, ein Dorf und Rittergut, ehemals ein mark‑
gräfliches Schloß, deſſen Aufſeher Burggraf von
Dewin (Döben) genannt ward. Es iſt eben das,
auf welches Markgraf Albert der Stolze ſeinen Va‑
ter, Otto den Reichen, ſezte, da er ihn in dem be‑
kannten Erbfolgekriege gefangen bekam.

3) Neuenhof und Brandis, zwey kleine ofne Städt‑
chen. Erſteres denen von Ponikau ſeit 1557, und
lezteres denen von Bodenhauſen ſeit 1690 zuſtändig.

VII. Das Schulamt Grimma begreift diejenigen Dörfer,
deren Einkünfte Kurfürſt Moriz zur Unterhaltung der
Fürſtenſchule beſtimmt hat.

Das hieher gehörige, eine Viertelſtunde von Grimma
gelegene Vorwerk Nimtſchen (ſonſt Nimmißſch)
iſt aus dem ehemaligen Ciſterzienſer Nonnenkloſter
entſtanden, aus welchem D. Luthers Margar‑
tha war.

VIII. Das Amt Mutſchen hat:

1) Mutſchen, ein Städtchen mit einem Schloſſe, wel‑
ches ehemals eigene Beſitzer hatte, denen es Kur‑

fürſt

fürſt Auguſt abkaufte. Bey demſelben wird eine Art Kugel- oder auch ovalrunde Steine gefunden, in deren Mitte ſich zuweilen entweder Calcedon, oder Agat, oder auch ſechsſeitige Pyramiden von Quarz befinden, die beym Schleifen die ſchönſte Politur annehmen und Mutſchner Diamanten genannt werden.

2) Hubertsburg, ein, vom Könige Auguſt III. als Kurprinz von 1721 bis 1724 erbauetes, 1750 vergrößertes und verſchönertes Luſt- und Jagdſchloß in einer reizenden Gegend. Im 7jährigen Kriege wurde es ſehr verwüſtet, und 1763 der Friede zwiſchen dem Könige von Pohlen nebſt der Kaiſerin Königin an einem, und dem Könige in Preußen am andern Theile hieſelbſt abgeſchloſſen.

3) Collmen, ehemals Culmen auch Culmitz, ein Pfarrdorf nebſt kurfürſtlichen Kammergute am Fuße eines hohen Berges, welcher der Culmberg genannt wird. Auf dieſem Berge wurden unter den erſten Markgrafen aus dem Wettiniſchen Hauſe die Landesverſammlungen unter freyem Himmel gehalten. So hielten Markgraf Otto der Reiche 1185 und 1195, Dietrich der Bedrängte 1200, 1205, 1218, 1219, und Heinrich der Erlauchte 1233, 1254 und 1259 hieſelbſt Landesverſammlungen.

IX. Das

IX. Das Amt Leißnig und Döbeln begreift:

1) Leißnig, eine Stadt an der freybergischen Mulde mit dem alten Schlosse der 1538 ausgestorbenen Burggrafen von Leißnig, welches Mildenstein heißt. Die Stadt hat wöchentlich einen ansehnlichen Getreydemarkt, auf welchem das Getreyde aus dem Niederlande gebracht und in das Gebürge abgeholt wird, und gute Manufakturen, welche Tuch, Barchent, Leinwand, Borten, Strümpfe und Hüte liefern, auch beträchtliche Garn- und Leinwandbleichen.

2) Döbeln, eine Stadt gleichfalls an der freybergischen Mulde, mit Getreydemärkten für das Gebürge. Die hier verfertigten Tücher, Hüte, Damaste und Zwillige stehen in gutem Rufe.

X. Das Amt Rochlitz enthält:

1) Rochlitz, eine Stadt an der Mulde mit einem alten Bergschlosse. Nach der Eroberung des Slavenlandes wurde die damals schon existirende Stadt der Hauptort einer Grafschaft, welche erst vom Kayser Lothar II. an den Markgrafen Conrad den Großen und seine Söhne erblich überlassen ward. Die Stadt macht viele Tücher, Zeuge, Leinwand, Kattun, Flanell u. s. w. und bey derselben waren ehedem die schönsten Agatgruben unseres Landes, wel-

P che

che aber seit 1721 nicht mehr gebauet worden. Jezt giebt es noch gute Steinbrüche, in welchen man häufig Carniol, Calcedon, Jaspis und Marmor findet.

2) Waldheim, ein Städtchen an der Zschopa mit verschiedenen Wollmanufakturen und einer Flanelldruckerey. Das vor der Stadt gelegene ehemalige Augustiner Mönchskloster verwandelte Kurfürst Christian I., der 1588 die Stadt denen von Karlowitz abkaufte, in ein Jagdschloß, und König August II. bestimmte daßelbe 1715 zu einem Zucht- und Arbeitshause für 600 Personen. In hiesiger Gegend findet man dunkelgrünen Serpentinstein mit rothen Punkten.

3) Mitweida, eine nahrhafte Stadt an der Zschopa, in welcher sehr ansehnliche Tuch- und Zeugmanufakturen sind. Sonst wallfahrtete man häufig zu dem hier befindlichen Bilde der heiligen Apolonia.

4) Geithayn, Geringswalde und Hartha sind kleine Städtchen.

XI. Das Amt Colditz begreift:

1) Colditz, eine Stadt an der Mulde. Sie machte sonst mit ihrem Gebiete eine eigene Herrschaft aus, die erst 1404 an die Markgrafen von Meißen kam. Bey dem alten Schloße war sonst ein schöner Thiergarten,

garten, und die Stadt selbst war der Lieblingsauf-
enthalt des Kurfürsten Ernst. Die Stadt hat gegenwärtig ihre beste Nahrung vom Leinen, Zeug-
und Tuchmachern.

2) Lausig, ehedem Lußke, ein Städtchen, das den berühmten Grafen Wiprecht von Groitzsch den Großen,
zum Urheber hat. Er legte 1105 ein Kloster hier
an, 1157 aber hatte der Ort schon Mauern und
Marktgerechtigkeit.

XII. Im Amte Borna merken wir an:

1) Borna †, eine Stadt am Wiehra Flusse. Ehemals gehörte sie den Erbtruchsessen der Markgrafen
von Meisen, welche eine sehr angesehene Familie
ausmachten und im Kloster Altenzelle ihre eigene
Begräbnißkapelle hatten. Erst 1547 kam dieses
Amt, durch die Wittenbergische Capitulation, an
die Albertinische Linie, und ist hierauf von 1698 bis
1723 an Sachsen-Gotha für 300,000 Thaler versezt gewesen. Es werden hier gute Zeuge verfertiget.

2) Frohburg, ein geringes Städtchen an der Wiehra,
hat eine gute und große Zeugmanufaktur, und nährt
sich überdem von seinem Handel mit töpfernen
Waaren.

P 2

3) Koh-

3) Kohren, ein Städtchen, und Lobstädt ein Flecken mit einem Rittergute.

4) Gnandstein und Wolftiß, sind Dörfer, bey welchen hellgrüner Jaspis mit schmalen grünlichen Streifen und dunkelrothen Flecken gefunden, und Bandstein genannt wird.

XIII. Das Amt Pegau hat:

1) Pegau †, ein mäßiges Städchen an der Elster in einer der fruchtbarsten Gegenden des Landes, die besonders für die Viehzucht große Vortheile hat. Es wächst hier viel und sehr schmackhaftes Obst. Sie gehörte ehedem zu der ziemlich weitläuftigen Grafschaft Groitzsch. Graf Wiprecht der Große bauete 1096 ein Benediktiner Mönchskloster daselbst, dessen Abt unmittelbar unter dem Römischen Stuhl stand, schenkte den Klosterbrüdern die Stadt, behielt aber sich und seinen Nachkommen die Schutzvoigteygerechtigkeit über dieselbe vor, ließ sich endlich selbst als Mönch in dem Kloster einkleiden, und liegt auch nebst seinen Söhnen, Wiprecht III. und Heinrichen, in selbigem begraben. Der Markgraf Dietrich der Bedrängte, dem mit der Grafschaft Groitzsch auch die Schutzgerechtigkeit über die Abtey Pegau zugefallen war, hatte mit dem Abte, der sich ihm nicht unterwerfen wollte, große Streitigkeiten, deren

deren Entſcheidung dem Würzburgiſchen Domkapi-
tel von Rom aus übertragen wurde. Da ſich aber
Dietrich den Ausſprüchen deſſelben nicht unterwerfen wollte, belegte der Erzbiſchof von Magdeburg,
unter deſſen geiſtlicher Aufſicht die markgräflichen
Lande ſtanden, das ganze Meiſen und Oſterland
mit dem Interdicte *), und zwang hierdurch den
Markgrafen, den Abt für unabhängig zu erklären,
und den den Kloſtergütern zugefügten Schaden zu
erſetzen.

2) Groitzſch, ein Städtchen und Rittergut in einer
fruchtbaren Gegend, war ſonſt der Hauptort der
Grafſchaft dieſes Namens. Es war ſelbige nicht
eine Präfectur, oder vom Kaiſer abhängige Grafſchaft, ſondern von den älteſten Zeiten her erblich.
Man gräbt in hieſiger Gegend Torf.

XIV. Das Stiftamt Wurzen begreift die Güter des ehemaligen Stifts Wurzen, das aus einer Grafſchaft
beſtand, die der zweyte meiſniſche Biſchof, Volkard II.
indem er 1114 die Collegialkirche bauete, beſaß. Kurfürſt Auguſt übernahm 1581 die Ad-
miniſtration deſſelben. Johann George und ſein
Sohn, Kurfürſt Johann George, incorporirte es

P 3   den

---

*) Es wurde durch daſſelbe aller öffentliche Gottesdienſt unter-
ſagt und der Pöbel zum Aufruhr gereizt.

den Erblanden. Die Stiftsregierung besteht aus einem Stiftshauptmanne, Canzler und sechs Räthen, welche mit Zuziehung des Stiftssuperintendenten, auch das Consistorium formiren, das, so wie die Regierung, in Wurzen seinen Sitz hat. Das Amt enthält:

1) Wurzen, eine Stadt an der Mulde, über welche eine dem Rathe gehörige Fähre geht. Die Stadt war schon 961 vorhanden. Die eigentliche Stadt ist sehr klein, besteht nur aus 110 Häusern und hat gar keine Kirche. Die Vorstädte hingegen haben 270 Häuser, 3 Kirchen, eine lateinische Schule und das alte 1491 vom Bischoffe Johann von Saalhausen erbauete Schloß. Die Stadt hat ihre Nahrung von einer großen Färberey, einigen guten Leinwandbleichen und ihrem bittern Biere, welches stark verführet wird.

2) Mügeln, ein altes Städtchen mit einem alten Schlosse, Rugethal genannt, war schon bey den Slaven eine Vestung, in die sich König Heinrich der Vogler warf, nachdem er den Milziener Slaven ein hitziges Treffen geliefert hatte. Er suchte die slavischen Bewohner durch gute Worte einzunehmen, und ließ hierauf die verwüstete Vestung (damals hieß sie Mogelini oder auch Mogellna) wiederum herstellen. Ehemals war hier ein besonderes Amt.

Das

3) Das Pfarrdorf und Rittergut Sornzig war ehedem mit seinen zugehörigen 8 Dörfern ein eigenes, aus einem Benediktiner Nonnenkloster entstandenes Amt.

Vom erzgebürgischen Kreise.

Er ist der größte am stärksten bevölkerte in diesem Markgrafthume, und begreift folgende 14 Aemter.

I. Das Kreisamt Freiberg enthält:

1) Freiberg †, die kursächsische Hauptbergstadt an der freibergischen Mulde von 2000 Häusern, welche zu Herzog Heinrich des Frommen Zeiten 32,763 über 12 Jahr alte, und zu Anfang dieses Jahrhunderts in allem 60,000 Einwohner zählte, welche Summe gegenwärtig ohngefähr bis zu 9 oder 10,000 herabgesunken ist. Ihre Erbauung hat sie Otto dem Reichen zu danken, der die Dörfer Christiansdorf und Loßnitz, welche vorher zum Kloster Altenzelle geschlagen worden waren, gegen das Städtchen Roßwein wiederum eintauschte, und sie 1175 mit einer Mauer umgab, nachdem 1171 die hiesigen wichtigen Silberbergwerke entdeckt worden waren, deren

P 4 Bear=

Bearbeitung viele Menschen hieherzog, so, daß
Freiberg, die auch von ihren folgenden Herren viele
Freyheiten erhielt, in kurzer Zeit zu einer ansehnlichen Größe anwuchs. Sie ist mit zwiefachen
Mauern, die verschiedene Thürme haben, und einem gefütterten Graben versehen. Sie ist der Sitz
des einen Kreisamtes, eines Oberbergamtes, unter
welchem alle Bergämter dieses Markgrafthums stehen, eines Bergschöppenstuhls, dessen Glieder der
hiesige Stadtrath bestellt, eines Oberzehendenam-
tes, eines Bergamts und einer, 1765 gestifteten
Bergakademie. Das alte Schloß, Freudensteig
genannt, das jezt an einem Bauer überlassen ist,
liegt außer der Ringmauer. Unter den 7 hier befindlichen Kirchen ist die Domkirche, bey welcher
ehehin ein Collegium Canonicorum war, dessen
Bibliothek zur Zeit der Reformation dem hiesigen
Gymnasium überlassen wurde, die vornehmste. An
selbiger ist die Begräbnißkapelle, in der die kurfürstliche Familie vom Kurfürsten Moritz bis auf Johann
Georg IV., begraben liegt. Die hiesigen Bergwerke sind immer die ergiebigsten im Lande gewesen,
und sind es noch. Es werden immer noch zwischen
130 und 150 Gruben gebauet. Das vornehmste
Produkt ist Silber, welches man theils gediegen,
theils mit andern Metallen vermischt, findet. 1750
fand

fand man auf dem Himmelsfürſten eine geblegene
Silberſtufe, die 1¼ Centner wog, 2500 Thlr. taxirt
und in das kurfürſtliche Mineralienkabinet nach
Dresden gebracht ward. Noch jetzt ſchätzt man ihre
jährliche Ausbeute auf 28 bis 30,000 Mark Silber.
Unter den übrigen hier befindlichen Metallen, als
Bley, Kupfer, Spießglas, Zinn, Zink und Ar-
ſenik iſt das erſtere, nehmlich Bley das vornehmſte,
denn man rechnet jährlich 1000 Centner Gewinn.
Auch iſt eine Schwefel- und Vitriolhütte hieſelbſt.
Viele Einwohner nähren ſich auch mit Verfertigung
leoniſcher Treſſen und Spitzen von Tompack.

2) Brand und Heynichen, kleine Städtchen. Und

3) Porſchenſtein oder Purſenſtein, eine ſeit 1429 denen
Herren von Schönberg gehörige Herrſchaft, in welcher das alte Schloß und Rittergut Porſchenſtein,
Saide, ein kleines Städtchen, und Seyffen, ein
Bergflecken, in welchem man die hölzernen Spiel-
ſachen verfertiget, die unglaublich wohlfeil verlaſſen
und bis nach Amerika verführt werden, die wichtig-
ſten Oerter ſind.

II. Im Amte Auguſtusburg findet ſich:

1) Auguſtusburg, ein Schloß auf einen ſehr hohen
Berge zwiſchen den Flüſſen Zſchopa und Flöhe, die
ſich 1 Stunde von hier bey dem Pfarrdorfe Flöhe

P 5

vereinigen. Ehemals hatte das, einer besondern Familie gehörige Schloß Schellenberg auf diesem Berge gestanden, war aber im 14ten Jahrhunderte schon an die Markgrafen gekommen, die es in ein Kammergut verwandelten, bis Herzog George der Reiche 1527 die liegenden Güter des Schlosses für einen jährlichen Erbzins vererbte, und dadurch Gelegenheit zur Erbauung des freyen Bergstädtchens Schellenberg gab. 1547 gieng der größte Theil des alten Schlosses, durch Blitz entzündet, im Rauche auf; Kurfürst August aber ließ es völlig abtragen, 1568 von neuem bauen, und ihm den Namen Augustusburg geben. Der durch den härtesten Felsen gehauene Brunnen ist 298 Ellen tief und 10 Ellen weit. ⌐

2) Zschopa, ein Städtchen und Schloß am Flusse gleiches Namens mit vielen Tuch- und Leinwebern. In der Gegend desselben ist das Zschopenthaler Blaufarbenwerk.

3) Oedern, ein Städtchen mit Tuch- Fries- Flanell- und Kannefasmanufakturen.

III. Das Amt Chemnitz enthält:

1) Chemnitz †, eine alte von den Slaven erbauete Stadt am Flüßchen gleiches Namens. Die Slaven nannten sie Caminici. Sie hat nebst Zwickau, unter allen

allen meifnifchen Städten, am längften unter den Kaifern geftanden, und ift erft vom Markgrafen Friedrich dem Gebiffenen erblich erworben worden. Die Stadt hat gegen 7000 Einwohner, welche fehr gute Nahrung von den treflichen Kannefas-Zeug-Linnenmanufacturen, und den alten fchon zu Anfange des 14ten Jahrhunderts berühmt gewefenen Bleichen *) haben. Das; eine Viertelftunde von der Stadt gelegene Schloß ift 1548 aus einem Benediktinerklofter entftanden. Sonft war auch der Sitz eines der drey Archidiakonate **) des Hochftifts Meifen hiefelbft. In diefer Gegend findet man auch Amethyften im Gefchiebe (d. i. in einzelnen Steinen) fowohl, als in Steinbrüchen, wie auch fehr fchönen Agat.

2) Limbach, ein Dorf mit Serpentinfteinbrüchen, deren Stein härter als der Zöblitzer ift, fchönere Politur annimt, und fich in größern Stücken brechen läßt.

IV. Das Amt Frankenberg mit Sachfenburg begreift:

1) Fran-

---

*) Die Markgrafen zogen den Zehenden von diefen Bleichen und hatten ein eigenes Bleichgerichte hier beftellt, welches aus 1 Bleichrichter als Vorfitzer, einigen Gewerken und dem Bleichmeifter beftand, und feine Sitzungen wie ein anderes Gericht hielt.

**) Die zwey übrigen waren zu Nifen und Zfchillen.

1) Frankenberg, eine nahrhafte Stadt an der Zschopa mit guten Kattun- Kamlot- Kannefas= Bar-
chent- und Verkanmanufakturen, welche leztere Ma-
nufakturisten aus Brabant 1585 angelegt haben.
Es wird hier das englische Leder so schön verfertiget,
daß man nicht den geringsten Unterschied bemerkt,
und viele Schumacher in Dresden und Leipzig werden damit verlegt. 1669 hat Kurfürst Johann
Georg II. diese Stadt denen von Schönburg abgekauft. 1788 ist es größtentheils abgebrannt *).
Auch vor drey Jahren brannten 8 Häuser ab.

2) Sachsenburg ein altes Bergschloß und Dorf an
Zschopa.

3) Lichtenwalde, ein Dorf mit einem vortreflichen
Schlosse, gegenwärtig dem Herrn Reichsgrafen,
Kammerherrn und Obersteuereinnehmer Vitzthum
von Ekstädt gehörig. Der Schloßgarten wird für
den schönsten im ganzen Lande gehalten. Er liegt
auf einen sehr hohen Felsen, auf welchen das viele
zu den vorbefindlichen Wasserkünsten nöthige Wasser
durch Kunstwerke, die sehr große Summen gekostet haben, auf den Felsen getrieben wird.

4) Ebers-

*) Zur Ehre unserer Zeit erfährt man jezt in öffentlichen
Nachrichten, wie sehr die so laute Predigt des Wohlthuns
und der Menschenliebe an den Herzen unserer Brüder wir-
kend sich zeigt.

4) Ebersdorf, ein Dorf, in deſſen Kirche ſich die Kleiber der geraubten Prinzen, Ernſt und Albert, und auch ein von ihrer Mutter, Margaretha, gegründetes Stift findet.

V. Das Amt Noſſen hat Kurfürſt Auguſt aus den Gütern des ehemaligen Feldkloſters Altenzelle gemacht. Es enthält:

1) Noſſen, ein Städtchen an der freiberger Mulde mit einem bey demſelben auf einem hohen Felſen gelegenen Schloſſe, hat viele Tuchmacher, und Roth- und Weißgerber.

2) Siebenlehn, ein kleines Städtchen, ſoll ſeinen Namen von dem hieſigen Bergwerke, ſo ehemals aus ſieben Lehnen beſtanden hat, haben.

3) Roßwein, ein Städtchen mit vielen Tuchmachern, Schönfärbern und Walkern.

4) Altenzelle, ehemals ein reiches, vom Markgrafen Otto den Reichen 1162 geſtiftetes Ciſtercienſerkloſter. 1185 wurde die Kapelle, in welcher die Markgrafen, von Otto den Reichen an bis auf Kurfürſt Friedrich den Streitbaren, begraben liegen, erbauet. Das Kloſter bekam gleich bey ſeiner Gründung, anſehnliche Güter und Freiheiten, welche in der Folge mehr zu- als abnahmen. Der Abt hatte Sitz und Stimme auf den ſächſiſchen Landtagen unter den Prälaten. Das Kloſter war mit einer hohen

hen und starken Mauer, davon noch Spuren vorhanden sind, umgeben, welche, außer den übrigen Gebäuden, 20 Kapellen einschloß, in deren Mitte die große und schöne Hauptkirche stand, welche 1599 vom Blitze entzündet und größtentheils in Asche gelegt ward. Kurfürst Johann Georg I. ließ sie 1676 etwas überbauen, und seit dieser Zeit dachte man nicht an dieselbe, bis der um die vaterländische Geschichte rühmlichst verdiente Herr Stadtschreiber Klotzsch in Freiberg, auf sein Ansuchen, Erlaubniß und Befehl erhielt, nachgraben und alles aufsuchen zu lassen, was man von den Gebeinen und Bildsäulen her hier begrabenen fürstlichen Personen auffinden könne. Unser Durchlauchtigster Landesvater wählte unter den, Höchstdenenselben zu Erneuerung und Verschönerung der Kapelle vorgelegten Planen, den kostspieligsten und prächtigsten, an dessen Ausführung jetzt mit Eifer gearbeitet wird. Das große marmorne Epitaphium mit den Namen und der Sterbezeit der hier begrabenen Personen, welches in der Mitte der Kapelle, wo alle aufgefundene Ueberbleibsel zusammen aufbewahret werden, zu stehen kommt, wird in Wildenfels bearbeitet. Auch die Burggrafen von Meisen, Dohne und Leißnig, wie auch die Erbtruchsesse von Borne, hatten ehemals ihre Begräbnißkapellen hieselbst.

VI. Das

VI. Das Amt Grüllenburg mit Tharand enthält:

1) Grüllenburg, ein 1558 vom Kurfürsten August erbauetes Jagdschloß im Tharander Walde.

2) Tharand, ein Städtchen an der wilden Weiseriß mit einem verfallenen Schloße. Ehemals der Hauptort einer eigenen Herrschaft. Markgraf Heinrich der Erlauchte, wie auch einige seiner Nachkommen, hielten sich gerne hier auf.

3) Granaten, ein kleines Städtchen, in welchem jeßo die Amtsexpedition ist.

VII. Im Amte Frauenstein sind:

1) Frauenstein, eine kleine Stadt unter dem alten Bergschloße gleiches Namens, am Flüßchen Boberißch, gehörte ehedem mit ihrem Zubehöre, zum Burggrafthume Meißen. Nachdem dieses an die Kurfürsten gelangte, haben diesen Distrikt einige von Adel zur Lehn getragen, bis ihn 1647 Johann Georg I. von denen von Schönberg wiederum an sich kaufte und in ein Amt verwandelte.

2) Rechenberg, ein Flecken mit einem kurfürstlichen Schloße und Vorwerke, an der freibergischen Mulde; und Ranbek, ein nahrhaftes Dorf, in welchem man viele hölzerne Uhren, Geigen und Strümpfe verfertiget.

VIII. Das

VIII. Das Amt Altenberg enthält:

1) Altenberg, vormals Geisingsberg, ein kleines offenes Bergstädtchen, ohnweit der Quelle des Weiserizflusses. Sie ist erst 1458, da das hiesige Zinnbergwerk entdeckt ward, zu bauen angefangen worden. Das Zinnbergwerk im sogenannten Mühlberge bey der Stadt, liefert das beste Zinn, das man im Lande findet. Es wird nach dem englischen für das beste in Europa gehalten. Man findet es häufig gediegen. Die gesammte Ausbeute beträgt jährlich 1000 bis 1500 Centner. Die übrigen Einwohner des Städtchens nähren sich mit Spitzenklöppeln.

2) Glaßhütte, ein zwischen vielen Bergen und Hügeln gelegenes Städtchen, hat seinen Namen von den sonst häufig hier gefundenen Glaserzten. Nicht weit davon wird bey dem Dorfe Schlotewiz der berühmte schlotewizer Agat gebrochen.

IX. Das Amt Lauterstein begreift:

1) Lauterstein, ein altes, im 30jährigen Kriege verwüstetes Bergschloß, welches ehemals mit seinem Zubehöre eine eigene Herrschaft ausmachte, und den Burggrafen zu Leißnig gehörte, welche den niedern Theil dieser Herrschaft an die von Brebisdorf verkauf-

kauften, von denen es 1559 Kurfürſt Auguſt erwarb und in ein Amt verwandelte.

2) Zöbliß, ein kleines wegen ſeiner großen Serpentin-ſteinbrüche bekanntes Städtchen. Das auf der Morgenſeite deſſelben gelegene Gebürge, die Haarte genannt, beſtehet aus lauter Serpentinſteln, da-von der rothe der koſtbarſte und ein Regale des Kurfürſten iſt. Die gemeinſte Art iſt dunkelgrü-ner, der gelbe und braune wird mehr geſchäzt. Es giebt auch grasgrüngeſtreiften mit rothen, weißen und orangegelben Puncten. Die Einwohner ver-fertigen aus dieſem Steine ſchon ſeit 200 Jahren vielerley Kleinigkeiten, Zucker- und Tobaksboſen, Krüge, Mörſer u. ſ. w. Es giebt mehr als 30 der-gleichen Serpentinſteinbrüche hieſelbſt. Zuweilen hat der Serpentinſtein Aſbeſt in ſich, deſſen Farbe gewöhnlich eben ſo iſt, wie des Steins, in welchem er ſich befindet. Auch Nierenſtein wird in demſel-ben gefunden. Schon zu George des Reichen Zel-ten iſt der Serpentinſtein zu Verzierungen in der Baukunſt gebraucht worden, und es wäre zu wün-ſchen, daß man dieſe Gewohnheit wiederum ein-führte.

3) Grünthal, eine Seigerhütte mit den bey der Hütte befindlichen kurfürſtlichen, mit einer Mauer umge-benen Gebäuden für die Beamten und Arbeitsleute.

Q   Man

Man ſcheidet oder ſeigert hier das Silber vom Kupfer. Der Kaiſer hatte 1178 die Hütte abtreiben
laſſen, der Kurfürſt hat ſie aber wiederum hergeſtellt.

4) Olbernhau, ein Städtchen und Rittergut mit einer
Gewehrmanufaktur.

5) Der obere Theil der ehemaligen Herrſchaft Lauter-
ſtein iſt noch in den Händen der von Berbisdorf, er
beſteht ohngefehr aus 10 Dörfern, worunter Forch-
heim das beſte iſt.

X. Wolkenſtein mit Rauenſtein enthält:

1) Wolkenſtein, ein Städtchen mit einem Schloſſe und
Bade an der Zſchopa, welche ehedem mit ihrem Zubehör eine eigne Herrſchaft war. Heinrich der Fromme hielt ſich, nachdem er die Statthalterſchaft in
Friesland niedergelegt hatte, bis zum Tode ſeines
Bruders auf hieſigem Schloſſe auf. Eine halbe
Stunde vor der Stadt iſt das von ihr benannte
warme Bad. Man findet in hieſiger Gegend Ame-
thyſten.

2) Marienberg, eine 1520 und 1521 von Heinrich dem
Frommen erbauete Bergſtadt, worzu ihm das hier
entdeckte Silberbergwerk Veranlaſſung gab, deſſen
Ausbeute von 1520 bis zu Ende des 16ten Jahrhunderts 2,454,612 Thaler betrug.

Marien-

Marienberg mit Wolkenstein und Drebach lieferte von 1520 bis 1564. 2,999,844 Thlr. Jezt ist es freilich so ergiebig nicht mehr, aber doch nach Freiberg die ergiebigste Silberquelle im Lande, die alle Gattungen von Silber liefert, nächst welchem vorzüglich Zinn, auch Eisen, Kobalt, Vitriol und Schwefel gefunden wird. Man klöppelt hier auch Spizen.

3) Annaberg †, eine Bergstadt, ohnweit dem berühmten Schreckenberge, in welchem unter Albert den Beherzten die ergiebigen Silberwerke entdeckt wurden, die ihm 1497 zum Baue dieser Stadt veranlaßten. In ältern Zeiten hatte die Stadt eine Münze, deren Gepräge Schreckenberger oder Engelgroschen (nach heutigem Gelde kostete das Stück 3 Gr. 6 Pf.) genannt wurde. Das hiesige Silber ist vorzüglich mit Kobalt vermischt, und wird jezt weit weniger als sonst gewonnen. In einigen Dörfern hiesiger Gegend bricht man Marmor. Weit beträchtlicher ist der Gewinn der Einwohner durch ihren Spizen- und Bandhandel. Es giebt über 200 Posamentirer hieselbst, welche an 400 Stühle immer im Gange haben. Eine halbe Stunde davon ist in der sogenannten Rosenaue das Wiesenbad, welches seinen Namen von dem Dorfe Wiese hat, mit welchem es dem Grafen von Waßdorf gehört.

Q 2   Der

Der bey diesem Dorfe gelegene Fichtelberg soll den höchsten Punkt in ganz Sachsen ausmachen.

4) Göstadt oder Josephstadt und Buchholz (eigentlich Catharinenberg im Buchholze), kleine Städtchen, in deren lezterm viele Posamentirer sind.

5) Ehrenfriedersdorf, ein Städtchen, 1407 unter dem Säuberge erbauet, welcher Zinngruben hat, die das Zinn gediegen und in Graupen liefern. Auch findet sich hier Arsenik.

6) Geyer, ein Städtchen unter dem Geyersberge, welcher eines der besten Zinnbergwerke des Landes hat. Die Gänge bestehen aus weißem Quarz, in deren Mitte sich der Zinnstein befindet, der oft so reichhaltig ist, daß 3 Centner desselben 2 Centner reines Zinn geben. Man findet auch Silber, Schwefel, Vitriol, Alaun und Arsenik.

7) Thum und Rauenstein, ersteres ein Städtchen, lezteres ein adeliches Bergschloß, das Kurfürst August 1576 kaufte, es mit seinem Zubehör zu einem besondern Amte machte, das aber 1596 schon mit Wolkenstein verbunden ward.

XI. Das Amt Stolberg, mit welchem seit 1784 auch das Amt Grünhayn mit Schlettau verbunden ist, enthält:

1) Stolberg, ein Städtchen mit vielen Tuchmachern.

2) Grün-

2) Grünhayn, ein Städtchen mit der Amtserpedition. Ehemals gehörte es, nebst viel mehreren Gütern, der hiesigen reichen Cistercienser Mönchsabtey.

3) Elterlein und Schlettau, kleine Städtchen. Ersteres hat Kurfürst August 1559 von dem Herrn von Schönburg gekauft; lezteres gehörte ehedem der Abtey Schlettau.

XII. Das Kreisamt Schwarzenberg ist sehr weitläuftig und enthält:

1) Schwarzenberg, ehemals Schwarzburg, ein sehr altes Städtchen an dem Bache Schwarzwasser mit einem Schlosse auf der Spitze eines hohen Felsen. Sie war ehemals mit ihrem Zubehör, eine eigene Herrschaft, gehörte zulezt denen von Tettau, welche sie 1533 an den Kurfürsten Johann Friedrich verkauften. Außer Schwarzenberg gehörten zu dieser Herrschaft auch Eybenstock und Aue, die Bergstädtchen Gottesgabe und Platten in Böhmen, und 14 Dörfer. Die hiesigen Bergwerke geben Zinn und Bley. Das ehemalige hiesige kurfürstliche Fassilienwerk ist in eine Dratfabrik verwandelt worden. Es werden viele Spitzen geklöppelt, die besonders von hieraus nach Ungarn gehen.

2) Schneeberg, eine von Bergen umgebene Bergstadt unweit der Mulbe. Sie wurde wegen der 1471

Q 3   hier

hier entdeckten reichen Silberbergwerke angelegt.
1477 fand man in der hiesigen Georgenzeche eine
Stufe gediegenes Silber, welche 400 Centner betrug.
Gegenwärtig sind noch Silber, Kobold und der
schönste Wismuth des Landes, die Hauptproducte.
Das Dorf Oberschlemma gehört dem Rathe zu
Schneeberg, und ist wegen des hier befindlichen kur-
fürstlichen Blaufarbenwerks merkwürdig, welches
1651 von Johann Burkard, dem lezten Besitzer
desselben, dem damaligen Kurprinzen, Johann
Georg II., vermacht wurde. Die übrigen drey
Blaufarbenwerke des Landes sind:

a) Das schindlerische in dem Dorfe Bocka an der
   Mulde.

b) Das pfannenstielerische in Zelle über der Aue,
   beyde ohnweit Schneeberg. Und

c) das zschopenthaler bey dem Städtchen Zschopa.

    Aller Kobold muß in diese vier Werke gelie-
fert, gleich ausgetheilt, und nur dem kurfürstlichen
doppelte Portion gegeben werden.

    In Schneeberg werden auch die feinsten Spi-
tzen verfertiget, und der Handel mit dieser Waare
ist hier am stärksten. Es werden seidene, goldne
und silberne Spitzen gemacht, und die zwirnen sind
so fein und schön, wie die Brabanter.

3) Neu-

3) Neustadt oder Neustädtel, hängt mit Schneeberg zusammen. Die Einwohner nähren sich vom Bergbaue und Spitzenklöppeln.

4) Eybenstock, ein Bergstädtchen, ist wegen seiner wichtigen Zinn = und Eisenwerke merkwürdig. In ihrer Gegend findet man Amethyste, Topasen, gute Magnetsteine, häufig Opale, selten, aber einzig im Lande, Beril.

5) Johann Georgenstadt, eine Bergstadt, ist 1654 von den aus Böhmen wegen der Religion vertriebenen Bergleuten angelegt worden. Diese Gegend ist die rauheste und zum Ackerbaue unschicklichste im ganzen Lande, hingegen ist die Viehzucht gut. Die Männer nähren sich vom Bergbaue und die Weiber vom Spitzenklöppeln, womit hier ein ansehnlicher Handel getrieben wird. Silber ist das wichtigste Erz, auf welches hier gebauet wird; und obgleich nur kurze Distanzen mit Silber angefüllt sind, so ist doch der innere Gehalt desselben desto vortreflicher. Den gediegenen Arsenik findet man nirgend so schön und häufiger als hier.

6) Scheibenberg, ein Bergstädtchen, welches sehr reiche Spitzenhändler hat. In Alt = und Oberwiesenthal, welches ersteres ein Bergflecken, lezteres ein Städtchen ist, wird in allen Häusern geklöppelt.

Q 4   7) Aue,

7) Aue, ein Bergſtädtchen an der Mulbe, deſſen Bewohner die feinſten zwirnen Spitzen für Schneeber-
ger Kaufleute verfertigen. Bey derſelben gräbt
man auch die allerfeinſte tohnartige Erde, aus welcher zu Meiſen das Porcellain verfertiget wird.

8) Lauten, ein Amtsdorf, in welchem große Spitzenhändler, die bisweilen Abſatz nach Bayern, Schwaben, in die Schweitz und nach Italien haben,
wohnen.

XIII. Das Amt Wieſenburg gehörte ehedem mit ſeinem
Zubehör, dem Rathe zu Zwickau, von welchem es
Johann Georg I. kaufte. Sein Sohn veräußerte es
zwar wieder an Philipp Ludwig, Herzog zu Hollſtein-
Scanderburg, aber der lezte dieſer Linie, Leopold,
verkaufte es 1725 wiederum an König Auguſt II. Es
enthält:

1) Wieſenburg, ein kurfürſtliches Schloß an der Mulbe mit der Amtsexpedition.

2) Kirchberg, ein Städtchen mit einer Tuchmanufaktur.

XIV. Im Amte Zwickau mit Werbau finden ſich:

1) Zwickau †, ſonſt Zwickowe, eine alte und große
Stadt an der Mulbe, mit dem von der Stadt ab-
geſonderten Schloſſe Oſterſtein, deren Name in
der ſlaviſchen Sprache, einen Marktplatz bedeuten
ſoll.

soll. Wahr ist es, daß in ältern Zeiten, da der
ostindische Handel noch in den Händen der Venetia-
ner war, eine Hauptstraße über diese Stadt, von
Nürnberg und Eger nach Niedersachsen gieng, und
daß hieselbst ein Zoll angelegt ward. Kaiser Adolph
von Nassau gab den hiesigen Bürgern 1296 einen
Freiheitsbrief, vermöge dessen sie auf allen Jahr-
märkten des Markgrafthums Meißen zollfrey seyn
sollten. Die Stadt mag wohl in den allerältesten
Zeiten zu Böhmen gehöret haben. Judith, König Wratislaw von Böhmen Tochter, brachte sie
als Heyrathsgut, an den Graf Wiprecht von
Groitzsch, und ihre Tochter Bertha schenkte sie dem
Kloster Bosau, von welchem sie an die Markgrafen von Meißen kam. Albert der Ausgeartete verkaufte sie samt dem ganzen Pleisner Lande, und Kaiser Adolph von Nassau vereinigte sie mit demselben.
Allein Friedrich der Gebissene brachte sie wiederum
an das Markgrafthum. — Die Stadt hat gegenwärtig eine gute Tuchmanufaktur, und handelt mit
Sohlenleder, Bretern, Eisen, Sandstein, Steinkohlen, Marmor, Schiefer und Getreyde.)

Eine Stunde von Zwickau hat es auf beyden
Seiten der Mulde gegen Südost ein Steinkohlen-
flöz, welches jetzt etwas über eine Stunde lang ist.
Weil es an dem Dorfe Planitz, durch welches es

läuft,

läuft, am wichtigsten ist, darum nennt man es das planitzer Flötz. Man bauet es schon seit 300 Jahren, und die Kohlen, welche besser als die bey Potschappel sind, sind noch in großer Menge vorhanden.

2) Werdau, ein Städtchen, gehörte ehedem den Burggrafen von Dohne, jetzt hat es einige Zeug- und Tuchmanufakturen.

3) Krimmitzschau, ein Städtchen und Rittergut, sonst der Hauptort einer eigenen Herrschaft. Nach Absterben der Herren von Krimmitzschau haben es die von Schönburg, die Reussen von Plauen, die Kurfürsten von Sachsen, die von Ende, von Einsiedel, von Starschebel, von Bosen, nach einander besessen, und jetzt gehört es denen von Werbisdorf.

4) Zum Amte Zwickau gehöret auch die Herrschaft Wildenfels, zwischen dem unmittelbaren Amtsterritorium, dem alten Voigtlande, und den schönburgischen Herrschaften. Sie gehört seit 1602 einer Nebenlinie der Reichsgrafen von Solms, und besteht aus dem Städtchen Wildenfels mit einem Schlosse, 3 ganzen und 7 andern Dörfern, in welchen dem Grafen nur einzelne Unterthanen gehören. — Wildenfels ist das Stammschloß der alten Dynasten von Wildenfels, welche die Herrschaft bis 1412 besaßen. Von diesem Jahre an aber haben

sie

sie die von Trettau, von Pflug, die Burggrafen zu Meißen, endlich die Grafen von Schwarzburg besessen, und hierauf kam sie wiederum an die Dynasten von Wildenfels, und zulezt 1602, da Anarch von Wildenfels ohne Erben starb, durch Erbvertrag und wegen einer 1586 vom Kurfürsten August erhaltenen Anwartschaft, an die Grafen von Solms. Unweit dieser Stadt ist der einzige Marmorbruch des Erzgebürges, in welchem man bunten Marmor findet. Es giebt sehr viele Marmorbrüche, aber nur fünfe sind gangbar, davon einer der kurfürstliche, die andern aber Bauernbrüche heißen. Im kurfürstlichen finden sich Stücke von 2 bis 300 Centnern. Der Marmor wird aber hier mehr zu Kalk, als zu Bildhauerarbeit gebraucht.

Vom voigtländischen Kreise.

Er besteht aus demjenigen Stücke des alten Voigtlandes, welches Kurfürst August durch Kauf an sich brachte, und ist in drey Aemter getheilt.

I. Das Amt Voigtsberg enthält:

1) Voigtsberg, ein altes, wie einige glauben, schon von den Slaven erbauetes Bergschloß, ehemals der

Sitz

Sitz der alten Voigte des Reichs, die das Schloß
samt seinem Zubehör, 1356 verlohren, und ob sie
selbiges gleich 1547 wieder bekamen, so verseßten sie
es doch 1550 nebst Plauen, an Kurfürsten August,
und traten es ihm 1569 erblich ab. Im Schlosse
ist gegenwärtig die Amtserpedition. Unter dem
Schloßberge liegt die Stadt.

2) Oelsniß ✠ an der Elster, wo allerley baumwollene
Waaren verfertiget werden.

3) Adorf und Neukirchen, zwey Städtchen. Ersteres liegt an der Elster; lezteres hat viele Geigenma-
cher und Geigenhändler.

4) Schönek, ein Freystädtchen von 130 Häusern, deren Anzahl nicht vermehret werden darf. Es ist,
vermöge eines vom Kaiser Karl IV. 1370 erhaltenen, und 1424 vom Markgrafen Wilhelm bestätigten Freyheitsbriefe, von allen landesherrlichen Abgaben frey. Nur 5 Pfund Heller müssen sie dem
Landesherrn bey seiner persönlichen Gegenwart, und
zwar nur einmal des Jahrs, in einem neuen hölzernen Becher überreichen, deren Werth sich kaum auf
10 Thlr. beläuft. König August erhielt dieses Ge-
schenk 1708 bey einer Durchreise.

5) Elster, ein Dorf beym Ursprunge des Elsterflusses,
der durch die Aufnahme verschiedener Bäche bald
ziemlich anwächst, und in welchem sich der berühmte

Per-

Perlenfang befindet. Man weiß nicht wie und
wenn die Perlenmuscheln hieher gekommen sind.
Erst im Jahr 1621 bestellte Johann Georg I. einen
verpflichteten Perlenfischer, und bis dahin hatten
kluge Privatpersonen diesen Fang genutzt. Die Muscheln finden sich nur vom Ursprunge des Flusses bis
zu dem Städtchen Elsterberg, wo er, mit allen
Krümmungen, ohngefähr 7 Meilen gelaufen ist.
Die Ufer des Flusses sind schön bewachsene Gebürge.
Seit der Mitte des vorigen Jahrhunderts sind sieben sich in ihn ergießende Bäche mit Muscheln besezt, davon vorzüglich der mühlhausner sehr schöne
Perlen liefert. Der Perlenfang währet 16 bis 18
Wochen den Sommer hindurch. In trockenen
Jahren gedeihen sie am besten. Diese Perlen (ich
verstehe die vollkommenen) sind von den orientali-
schen schlechterdings nicht zu unterscheiden; wer das
Gegentheil behauptet, hat keine gesehen oder urtheilt
ohne Kenntniß.

II. Das Amt Plauen. Es machte dieses Amt ehehin
mit seinem Zubehör, eine eigene, den Voigten des
Reichs gehörige Herrschaft aus, die nach Absterben der
alten meisnischburggräflichen Familie vom Kaiser Siegismund, mit dieser burggräflichen Würde und Gütern beliehen wurden. Heinrich II., Burggraf zu
Meisen und Herr zu Plauen, wurde, wegen verschiedener

dener Plackereyen gegen seine Unterthanen, in die Acht erkläret, und dem Kurfürsten Ernst und Herzoge Albert die
Erekution derselben aufgetragen. Diese nahmen Heinrichen alle seine Lande weg. Als die Acht wieder aufgehoben wurde, sollten Ernst und Albert auch die Lande zurückgeben, allein Heinrich mußte mit einer Summe Geldes zufrieden seyn. Als 1547 Kurfürst Johann Friedrich in die Acht erkläret ward, so bemächtigte sich zwar Heinrich V. dieser Lande wieder, allein
sein Sohn versezte sie 1550, und 1569 trat er sie erb-
und eigenthümlich an Kurfürst August ab. In diesem Amte sind:

1) Plauen ✝, die Hauptstadt dieses Kreises an der Elster, mit einem alten Schlosse, der Ratschauer genannt. Sie hat vortrefliche Fabriken, die schon
im 16ten Jahrhundert berühmt waren. Man ver-
fertigte damals viele baumwollene Schleier, die vorzüglich in die Türkey zu Bünden verführt wurden.
Vom Jahre 1650 an machte man baumwollenen
Flor. Von 1701 an verfertiget man alle Arten von
Nesseltuch, und die große Kattunfabrike besteht seit
1755. Beyde Anstalten sind noch jezt im besten
Flor und nähren eine große Menge Menschen. Im
vorigen Jahre sind allein 150,000 Stück Mousse-
line verfertiget worden.

2) Rei-

2) Reichenbach, eine Stadt, denen von Metzsch zugehörig, von 700 Häusern mit einer lateinischen Schule. Sie hat gute Tuchmanufacturen und vorzüglich schöne Scharlachfärberyen. Bey der Stadt ist schon seit 200 Jahren ein gutes Alaunwerk.

3) Mühltruf, ein Städtchen mit Rittergutte, gehört denen von Bodenhausen, die deswegen sehr wichtige Privilegien haben. Sie können zum Beispiel einem Mißethäter, der den Tod verdienet hat, das Leben schenken; sie können jagen, wenn und wie sie wollen; sie haben das Zoll- und Geleitsrecht u. f. w.

4) Mylau, ein Städtchen und Rittergut, war mit ihrem Zubehör schon 1212 eine eigne Herrschaft, oder Dynastie, deren Besitzer, die Herren von Mylau, im 16ten Jahrhunderte ausstarben; aber schon lange vorher ihre Herrschaft hatten veräusern müßen, die nach unterschiedlichen Herren, letzt an die Edlen von der Planitz gekommen ist.

5) Elsterberg, Lengefeld und Treuen, sind alle Städtchen mit Rittergütern. Ersteres gehört denen von Bünau, das 2te den Edlen von der Planitz, und das 3te benen von Pfeilitzsch.

6) Auerbach ein Städtchen, auch den Edlen von der Planitz zuständig, in welchem sehr gute Tücher gefertiget, und mit demselben, so wie mit dem Eisenwaaren, guter Handel getrieben wird. 2 Stunden

von selbiger befindet sich der gröste und beste Topa=
senfelsen im Lande. Er steht hart an der erzgebürgi=
schen Gränze, heißt der Schneckenberg, steht frei,
und weder durch Größe noch Gestalt ausgezeichnet.
Eine von oben herein gehende Spalte sondert ihn in
2 Theile. Er besteht aus Quarz, in welcher Haupt=
masse sich die Drusen durch den ganzen Felsen ver=
breiten. An den Seiten der Drusen sind Quarz=
cristalle, die mit ihren Zacken einander gegen über
stehn, auf und zwischen welchen der Topas ange=
wachsen ist. Wenn die Drusen bei der Zerspren=
gung des Felsen mit Pulver nicht zerspringen, so
werden sie zerschlagen, wodurch viele Topasen ver=
lohren gehen. Die Topasen sind sehr durchsichtig
und mehrentheils hellgelb, zuweilen auch dunkelgelb,
am seltensten weiß.

7). Gesell ist ein Marktflecken, in welchen der Mark=
graf von Brandenburg Culmbach das Patronatrecht
ausübt.

III. Das Amt Pausa, enthält das Städtchen Pausa mit
einem ansehnlichen Kurfürstlichen Vorwerke nebst 5
Dörfern. Die Schriftsäßigkeit hat sie erst 1666 vom
Herzoge Moritz, Zeitzer Linie, gegen einen iährlichen
Erbzins von 15 Scheffeln Hafer und 30 fl. erhalten.

Von

Von den Graf= und Herrschaften der Grafen und Herren zu Schönburg.

Die Besitzungen der Grafen und Herren zu Schönburg, liegen zwischen dem erzgebürgischen und leipziger Kreise und dem Fürstenthume Altenburg. Jetzt werden sie als Stücke des erzgebürgischen Kreises betrachtet und zum Amte Zwickau gerechnet.

Die Grafen stammen von einer der ältesten deutschen Familien her, die der gemeinen Meinung nach schon im 10ten Jahrhunderte in hiesige Gegend kam, und sind seit den ältesten Zeiten Dynasten, (viri egregiae libertatis) gewesen: daher auch das kaiserliche Diplom vom 7ten August 1700, vermöge welches allen aus diesem Hause stammenden Personen, männlichen und weiblichen Geschlechts die Reichsgrafenwürde zugesichert wird, ausdrücklich sagt: daß ihnen dieser Titel, Rang und Würde nur aufs neue, gegeben und bestätiget würde. Sie theilen sich gegenwärtig in 2 Hauptlinien:

A) In die Waldenburgische oder Obere, und

B) Penigsche oder Untere.

Beide hatten ehemals ihre Nebenlinien, allein bei Waldenburg sind 1750, 1754 und 1787 alle Nebenlinien abgegangen. Die untere Hauptlinie theilet sich gegen-

R   wärtig

wärtig in 2 Aeste, nehmlich Remſa und Penig, davon
ieder wieder ſeine Hauptzweige hat. Die Rechte der Kurfürſten von Sachſen über die Schönburgiſchen Beſitzungen
beruhen theils auf dem 1740 abgeſchloßenen Haupt- und
Nebenrecceße, theils auf dem Teſchner Frieden von 1779.
Alle Schönburgiſche Herrſchaften ſind kurfürſtlich ſächſiſche
Lehne.   Zwar giengen die Herrſchaften Glauche, Waldenburg und Lichtenſtein bis 1779 von Böhmen zur Lehn,
aber im Teſchner Frieden wurde die Lehnsherrlichkeit an
Kurſachſen abgetreten.   Von ieher hat iedoch Kurſachſen
die Landeshoheit in allen Herrſchaften, obgleich in den genannten, und gewißermaßen auch in den Herrſchaften Har-
tenſtein und Stein, mit Widerſpruch der Grafen, welche
iederzeit die Unmittelbarkeit derſelben behaupteten, ausgeübt: Und ob ſich Auguſt III. 1740 mit ihnen darüber verglich, ſo wurden dieſe Streitigkeiten doch 1777 wiederum
rege, und die kaiſerlichen Truppen rückten deswegen in das
Schönburgiſche.   Im Teſchner Frieden aber trat der
Kaiſer die Lehnsherrſchaft über die angezogenen Stücke an
Pfalz, und dieſes hinwiederum an Kurſachſen ab.   Wegen dieſer 3 Herrſchaften nun genieſen die Grafen große
Vorrechte, als: daß ſie Mitglieder des Wetterauiſchen
Grafencollegiums ſind, und Sitz und Stimmen auf den oberſächſiſchen Kreistagen haben, daß ſie eine eigene Regierung, Conſiſtorium, Sitz und Stimme unter den Präla-
ten auf den ſächſiſchen Landtägen haben; wegen der übrigen

Güter

Güter hingegen, werden sie als andere kursächsische Schriftsaßen behandelt; doch leiten Hartenstein und Stein hiervon gewißermasen noch eine Ausnahme. — Die Herrschaften haben einen vortreflichen Boden zum Getreidebaue,
auch Holz und fischreiche Wasser. Man findet Eisen-
minen, Agat, Serpentinstein und Schiefer. Ehemals
gab es auch Kupfer- und Arsenikwerke, welche aber eingegangen sind. Die Viehzucht und besonders das Rindvieh
gedeihet in diesem Ländchen vortreflich, deßen Bewohner
auch noch überdem durch ihre guten Manufacturen gröstentheils im Wohlstande leben.

A) Die Herrschaften der Waldenburgischen
oder obern Linie sind:

I. Die Herrschaft Waldenburg, gehörte bis zur Mitte des
15ten Jahrhunderts einer besonderen Familie, die sich
davon nannte. Sie besteht aus 1 Stadt und 16½ Dorfe.

1) Waldenburg, ✝ eine Stadt an der Mulde von
250 Häusern, mit einem gräflichen Residenzschloße.
Neben demselben liegt

2) Altstadt Waldenburg, gegenwärtig ein Dorf, das
von den schönen Tabackspfeifen, die hier nebst andern
Töpferwaaren verfertiget werden, gute Nahrung hat.
Die hiesigen Töpfer holen ihren Thon aus Frohns-
dorf im Altenburgischen. Man findet in hiesiger
Gegend braune, violetfarbige und schwarze weißge-
sprengte Kreidenerden.

R 2   II. Die

II. Die Herrschaft Hartenstein.

Sie begreift den niedern Theil der ehemaligen Herrschaft dieses Namens, die den Burggrafen von Meißen
gehörte, aber im 15ten Jahrhunderte theils durch Kauf,
theils durch Heyrath, an die Grafen kam. Den obern
Theil der Herrschaft hat Kurfürst August 1559 an sich
gekauft, und ihn theils zum Amte Grünhayn, theils
zum Kreisamte Schwarzenberg geschlagen.

1) Der Hauptort dieser Herrschaft ist ein offenes
Städtchen von 163 Häusern, mit einem darneben
auf einem Berge gelegenen Schloße.

2) 15 und ¼ Dorf.

III. Die Herrschaft Stein, welche aus der Stadt Lösnitz
und 6¼ Dorfe und einem Vorwerke besteht. Sie machte
anfangs eine eigene Herrschaft aus, die von den Burggrafen von Meißen, als Herren zu Hartenstein, zur Lehn
genommen werden mußte. Als die letzten Besitzer, die
von Trützschler, absturben, so fiel sie an die Herren
Grafen als ein offenes Lehn der Hartenstein zurück.

1) Stein ist ein altes Schloß auf einem Berge an der
Mulde.

2) Lösnitz, eine alte Stadt von 550 Häusern. Sie ist
stark bewohnt, und hat von dem guten Tuche, welches seine Einwohner verfertigen sowohl, als vom
Handel mit demselben, gute Nahrung.

3) Die-

3) Dietersdorf, ein Dorf, bei welchem der gute und schwarze Dachschiefer gebrochen wird, welchen man weit verführt. Auch ist ein guter Steinbruch hieselbst, dessen Steine zu Bildhauerarbeit gebraucht werden.

IV. Die Herrschaft Lichtenstein besteht aus 2 Städtchen, 10 Dörfern und 2 Vorwerken.

1) Lichtenstein, ein Städtchen von 350 Häusern mit einem gräflichen Schloße auf dem Berge über der Stadt.

2) Calenberg, ein kleines offnes Städtchen.

B) Die Herrschaften der Penigschen oder niedern Hauptlinie sind folgende:

I. Die Herrschaft Glaucha, welche aus 4 Städten, 13 Dörfern und 3 Vorwerken besteht.

1) Glaucha, † ehedem Glauchowe, oder auch Glauchowa, die Hauptstadt im ganzen Schönburgischen, an der Zwickauischen Mulde, mit 740 Häusern und einem gräflichen Residenzschloße, die schöne Burg genannt, ist der Sitz der gemeinschaftlichen Regierung, Consistoriums und Obersteuereinnahme.

Die Stadt hat sehr gute Kannefaß-Barchent- und baumwollene Strumpfmanufacturen, und viele reiche Kaufleute; in ihrer Gegend findet man auch guten Ackerbau, vortrefliches Obst und gute Viehzucht.

2) Merana, sonst Meer oder Mera, ein Städtchen, dessen Einwohner mehrentheils Zeugmacher sind.

3) Hohenstein und Ernstthal, 2 neben einander liegende Städtchen, mit Zeug- und Baumwollenmanufacturen und reichen Kaufleuten.

II. Die Herrschaft Remissan, nicht Remissau, besteht aus 14 Dörfern, darunter Remissan mit gräflichem
Schloße

Schloße das vorzüglichste ist. Die Herrschaft ist aus den Gütern des ehemaligen Benedictiner-Nonnenklosters Remissan entstanden.

III. Die Herrschaft Penig gehörte als eine besondere Herrschaft zum Burggrafthume Meisen, fiel aber 1538 dem Herzoge Georg als Lehnherrn anheim. Seine Söhne, Moriß und August, vertauschten es nebst Ischillen an die Grafen von Schönburg gegen das Amt Hohnstein und Lohmen. Die Herrschaft besteht aus 1 Stadt, 17¼ Dorfe und 2 Vorwerken.

1) Penig, † eine Stadt an der Mulde mit einem gräflichen Schloße. Sie hat beträchtliche Zeugmanufacturen, und ihre Töpferwaaren sind berühmt.

2) Zinnenberg, ein Bergschloß an der Mulde.

IV. Die Herrschaft Rochsburg besteht aus 3 Städtchen und 14 Dörfern. Sie gehörte ehedem den Burggrafen von Leisnig, kam mit deren Absterben an Sachsen, welches sie 1566 an die Grafen Schönburg verkauften.

1) Rochsburg, ein festes Bergschloß an der Mulde mit einem Pfarrdorfe.

2) Lunzenau, ein Städtchen von 120 Häusern, welches Otto, Burggraf von Leisnig, zu einer Stadt gemacht. Die Einwohner nähren sich vorzüglich vom Zeugmachen.

3) Burgstädtel, ein Städtchen mit guten Zeugmanufacturen.

V. Die Herrschaft Wechselburg ist aus den Güthern des ehemaligen Klosters Ischillen, welches Kurfürst Moriß in ein Amt verwandelte und zugleich mit Penig an die Grafen, gegen Hohenstein, Lohmen und Wehlen vertauschte, entstanden. Sie besteht aus 25¼ Dorfe.

Versuch

einer historischen Geographie

Kursachsens

und

seiner Beilande,

aufgesetzt

für diejenigen Liebhaber der Vaterlandsgeschichte,

welche

dieselbe ohne mündlichen Unterricht erlernen wollen.

Zweyter Theil.

Dresden,

bey Johann Samuel Gerlach.

1789.

Dem

Hochwohlgebohrnen Herrn,

Herrn

Gottlob Adolph Ernst
von Nostitz

und Jänckendorf,

Erbherrn auf Oppach und Moholz, des hohen Stifts
zu Merseburg Domherrn, Sr. Kurfürstl. Durchl.
zu Sachsen hochbetrautem Finanzrathe rc.

Vorerinnerung.

Es erscheinet hiermit auch der zweyte und lezte Theil meines Versuchs einer historischen Geographie unseres Vaterlandes, mit dem Wunsche: daß er den bei Unternehmung desselben vor Augen gehabten Zweck, wenigstens zum Theil, erreichen möge. Die Unvollkommenheit meiner Arbeit leuchtet mir selbst zu sehr ein, als daß ich nicht um Nachsicht bei Beurtheilung derselben bitten müßte. Dennoch aber glaube ich nicht etwas ganz unnützes unternommen zu haben, wenn ich auch nur das Studium der Vaterlandsgeschichte dem Unerfahrnen, und von den Quellen derselben Entfernten in etwas erleichterte. Jeder Kenner weiß ohne meine Erinnerung die Schwierigkeiten, welche mit einer Arbeit dieser Art verbunden sind, und jeder, der Anfänger unterrichtet, wird gleichwohl den Nutzen derselben nicht

gänz-

gänzlich abläugnen. Diese Betrachtung, nebst
dem Bewußtseyn, gut gemeinte Absichten bei meiner Arbeit gehabt zu haben, könnte mich auch bei
den bittersten Vorwürfen des Selbstsüchtigen be-
ruhigen.

Unter den Recensionen, welche mir bisher
über den ersten Theil zu Gesichte gekommen sind,
und über welche ich mich zu beklagen keineswegs
Ursache finde, hat mir die des nunmehrigen Herrn
Festungsbauprediger, M. Hasche, dessen rühmli-
cher Eifer für Aufklärung der Vaterlandsgeschichte bekannt genung ist, am allermeisten genutzt.
Nur er hat meinen eigentlichen Zweck vor Augen
gehabt, und mich nach denselben beurtheilet. Hingegen hat der Verfasser der, im 43 Stük der Er-
furter gelehrten Zeitung von 1788, abgedruckten
Recension meine Absicht ganz gewiß verkannt,
wenn er Herrn M. Leonhardi's Erdbeschreibung ꝛc.
und meinen Versuch zusammen stellt, aus jenem
Buche ausschreibt, was in den meinigen fehlt,
nach meiner Absicht fehlen sollte, und es mir zum
Vorwurfe macht, daß ich die neuere Geographie
nicht

nicht so umständlich behandelte, wie Herr Leonhardi. Hätte der Herr Recensent, in eben dem
gemäsigten anständigen Tone, seine Gedanken, in
Hinsicht auf meinen in der von ihm gelesenen Vorrede deutlich angegebenen Zweck, bekannt gemacht, gewiß würde mich des aufrichtigsten Dankes schuldig gemacht haben. Der Vorwurf:
daß ich die Quellen nicht anführte, ist gerecht,
und ich würde ihn ganz gewiß zernichten, wenn
es gegenwärtig noch, so möglich wäre, als vor dem
Abdrucke des Werkchens. Daß ich eine Menge
grofer und kleiner Schriften, die nicht alle überall zu haben sind, aufschlagen mußte, fällt dem
Sachkundigen in die Augen, und ich würde ein
vollständiges Verzeichniß derselben geben, wenn
es zu Erreichung meines Zweckes etwas beitragen
könnte. Die Belege müssen nothwendig im
Werke selbst angegeben werden, weil der Anfänger doch aus einem blosen Register das Gesuchte
ohne grosen Zeitverlust nicht auffinden kann.

Endlich muß ich noch Dem mit allen Theilen der Vaterlandsgeschichte so vertrauten Herrn
Pro

Profeſſor Arnd, in Leipzig, Deſſen groſe Verdienſte man daſelbſt, wie ich höre jezt, mehr als ehehin zu ſchätzen und zu nützen anfängt, meinen innigſten Dank für die gütige Unterſtützung ſagen, die mir Derſelbe geleiſtet hat.

Uebrigens wünſche ich: daß meine Bemühungen, beſonders für ſolche, die ohne groſe Hülfsmittel zu haben, eine Ueberſicht der Begebenheiten und Schickſale unſers Volks zu erlangen wünſchen, nicht ganz vergeblich ſeyn möge.

Dresden, am 7. Jun.
1789.

Was gleich im Anfange des erſten Theils dieſes Verſuches erinnert worden iſt: daß man nemlich von dem geographiſchen Zuſtande des Landes, unter den erſten uns bekannten Bewohnern deſſelben, nichts beſtimmtes ſagen könne, müſſen wir auch hier wiederhohlen. Die Nation, welche wir in der Geſchichte zuerſt in denjenigen Landſtriche finden, den man jezt unter Ober-und Niederlauſiz begreift, führte den Namen Semnonen oder Sennonen, und war *) an Sitten, Gewohnheiten, Nahrungsart und bürgerlicher Verfaſſung den Hermunduren völlig gleich, wie ſie denn auch einerlei Urſprung mit ihnen

---

*) Richtig ſchildert Möſer in der Osnabrückiſchen Geſchichte die Verfaſſung dieſer Teutſchen. „Die erſten Teutſchen, ſpricht er, waren Prieſter und Könige in ihren Häuſern und Hofmarken. Sie richteten über das Leben ihrer Familie und Knechte, ohne einander Rechenſchaft zu geben. Jeder Hof war gleichſam ein unabhängiger Staat, der ſich von ſeinen Nachbarn mit Krieg oder Friede ſchied. Jeder Hausvater handhabte ſeinen eignen Hausfrieden; und wie ſie ſich, mehrerer Sicherheit halber, enger verbanden, ward dieſe Befugniß nicht aufgehoben, u. ſ. w.

nen hatte. Sie waren, nach dem Tacitus, nebſt den Hermunduren, ein Zweig der berühmten groſen Sweviſchen
Nation, und unter dieſen für die allertapferſten gehalten.
Sie bewohnten aber nicht allein die Ober- und Niederlauſitz, ſondern ſie hatten ſich längſt der Morgenſeite der
Elbe, vom Urſprunge dieſes Fluſſes, bis in das heutige
Niederſachſen ausgebreitet. Bei der groſen Völkerwan-
derung hatten ſie mit den Hermunduren, ihren Nachbarn, gleiches Schikſal, ſie wurden mit andern deutſchen
Völkerſchaften vermiſcht, und verloren endlich ihren Namen. In ihre Stelle rükten, wie bekannt, die aus
Servien kommenden Slaven, welche auch aus mehreren groſen Haufen beſtanden, davon jeder ſeinen beſondern Namen hatte. In die Oberlauſitz kamen die Mil-
zіener, in die Niederlauſitz hingegen, die Luſitier oder Lutitier zu wohnen. Da ſie eine feſtſitzende Nation waren,
und ſchon Kenntniſſe von Ackerbau und Städten mitbrachten, ſo ergab ſich daraus von ſelbſt, daß ſie dem
Lande eine Art von geographiſcher Verfaſſung geben mußten. Das nun geſchah auf die Weiſe, wie wir ſchon im
vorigen Theile von den Sorben, Siuslern und Dala-
miciern geſagt haben, auch hier.

Es wurden verſchiedene Abtheilungen gemacht, denen
die deutſchen Schriftſteller, die unter ihnen bekannte Benennung einzelner Diſtrikte, Gau *) (Pagus) beilegten.
Der größte, oder vielmehr derjenige Gau, in welchen
der Fürſt oder Vornehmſte wohnte, wurde mit den Namen

---

*) Man ſehe den 1 Theil.

men des Volks belegt, die Kleinen hingegen, von einem
Orte, Berge, Thale, Flusse u. s. w. benannt.

Wir wollen nun, so weit es möglich, die einzelnen
Gauen beschreiben, und bei der Oberlausitz anfangen.

I. Hier saßen die Milziener, welche König Heinrich 922
zwar nicht völlig unterjochte, aber doch zwang, einen
ansehnlichen Tribut zu bezahlen, und die er durch die
Festung Meisen und seinen daselbst bestellten Marggra-
fen in Zaum hielt. Sie hatten sich aber ungleich weiter
ausgebreitet, als in der heutigen Oberlausitz, wie sich
aus der Beschreibung der Gauen sogleich ergeben
wird.

1) Der vorzüglichste dieser Gauen hieß Milzia, oder
Milza; auch Miljena und Mileczko. Er gränzte
gegen Morgen an Pohlen; gegen Mittag an Böhmen; gegen Abend an Zugost, und gegen Mitternacht an Budißin. Er begrif die Orte Görlitz,
damals Horzelecz, Lauben mit seinem Distrikte.
Wahrscheinlich machte die Neise die Gränze zwischen diesem und den folgenden Gau.

2) Budißin, welcher gegen Mittag an den vorigen,
gegen Abend an Nisen, gegen Morgen und Mitternacht an Zarow und Lusici gränzete.

3) Der Gau Zagost fing sich in Meisen um die Gegend
von Sebnitz an, gieng zwischen Böhmen und dem
Gau Budißin einen Strich in die heutige Oberlausitz
hinein, und zwar so, daß er sich oberwärts bis an
den jezigen Zittauischen Kreis, niederwärts aber bis
gegen Jauernik hin sich erstrekte. Vorwärts gieng

 A 2 er

er bis an die Neiße, und nahm noch einen guten
Theil jenseit derselben ein. Zagost gränzte gegen
Abend und Mitternacht mit Nisen, welcher sich
an beiden Seiten der Elbe bis unter Dresden gegen Meisen herab erstrekte, den Milzienern zuerst
durch die in Meisen bestellten Markgrafen entrissen ward, und deswegen schon im ersten Theile bei
der Beschreibung des Daleminzier landes angeführt worden ist.

II. Die Lusicier, oder auch Lutitier, hatten sich in der
Niederlausitz ausgebreitet, und das land in verschiedene Gauen getheilt, worunter

1) Lusici der vorzüglichste war. Er begrif die Gegend um Dame, Schönewalde, Schlieben, Sey-
de, Jüterbok, Baruth, die Herrschaften Dobrilugk, Sonnenwalde und Thräne, den Lukkaui-
schen und Sprembergischen Kreis, reichte von der
Elbe bis über die Spree. Er hatte gegen Mittag
Budißin, gegen Abend die Elbe, gegen Mitternacht Plonim, der ohngefehr den mittelsten Theil
des heutigen Kurkreises ausmachte, und Selpuli;
gegen Morgen Zara oder Zarow zu Gränzen.

2) Selpuli lag dem vorigen gegen Mitternacht, und
begrif die Gegend von Lübben, Storkau und Beskau.

3) Zarow oder Sarow, (welches Wort im Wendischen die Morgenröthe bedeutet,) der den äußersten
gegen Morgen gelegenen Theil des Lusicier landes,
das heutige Gebiet von Sorau und dem Gubenschen

schen Kreis in sich faßte, und gegen Morgen und
Mitternacht bis an die Oder und Bober reichte.

Das Land wird von den Sachsen
erobert.

Schon im ersten Theile dieses Buchs ist bemerkt worden, daß die verschiedenen slavischen Nationen, die an
Muth, Tapferkeit und list den Deutschen wenig oder
nichts nachgaben, nicht alle auf einmal und zu einer Zeit
haben unterjocht werden können, daß vielmehr die fränkischen und sächsischen Könige beinahe 300 Jahre lang
mit ihnen kämpfen mußten, ehe sie dieselben völlig unterjochen, und zu ruhigen und gehorsamen Unterthanen
machen konnten. Die Thüringer und Sachsen hatten
ohnstreitig den allergrösten Antheil an der Unterdrukung
dieser Nationen, und also hatten sie auch das gröste Recht
auf den Besitz des bezwungenen landes, welches ihnen
zwar oft durch wiedrige Habsucht streitig gemacht, und
durch Gewalt entrissen worden, aber doch endlich durch
Klugheit und Tapferkeit wiederum, wenigstens gröstentheils zu Theil worden ist. Alles dieses wird aus nach-
folgender kurzen Erzählung der Geschichte dieser beiden
Markgrafthümer, wobei wir besonders auf die Verän-
derung des landes in Rüksicht seines geographischen Zustandes sehen, klar werden. Wir fangen, um der Zeit-
folge getreu zu bleiben, bei der Niederlausitz an, welche
den Namen: lausitz, bis gegen die Mitte des 15ten Jahrhunderts ganz allein geführt hat, und ohnstreitig eher

von

von ſächſiſchen Herren förmlich beherrſchet worden iſt, als die heutige Oberlauſiß.

Unter den Slaven erſtrekte ſich die Niederlauſiß, oder das Land Luſici, gegen Abend bis an die Elbe, deren entgegengeſeztes Ufer damals die Siusler Slaven bewohnten. Schon Herzog Otto der Erlauchte von Sachſen hatte den Siuslern das Joch angelegt, ſein Sohn, König Heinrich der Vogler aber, hatte ihre Provinz in Grafſchaften getheilt, und in dem an Luſici ſtoßendem Theile derſelben einen Markgrafen beſtellt, welcher die, auch ſchon oft bezwungenen, noch aber nicht völlig unterjochten Liſicier in Zaume halten ſollte.

Der hieſige Markgraf iſt wahrſcheinlich ſchon 907 oder 908 angeſtellt worden, und alſo eher, als der in Meiſen, denn dieſe Stadt wurde 922 erſt zu bauen angefangen. Seine Mark hieß: Marchia Orientalis, oder auch Marchia inter Albim & Salam.

Heinrich ſelbſt hatte das ganze Land der Luſicier durchzogen, war bis an ihre Hauptſtadt, Lebus, vorgedrungen, hatte dieſelben erobert und verbrannt, das Volk Tribut zu geben gezwungen, mußte aber doch die völlige Unterjochung ſeinem Sohne, Otto dem Groſen, überlaſſen. Otto des Groſen Statthalter, Markgraf Gero von Brandenburg, überwand die Luſicier endlich 959 völlig, und herrſchte auch über dieſelben.

Auf Markgraf Gero folgte Wiſer oder Wigger, und dieſem Hugo in der Verwaltung dieſes neuen Amtes, da aber lezterer 997 ſtarb, ſo ward die Mark Luſici dem Mark-

Markgrafen Gero, der in der vorhin angeführten Marchia Orientali herrschte, und ein Sprösling des Busischen oder Wettinischen Stammes war, gegeben; der zwar nunmehr zwo Markgrafschaften hatte, aber in Rücksicht der erstern blos die Dienste eines Grafen verrichtete, weil auf dieser Seite keine Grenzen mehr zu bewachen und zu erweitern waren. Die Gewalt der Sachsen hatte sich nunmehr bis an Schlesien, das damals zu Pohlen gehörte, verbreitet, aber ihr Markgraf auf dieser Seite hatte auch viel mit diesen unruhigen Volke zu kämpfen. Schon im Jahre 1002 fiel Boleslav, Herzog in Pohlen, ein, nahm Ober- und Niederlausitz, auch einen Theil des Markgrafthums Meisen nebst seiner Hauptstadt in Besitz, räumte jedoch alles bald wieder, da Kaiser Heinrich II. seinen Stiefbruder Gunzelin zum meißnischen Markgrafen machte. Gero regierte von dieser Zeit an ruhig über seine Länder, die sich von der Saale bis an die Oder erstrekten, und nach seinem 1015 erfolgtem Tode kam sein Sohn Dittmar zum Besitz derselben. Auch Dittmar führte eine ziemlich friedliche Regierung. Als er aber 1029 starb, so meldete sich Siegfried, ein Abkömmling des ehemaligen hiesigen Markgrafen Hudo, oder Udo (Otto) und suchte sich, durch Hülfe der Pohlen, mit Gewalt in den Besitz dieses Landes zu setzen. Die Pohlen benuzten diese Gelegenheit, fielen nicht allein in die Lausitz, sondern auch zwischen der Elbe und Saale ein, raubten und plünderten gewaltig, bis endlich der Kaiser 1031 mit einer Armee gerüfte, die Pohlen zurücktrieb, und Dittmars, des lezten Markgrafen

A 4   Sohn,

Sohn, der auch Hubo hieß, einſeʒte. Wenn dieſer
Markgraf geſtorben, läßt ſich nicht beſtimmen.

Nach ihm regierte bis 1075 Dedo, welcher einen
Sohn von 6 Jahren hinterließ, dem die Böhmen die
Mark Lauſiʒ auf einige Zeit entriſſen, aber durch Hülfe
der Sachſen verjagt wurden. Er ſtarb 1123 ohne Erben, und ſein Vetter, Conrad der Große, erhielt anfangs
nur ſeine Lande zwiſchen der Elbe und Saale, weil ſich
Graf Wiprecht von Groiʒſch und Graf Albert von Ballen-
ſtädt um die Lauſiʒ zankten. Endlich 1136 kam die Lauſiʒ
doch wieder an das Wettniſche Haus, und Konrad der
Große gab ſie, in ſeiner bekannten Theilung, 1156, ſeinem
zweiten Sohne, Dietrich, unter welchem dieſes Markgrafthum erſt ſeine rechte Verfaſſung bekam, da es von
den Pohlen und Böhmen nicht mehr ſo beunruhiget und
erblich wurde. Dietrich regierte bis 1185, und hinterließ nur einen natürlichen Sohn, welcher Biſchof zu
Merſeburg worden war, daher fielen ſeine Lande an ſeinen jüngern Bruder *) Dedo den Dicken, oder Fetten
Grafen zu Rochliʒ und Groiʒſch, der aber 1190 auch
ſchon aus der Welt gieng, und ſeine beiden Söhne Conrad **) und Dietrich bis 1210 zu Nachfolgern hatte,
wo

*) Dedo ſoll dem Kaiſer, Friedrich dem Erſten, ein förmli-
ches Lehngeld von 4000 Mark, auch ſeinem Bruder,
Otto dem Reichen von Meiſen, der gleichfalls Anſprüche
auf die Niederlauſiʒ machte, eine anſehnliche Summe
zur Entſchädigung gegeben haben.

**) Conrad hatte eine Tochter, die an den Kurfürſt Albert
II. zu Brandenburg vermählt ward, und die Ruländi-
ſche und Lowenſche Herrſchaften, welche ihr Vater in
Oberlauſiʒ beſaß, zur Mitgift erhalten hat.

wo auch dieser Stamm verloschen, und die Lausiß, nebst
den übrigen Besißungen, an die Hauptlinie, welche damals Dietrich der Bedrängte führte, zurück gefallen ist.
Auch er mußte die Niederlausiß mit 10000 Mark Silber vom Kaiser Otto lösen.

Dietrichs Lande wurden bekanntermaßen nicht getheilt, sondern für seinen jüngsten Prinzen Heinrich, der
bey des Vaters Ableben, 1222, erst 3 Jahr alt war, von
dem Landgraf Ludwig von Thüringen vormundschaftlich
verwaltet.

Heinrich hatte *) 2 Söhne, Albert und Dietrich,
welchen er seine Lande schon 1263 zum Theil übergab.
Das eigentliche Markgrafthum Meisen aber, nebst der
Niederlausiß, behielt er bis an seinen im Februar 1288
erfolgten Tod, da Albrecht Meisen, Friedrich Tuta **)
aber die Markgrafschaft Lausiß erhielt, welche er jedoch,
vielleicht noch in den nemlichen Jahre, nach Verordnung
seines Vaters, an seinen Vetter, Theodrich den jüngern,
(oder Tizmann) Landgrafen von Thüringen, abtrat. Tizmann nahm also, 1288, Besiß von der Niederlausiß, und
machte verschiedene neue Anstalten zur glüklichen Regierung derselben. Er hielt sich sehr oft in der Hauptstadt,
Guben, selbst auf, saß zu Gericht, und ordnete redliche

A 5   und

---

*) Friedrich der Kleine, und Herrmann der Lahme, die
Heinrich mit Elisabeth von Maltiß erzeugte, und deren
Erbfolge seine beiden ältern Söhne nicht anerkennen
wollten, liegen in dem von Heinrich gestifteten Kloster,
Neuenzell, in der Niederlausiß, begraben.

**) Tuta war Heinrich des Erlauchten Enkel, und beerbte
ihn, weil sein Vater Dietrich der Weise schon 1285 gestorben war.

und geschickte Männer zu Advokaten (wie man damals
die höchsten Staats-Bedienten nannte) an. Allein die
Feinde dieser beiden unglücklichen Brüder konnten auch
diesen Landstrich nicht ohne Misgunst an sie fallen sehen.
Markgraf Johann von Brandenburg machte Ansprüche
auf denselben, welche er mit den Waffen zu beweisen be-
reit war. Er brach in dieser Absicht mit einem ansehnlichen Heere in Niederlausitz ein, wurde aber von den
Markgräflichen Truppen, welche Diezmann in eigener
Person anführte, nachdrücklich zurück gewiesen. Den
Schimpf zu rächen, warb Johann nicht nur eine neue
Armee, sondern wiegelte auch den Fürst Eberhard von
Anhalt auf, in die markgräflichem Lande einzufallen, wozu sich dieser nicht lange nöthigen ließ. Heinrich von
Ende wurde den Anhaltinern entgegen geschikt, welcher
sie bei Torgau traf, schlug, und ihren Fürsten gefangen
nahm, der sich mit 16000 Mark Gold lösen mußte.
Diezmann schlug die Brandenburger, verfolgte sie bis
in ihr Land, und zwang ihrem Markgrafen, seine Tochter
an den Landgrafen Friedrich den Gebißnen zu vermählen,
wodurch endlich der Friede befestiget ward. Allein da in
der Folge der Kaiser Adolph von Naßau in Thüringen
einfiel, und die beiden Brüder beschäftiget waren, ihn
wiederum zu verjagen, so nahm der treulose Schwiegervater Friedrichs, die Gelegenheit wahr, fiel unvermu-
thet in Lausitz ein, und nahm, da man ihm keine Armee
entgegen stellen konnte, einen Ort nach dem andern weg,
wurde aber auch damals bald zurük getrieben. So behauptete Landgraf Diezmann die Niederlausitz bis gegen

das

das Ende des 1303ten Jahres, wo er sie nach Wilkens
Meinung, höchst wahrscheinlich an Markgraf Herrmann den langen von Brandenburg überließ. Ein Um-
stand ist noch zu berühren, welcher in der Zeit seiner Regierung über dieses Land sich ereignete, und dessen nähere
Entwikelung ein großes Licht über den damaligen geographischen Zustand desselben geben kann.

Im Jahre 1301 hatte der Erzbischof Burchard zu
Magdeburg, man weiß nicht durch welche Mittel, den
Markgrafen dahin gebracht, daß er seine Mark oder
Provinz Lausitz an den Erzbischof, und sein Erzstift gegen 6000 Mark Silber überlassen wollte, und auch unterm dritten August, gedachten Jahres, zu Dama (welches damals zur Lausitz gehörte) einen Kaufbrief abfassen
ließ. Doch wurde dieser Entschluß nicht ausgeführt.

In dem über diesem Kauf abgefaßten, beim Wilke
in Ticemanno p. 155. in Cod. dipl. abgedruckten Briefe,
werden die Gränzen des Landes, welches man damals unter den Namen Lausitz begrief, bestimmt, und alle wichtige, in selbigen gelegene Orte mit Nahmen angeführt.
Die Gränze gieng nach jener Beschreibung folgendergestalt. Gegen Abend fing sie beim Ursprunge des Flüs-
chens Golze, unmittelbar hinter der Stadt Dame an,
und gieng an demselben hin, bis an seinem Ausfluß in
die Spree. Hier machte lezterer Fluß die mitternächtli-
che Gränze, welche sich an ihm hinab bis an das kleine
Wasser Slaube, das bei dem Städtchen Liberose fließt,
und jezt als Kanal die Spree und Oder verbindet, er-
strekt. Von da machte die Oder, und sodann die Bober,

die

die östliche Gränze, bis an den Einfluß des Queis in die
Bober. Von hier (vom Einfluß des Queis in die Bober) zog sich die Gränze an Schlesien der Mark Görliz
und Budißin hin, bis an den Ursprung der schwarzen Elster, und sodann weiter an selbiger hinab.

Man sieht hieraus, daß die Gränzen größtentheils
noch die nemlichen sind, wie sie ehemals waren, bis auf
einige kleine Stücke, die an Brandenburg, den Kurkreis
und Meißen gekommen sind.

An Städten, Schlössern und Herrschaften fanden
sich damals:

a) dißeits der Spree

1) Dama, eine Stadt mit einem Schlosse, war in den
ältesten Zeiten mit seinem Zubehör ein Burgwart
gewesen, hat hierauf bis 1463 zur Niederlausiz
gehört; ist aber im gedachten Jahre vom König
Georg in Böhmen, den Erzbißthume Magdeburg
überlassen worden.

2) Bernwalde, ein Hauß*) und Schloß, gehört jezt
zu der Mark Brandenburg, liegt nicht weit vom
sächsischen Kurkreise.

3) Teupiz, Tupz auch Tupza, war eine den Schenken
von Landesberg gehörige Dynastie, die Ludwig Alexander, Schenke von Landsberg, 1717, an den König
von Preußen verkaufte.

4) Storkau und Beskau, beides Dynastien, ehemals
den ausgestorbenen Herren von Strehle gehörig,
von welchen sie an die von Biberstein kamen, die sie
1477

*) markgräflich Gut.

1477 an Ernſt und Albert von Sachſen, und bald
darauf an das Bißthum Lebus verſetzten, mit welchen ſie an das Brandenburgiſche Hauß gediehen
ſind.

5) Buchholz oder Buchholk, eine Stadt, Schloß und
Dynaſtie, zu Dizemanns Zeiten den Herren von
Strehle zuſtändig. Hierauf bekamen es die Schen-
ken von Landsberg, und nach deren Ausſterben die
Markgrafen von Brandenburg.

6) Golſen, Golſchin, oder Golſin, ein Schloß ohn-
weit Lübben. Es mag in den älteſten Zeiten ein
Schloß und Burgwart geweſen ſeyn, man findet
Burggrafen von Golſin.

7) Lucowe ſchon 1301. — 1364. 1368 und 1411
ſtehet ſie, als die vorzüglichſte Stadt der Lauſitz, in
öffentlichen Urkunden oben an. Sie hatte ein
Schloß das dem Landgraf Diezmann ſehr oft zum
Aufenthalte diente, von welchem auch die Stadt
anſehnliche Freiheiten erlängte.

8) Rychenwalde ein Schloß — heut zu Tage ein dem
lukauiſchen Rathe gehöriges Dorf. Auf dem ehemaligen ſehr feſten Schloſſe ſtand eine Rolandſäu-
le, und alſo war ein Landgericht hieſelbſt. Zum
Schloße gehörten 5 Dörfer, welche der Rath zu
Luckau von den von Biberſtein kaufte, und mit Kaiſer Wenzels Erlaubniß das Schloß ſchleifen ließ.

9) Der Stuhl zu Reineswalde, oder Geringswalde,
war der Siz des bekannten Markgrafen Gero, jezt
iſt es ein Dorf.

10) Der

10) Der Stuhl Zimmeʒ — jeʒt ein zwiſchen Lucka und Calau gelegenes Dorf.

11) Sunnenwalde — Sonnenwalde, ein Schloß und Dynaſtie, welches in den älteſten Zeiten die von Ilburg beſaßen, worauf es an die von Münkwiß, und ſodann an die von Solms gediehen iſt.

12) Finſterwalde, Stadt und Schloß, gehörte den von Jlenburg als ein markgräfl. Lauſißes Lehn, kam nachher an die von Pak, welche es 1425 an Friedrich den Streitbaren verkauften — deſſen Nachkommen es zwar wiederum an die v. Münkwiß, ſodenn aber an die von Diskau verlehnten, aber unter Johann Georg I. wiederum an ſich kaufte.

13) Kaloue — Calau — war eine bloſe Stadt der von Jlburg; allein 1411 wird ſie ſchon unter die 6 vorzüglichſten Städte der Lauſiß gerechnet.

14) Stadt und Schloß Sempfenberg (Senftenberg) gehörte damals als ein markgräfliches Eigenthum zur Niederlauſiß, und ward durch einen ſogenannten Advokaten verwaltet.

15) Elſterwerda und Mückenberg liegen zwar diſſeits der Elſter, und gehören nebſt dem vorhergehenden zu Meiſen, machten aber zuverläßig damals einen Theil der Lauſiß aus.

16) Stadt und Schloß Trebkow (Drebkau) gehörte den von Köckeriß, deren Familie Diezmann beſonders ſchäßte, von ihnen bekamen es die von Jlenburg.

17) Stadt

17) Stadt und Schloß Spreuenberch (Spremberg)
machte eine Dynastie, gehörte mit seinem Zubehör
den Grafen von Schwarzburg, diese verkauften
alle ihr Recht auf dieselbe dem Kaiser Karl IV.
1460 für 33000 Groschen. Hierauf ward sie
den von Kittliz gegeben, und nach deren Aussterben fiel sie an den Kurfürsten, welcher auch noch
jezt Stadt, Schloß und Zubehör (das aus etlichen
Dörfern besteht) eigenthümlich besitzet, so daß sie
zu keinem Kreise gehört.

18) Stadt und Schloß Kohebuß und das neue
Schloß dabei, hatte anfangs seine eigene Herren, die
den Nahmen von selbigen führten. Der Pirnaische
Mönch erzählt besonders viel von dem Reichthum
dieser Stadt und Pflege an Fischen, und preißt ihr
gutes Bier. George von Podiebrad, König von
Böhmen, überließ sie an das Hauß Brandenburg,
dem es auch noch jezt gehört. Von dem alten Schlosse siehet man jezt nur noch die Ueberbleibsel, das
neue lag neben der Stadt.

19) Lubbenow, Lubenau an der Spree, gehörte vermuthlich dem Markgrafen unmittelbar, in der Folge besaßen es die von Polenz.

b) Vom Kloster Dobrilougk und den zu selbigen, bißeits
der Spree in der Lausiz gelegenen, gehörigen Orten.

Dobrilougk kommt schon im Jahre 1005 bey den
Schriftstellern vor, und 1181 stiftete Markgraf Dietrich
ein Kloster daselbst, und besezte es mit Cistercienser-
Mön-

Mönchen. Dietrich der Bedrängte, und sein Sohn
Heinrich der Erlauchte, beschenkte dasselbe außerordentlich, und machte den Abt zum ersten Prälaten des gesammten Markgrafthums. Es gehörte zu selbigem Kloster nicht allein der ganze Ort Dobrilougk, sondern auch
die Güter Kleinhof, Schulz und Gruhna, welche im Gau
Dalaminzi, und also in der Mark Meisen, und zwar dif-
seits der Elbe lagen.

Ferner das Städtchen Kirchhain, welches zu Diezmanns Zeiten nur noch ein Dorf war, und noch überdies
etliche 40 Dörfer, viele Mühlen, Wälder und Teiche,
nebst einigen an der Elbe, besonders um Belgern gelegenen Weinbergen.

c) Jenseits der Spree. Dieser Theil begreift vorzüglich die Provinz Sarowe — welche aber viel weitläuf-
tiger als die jezige Herrschaft Sarou war, indem sie
das, was dem Kloster Neuzell gehört, und den größten
Theil des Gubenschen Kreißes in sich begrif. *) Von
der Dynastie

1) Sorau, waren von den ältesten Zeiten her die von
Pak — in Urkunden Pach — Besitzer, von welchen
sie zu Anfange des 15ten Jahrhunderts an die von
Biberstein kam. Naher fiel sie an Kaiser Ferdinand I. welcher sie an die von Promniz verkaufte.

2) Forsta — sonst die Veste Forste — und Pförtchen
gehörte den von Ilburg, und in der Folge kam es
an

*) Die Fuldischen Annalen melden: Tacgulf, ein Böh-
mischer Graf, habe gor die Provinz Sarowe dem Kloster Fulda in Testament vermacht, und Karl der große
habe diese Schenkung bestätiget.

an die von Biberstein, und 1667, da diese Familie ausstarb, fiel ersteres an die damaligen Besitzer
der Lausitz, die Herzoge von Merseburg, und lezteres an die Grafen von Promnitz, endlich kamen beide an den Premier-Minister, Grafen von Brühl.

3). Triebel — Trebule, eine Stadt und Dynastie, gehörte unmittelbar den Markgrafen zu, kam aber
bald in die Hände der von Promnitz.

4) Guben, Chubin, stehet in den Urkunden gleich nach
Luckau, und ist jederzeit den Markgrafen unmittelbar unterworfen gewesen. Kaiser Karl IV. schlug
sie, nebst Sommerfeld, Peiz und Fürstenberg, zum
Fürstenthum Görliz, als er selbiges seinem Sohne
Johann übergab, aber Wenzeslaus brachte sie wieder zur Niederlausitz.

5) Lieberose, sonst Stadt und Schloß Lubraz, war dem
Markgrafen unmittelbar unterworfen.

6) Schedellaure, Schiedle, ein Schloß ohnweit Guben, gehörte gleichfalls den Markgrafen eigenthümlich, wurde aber von ihnen 1316 an das Kloster
Neuzell verkauft.

7) Fürstenberg, eine Stadt an der Oder, hieng auch
von den Markgrafen ab, bis sie 1316 an Neuzell
verkauft wurde.

8) Schenkendorp, Schloß und Stadt, stand den
Schenken-von Landesberg zu.

9) Lubenau — Lübben, gehörte zu Diezmanns Zeiten
noch dem Kloster Dobrilougk, von welchen sie erst,
1355, an die Markgrafen kam, deren Staatsbe-

dienten auch von jenen Zeiten, so wie der Archidiakon — in dieser Stadt ihren Siz hatten.

10) Sommerfeld, Schloß und Stadt, gehörte ehemals
den Markgrafen — gegenwärtig stehet es, unter
Brandenburgischer Hoheit, einer adelichen Familie zu.

11) Die Peyz — war gleichfalls dem Markgrafen
zuständig, ist aber erst, nachdem es in Brandenburgischer Gewalt ist, so ansehnlich befestiget.

11) Das Kloster Altenzell mit seinem Zubehör, welches Markgraf, Heinrich der Erlauchte, im Jahre
1268. gründete, und reichlich ausstattete; welches
sein Enkel Diezmann so ansehnlich beschenkte, daß
man ihn den zweyten Stifter dieses Klosters nannte. Sein Gros-Vater hatte selbiges zu Starze-
del erbauet, und er verlegte es nach Schlaben, wo
es noch jezt ist. Es ist der Maria geweihet, und
mit Cistercienser-Mönchen besezt. Das Kloster
besaß gegen 50 Dörfer, nebst dem Städtchen: Vor-
stenberch) (Fürstenberg).

Dieses wäre also eine kurze Uebersicht des geographischen Zustandes der Niederlausiz, von den ältesten Zeiten,
bis in das 13 und 14te und 15te Jahrhundert. Denn
obgleich zunächst aus dem berüchtigten, zu Dame am
3 August 1301. aufgesezten Kaufbriefe geschöpft worden
ist, so sind doch dabei auch in der Mitte und am Ende gedachtem Jahrhunderts gegebene Urkunden genuzt worden.
Wir werden also hier die ältere Geographie der Niederlausiz abbrechen, und zur Oberlausiz übergehen, wenn

-wir

wir noch etwas von den Besitzern dieses Landes, nach
Landgraf Diezmann gesagt haben.

Es ist schon oben bemerkt worden, daß Friedrich mit
der gebißnen Wange, Diezmanns Bruder, nach den sicher-
sten Untersuchungen der Geschichtskundigen, dieses Markgrafthum nie besessen hat; sondern daß es Tiezmann vielmehr, gegen das Ende des 1303ten Jahres, an Markgraf Herrmann dem Langen abgetreten habe, und daß
das gewöhnliche Vorgeben, als habe der gebißne Friedrich jenen unglücklichen Krieg, mit Markgraf Woldemar, der von 1311 bis 1317 dauerte, und in welchem
Friedrich seine Freiheit auf einige Zeit verlohr, der Lausitz wegen geführt, unrichtig sei. Zwar ist die Urkunde
über diesen Landesabtritt nicht zu finden, man schließt
aber die Gewißheit desselben daher: weil a Landgraf Diezmann nach dem Jahre 1303 aufgehört hat, sich Markgraf der Niederlausitz zu nennen, b) weil vielmehr die
Brandenburgischen Markgrafen von dieser Zeit an jenen
Titel zu führen, und Anstalten und Veränderungen in
der Niederlausitz zu machen, anfiengen, die augenscheinlich
nur dem wirklichem Besitzer derselben zukommen konnten.
So bestätigten z. B. Markgraf Herrmann der Lange
schon 1306 der Stadt Guben, die er die Seinige nennt,
alle Rechte und Freiheiten, die sie von langer Zeit her gehabt hätte; und dergleichen Beispiele finden sich vor dem
Jahre 1311 sehr häufig, so, daß es auser allen Zweifel
gesetzt werden kann, daß die Lausitz schon vor Diezmanns
Tode in die Hände der Markgrafen von Brandenburg,
ascanischen Stammes, gekommen seyn müsse.

Mark-

Markgraf Herrmann der Lange, der sie an sein Haus gebracht hatte, starb im Jahre 1308, und hinterließ einen minderjährigen Erben, Johann den Erlauchten, für welchem sein Vetter, Markgraf Woldemar, die vormundschaftliche Regierung übernahm. Da aber Johann nach einer kurzen Regierung, 1316, ohne Nachkommen aus der Welt gieng, so folgte ihm sein Vetter und ehemaliger Vormund in der Regierung aller seiner Lande. Dieser Woldemar starb 1319, und mit ihm erlosch das markgräfliche Brandenburgische Haus, askanischen Stammes, völlig. Auf die Nachricht von seinem Tode brach sogleich Herzog Rudolph zu Sachsen, der sich für den nächsten Erben dieses Nachlasses deswegen ansahe, weil er gleichfalls aus der Askanischen Familie stammte, mit einer Armee auf, und bemächtigte sich nicht nur der Lausitz, sondern drang auch in die Mark Brandenburg, und nahm am 13ten Oktober Berlin ein. Doch der damalige Kaiser, Ludwig der Bayer, sahe diese Länder als eröfnete Reichslehne an, und zwang den Herzog Rudolph, die Lausitz seinem (des Kaisers) ältesten Sohne, Ludwig, abzutreten, welcher sie bis 1347 beherrschte. Ihm folgte sein Bruder, Ludwig der Römer, welcher bald darauf den 3ten Bruder Otto Antheil an der Regierung nehmen ließ.

Hierauf ward die Niederlausitz dem Land- und Markgrafen in Thüringen und Meisen, Friedrich dem Strengen, und seinem Bruder Balthasar, pfandweise überlassen; und endlich, von den zulezt genannten Brandenburgischen Markgrafen, Otto, der unter den Beinamen, der Bayer,

Bayer, bekannt ift, nebſt der ganzen Mark Brandenburg, gegen 200,000 Ungariſche Gúlden, an Kaiſer
Karl IV. verkauft. Karl belehnte 1364 den Schleſi-
ſchen Herzog Boleslav, oder Bolko, Herrn zu Schweinitz, mit der Niederlauſitz, nahm ſie aber nach deſſen Tode wiederum in Beſitz.

Er trennete hierauf die Städte Guben, Sommerfeld,
Peitz und Fürſtenberg von ſelbiger, und verband ſie mit
dem von ihm, zu Gunſten ſeines jüngern Sohnes, Johann, neuerrichteten Fürſtenthume Görlitz; der übrige
Theil aber, fiel ſeinem ältern Sohne, Wenzeslaus, zu.
Nachdem Johann geſtorben war, brachte Wenzeslaus,
der ihn beerbte, alles wiederum in die vorige Ordnung,
belieh aber ſeinen Vetter, den Herzog Jobſt in Mähren, mit der Niederlauſitz, und nach deſſen Ableben
ſeinen Bruder Sigismund, König in Ungarn und
Böhmen.

Sigismund und Albrecht, König zu Böhmen, ver-
ſetzte hierauf die Niederlauſitz erblich an ihren damaligen
Landvoigt in dieſem Markgrafthume, von Polenz, und
dieſer überließ ſein Pfandrecht an den Markgraf Friedrich
von Brandenburg, welcher ſich daher um das Jahr 1449
einen Obriſten Voigt und Verweſer des Landes zu Lauſitz nennt, und ſeinem Hauſe, zu deſſen noch in dieſem
Lande habenden Beſitzungen, verholfen hat.

Hiſto-

Historische Geographie der heutigen Oberlausitz.

Daß die slavischen Bewohner der Oberlausitz, ein von jenen in der Niederlausitz unterschiedene Volksklasse gewesen, und unter den Hauptnamen: Milziener begriffen worden sind, ist oben, bei der Beschreibung ihrer Gauen, erinnert worden. Auch haben sie ihre ursprüngliche Verfassung länger, als alle übrige Slaven in hiesiger Gegend, erhalten, weil sie die letzten waren, welche die Deutschen besiegten.

Vor Heinrich dem Vogler ist schwerlich eine deutsche Armee hieher gekommen, und auch dieser hat sie keinesweges unterjocht, wohl aber einige kleine Prangen der Nation, besonders in den Gauen, Nisen und Budißin zinsbar gemacht.

Die Meisnischen Markgrafen gaben sich besonders viele Mühe, auf dieser Seite weiter vorzubringen, und ihrem Amte dadurch Gnüge zu leisten, konnten aber, vor der Gründung des Bißthums zu Meisen, nicht viel ausrichten, weil die Milziener, durch die Böhmen besonders unterstüzt, sich aus allen Kräften vertheidigten. Vorzüglich gab sich der 3te meisnische Bischof, gegen das Ende des 10ten Jahrhunderts, alle Mühe, die heidnischen Milziener zu Christen zu machen, und sie dadurch zu bewegen, sich desto williger der deutschen Herrschaft völlig zu unterwerfen. Daher haben auch die deutschen Könige

(wel-

(welchen alle die neueroberten, oder auf andere Art unterworfenen Landſtriche der Slaven, gehörten, ſo lange die
Markgrafen nicht erbliche Beſitzer ihrer Marken waren)
beinahe alles in den Gauen Niſen und Zagoſt, dem
Bißthume Meiſen einverleibet, und die Markgrafen,
welche freilich auch auf ihren Nuzen dachten, mußten ſich
mit ſehr geringen Stücken begnügen.

Man findet aus eben dieſen Grunde: daß die folgenden meiſniſchen Biſchöffe, mit den daſigen erblich gewordenen Markgrafen, vorzüglich über die heutigen Bezirke und Ortſchaften der Aemter Dresden, Pirna, Dip-
poldiswalda, Stolpen und Sebnitz geſtritten haben, welche damals ohngeſehr die vorhin genannten Gauen ausmachten, und von Otto dem Groſen zum meiſniſchen bi-
ſchöflichen Sprengel geſchlagen worden waren. Wir
wollen nunmehr in die Zeiten zurück blicken, wo die Milziener noch unbeſiegt in ihren ſchon beſchriebenen Gauen
ſaßen, und die Veränderungen ihres geographiſchen Zu-
ſtandes, ſo viel möglich, kürzlich entwickeln.

Daß die Milziener Slaven bis zu Otto des Groſen Re-
gierungsantritt, und noch ſpäter hin, bald ihre eigenen Be-
herrſcher gehabt, bald von Böhmiſchen, bald von Pohlniſchen
Regenten beherrſcht worden ſind, iſt auſer allen Zweifel.
Doch iſt auch ſo viel gewiß: daß bald ein groſer Theil ihres
Landes, beſonders der an der Elbe gelegene, von den Markgrafen und Biſchöffen in Meiſen unterjocht, und von der
heutigen Oberlauſitz abgeriſſen worden iſt. Die Nachrichten von den älteſten Oberherren dieſer Provinz bleiben
ungewiß und unvollſtändig, was auch Maulius, Albin,

Scultetus, Leuber, Großer, Schneider und Carpzov
von ihnen melden, und allererst unter den böhmischen
Herzoge Uratislaus, (er ist der 18te unter den vom Carpzov specificirten Regenten der Oberlausitz) welcher seine
Tochter an den osterländischen Grafen Wiprecht von
Groizsch vermählte, läßt sich etwas mit Wahrheit von der
Oberlausitz sagen. Uratislaus war Herzog der Böhmen, und zugleich Oberherr der Milziener, doch scheint
schon zu seiner Zeit ein ansehnlicher Theil dieses Landes,
nemlich der Strich von Meisen an der Elbe bis Dresden
herauf, zur Mark Meisen gehört zu haben. Im Jahr
1080 vermählte er seine Tochter, Judith, mit Wiprech-
ten, und gab ihr, nebst der Pflege Zwikau, die Provinzen Misen, und Budißin, welche erstere damals vermuthlich nur noch in den heutigen Aemtern Stolpen,
Pirna und Hohenstein bestund.

Der übrige Theil der Oberlausitz blieb bei Böhmen.
Als hierauf Wiprechts Sohn, Graf Wiprecht der Jün-
gere, den abgesezten Boviwojus, Herzog in Böhmen,
wiederum eigenmächtig einsetzen wollte, und darüber in
Kaiser Heinrich V. Gefangenschaft gerieth, so mußte der
Vater, 1112, die Bezirke Budißin und Misen an diesen
Kaiser abtreten, um seinen Sohn in Freiheit zu sezen.

Heinrich V. belehnte sodann seinen Liebling und tapfersten General, Hoyer von Mannsfeld, mit denselben,
welcher 1114 den ältern Graf Wiprecht, der diesen Verlust freilich nicht gleichgültig ertragen haben mag, bei
Wahrenstädt in Thüringen überfiel, und dem Kaiser ein-
lieferte, welcher ihm den Kopf abschlagen lassen wollte.
Wi-

Wiprechts edler Sohn aber mußte den habsüchtigen Kaiser dadurch zu hintergehen, daß er ihm seine Grafschaft
Groizsch und alle andere erbliche Besitzungen abtrat, sich
hierauf mit den misvergnügten Sachsen verband, welche
auch wirklich die unter Hoyers von Mannsfeld stehende
Kaiserliche Armee, im Jahr 1115 am 11ten Februar,
bei Welphesholz (Wolfsholz) angriffen. Wiprecht forderte vor den Treffen den Mannsfeldischen Grafen zum
Zweikampf, und erschlug ihn, worauf auch seine ganze
unterhabende Armee in die Flucht getrieben ward. Hierauf mußte der Kaiser nicht nur seinen Vater in Freiheit
sezen, sondern ihm alle vorher besessene Lande wiederum
einräumen, welche er auch bis an seinen, am 22ten Mai
1124 erfolgten moralischen Tod, (er ließ sich am gedachten Tage in dem von ihm zu Pegau erbauten Kloster
einkleiden, und starb 1130 in selbigen) ruhig besessen,
und hierauf seinem jüngern Sohne, Graf Heinrich von
Groizsch, überlassen hat.

Heinrich vermachte hierauf 1128, da er keine Erben
zu erhalten hoffen konnte, Herzog Sobieslaus in Böhmen Sohne, Uladislaus, den er aus der Taufe gehoben
hatte, diese Lande im Testamente, und starb 1136.

Nunmehr kam also das ganze ehemalige Milziener
land unter böhmische Botmäßigkeit. Sobislaus bauete
die Stadt Görliz, die damals Czorzelecz hieß; (welcher
Name eine Brandstelle bedeuten soll,) erweiterte und ver-
neuete Budißin, starb 1140, und hatte seinen Sohn
Wladislaus II. zu seinem Nachfolger, welcher es anfangs
mit dem Kaiser Friedrich hielt, auch von ihm mit der

B 5   köni-

königlichen Würde beschenkt ward. Da aber eben dieser
Kaiser von dem Pabste Alexander den III. in den Bann gethan wurde, und die Böhmen auf päbstlicher Seite waren,
so erklärte Friedrich Wladislaus II. Sohn, der Albert
hieß, und Bischof zu Salzburg war, in die Acht. Mit
dieser Rache noch nicht zufrieden, entsezte er 1174 Wladislaus II. des Thrones, und erhob Sobislaus II. auf
denselben. Ersterer entfernte sich nun mit seiner Familie aus Böhmen, und gieng nach Merow oder Meran,
welches das Leibgedinge seiner Gemahlin, Judith, war,
und in der Oberlausitz lag. Gegenwärtig gehöret die
alte Herrschaft Meraw dem Kloster Marienstern.

Sobieslaus II. wurde schon 1178 von den Böhmen
verjagt, starb 1180 im Exil, und Friedrich, des ge-
kränkten Wladislaus II. Sohn, bestieg den Böhmischen
Thron, den er auch bis an seinen 1190 erfolgten Tod
mit vielem Ruhm behauptete. Conrad III., ein Prinz
aus dem Herzoglichen mährischen Hause, mit welchem
Friedrich verwand war, beerbte ihn, starb aber auch bald
darauf 1191 in Italien, wohin er dem Kaiser Heinrich
VI. gefolgt war. Nach seinem Tode zankten sich Wenzeslaus und Primislaus, beide böhmische Fürsten, um
sein nachgelassen Land, aber die Böhmen wählten den
Bischof und Herzog Brzetislaus zu ihrem Oberherrn,
welcher 1196 auch schon wiederum starb.

Nach ihm wurde Wladislaus III. zur herzoglichen
Würde erhoben, welcher jedoch schon nach 5 monatlicher
Regierung, seine Lande und Würden an seinem Bruder
Priemislaus II. mit der Bedingung abtrat, daß ihm da-
für

für das Markgrafthum Mähren völlig überlaſſen ward.
Priemislaus wurde aus dem Exil zur herzoglichen Würde gerufen, und hielt es (weil Deutſchland gerade damals
zwei Könige hatte) mit Philipp von Schwaben, welcher
ihm auch, im Jahre 1200, zu Mainz die Königs-Krone
aufſetzte, die von dieſer Zeit an beſtändig bei Böhmen
blieb. Doch verließ er Philipps Parthei, und hielt es
mit Otto IV., weswegen ihm der Name Ottocarus (Otto-
ni carus) beigelegt ward. Die vorzüglichſte ſeiner Handlungen, in ſo ferne ſie uns jezt wichtig ſind, iſt jene im
Jahr 1228 mit dem Biſchoffe Bruno von Meiſſen ge-
troffene Gränzberichtigung.

Bruno II., der 21ſte in der Reihe der meiſniſchen Biſchöffe, ſorgte auf alle erſinnliche Art für die Befeſtigung des
Evangeliums, oder vielmehr des Pabſtthums, unter den
Slaven, und eben dadurch für die Befeſtigung und Vermehrung ſeines Anſehns und Reichthums. Verſchiedene
Gegenden und Ortſchaften der Oberlauſitz hatten ſich bei den
bisherigen Unruhen ſeiner Gewalt entzogen, und ihm den Zehenden verweigert. Kaum war Primislaus zum Beſitz
dieſer Lande gelangt, als Bruno ihm zu bewegen wußte:
daß er ihm nicht allein den Zehenden von allen Bewohnern
der Provinz Budißin, ſondern auch ſogar von den königlichen in ſelbiger gelegenen Güthern zuſprach. Nicht
lange nachher entſtanden demohngeachtet Streitigkeiten
über die Gränzen, zwiſchen Budißin, Zagoſt und Böhmen, welche endlich im gedachten Jahre, durch Vermitt-
lung des mainziſchen Erzbiſchofs, Siegfried, beigeleget
wurden. Alles, was gegenwärtig zur Oberlauſitz gehört,
                                                    wurde

wurde damals von neuen der geistlichen Aufsicht des meißnischen Bißthums übergeben, nur den Distrikt um Zittau und den sogenannten Budißinischen Quelskrais ausgenommen, der unter das Bißthum zu Prag gehörte.

Zwei Jahre nach diesem Vergleiche gieng König Primislaus (1230) aus der Welt, und sein, schon bei des Vaters Lebzeiten zum König gewählter Sohn, Wenzeslaus III. Ottocarus folgte ihm. Seine Gemahlin Kunigunda, Kaiser Philipps Tochter, stiftete 1234 das Cistercienser-Nonnenkloster Marienthal in dem Dorfe: Seyfersdorf. Ihr ältester Sohn Primislaus Ottocarus III. folgte dem Vater in der Regierung, der andere, Uladislaus, ward Herzog in Oesterreich und Pohlen, und die Tochter, Beatrice, ward, 1231, an den Markgraf Otto von Brandenburg vermählt, und ihr die Städte Budißin, Görlitz, Lauban und Löbau mit ihren Distrikten zum Heirathsguthe gegeben.

Die Gegend um Zittau aber blieb bei der Krone Böhmen, und König Wenzeslaus III. machte diesen Ort, der schon seit dem 10 Jahrhunderte vorhanden gewesen seyn mag, 1255 zu einer Stadt. Die Gebiete um Camenz und Ruhland hatten schon lange vorher dem Markgräflich Brandenburgischen Hause gehöret, welches sie auf folgende Weise erhalten hatte. Conrad III., Markgraf in der Niederlausitz und Landesberg, hatte sich mit Elisabeth, Mieslaus, Herzogs in Pohlen Tochter, die vorher an Sobieslaus II. von Böhmen vermählt gewesen war, und von ihm die genannten Distrikte zu ihrem Wittwensitze erhalten hatte, verheirathet, und dadurch

diese

diese Orte an sich gebracht. Conrad hinterließ von dieser Gemahlin einen Sohn und zwo Töchter, deren ältere,
die Methilde hieß, an Kurfürst Albert II. von Brandenburg vermählt ward.

Als nun mit ihrem Bruder, Conrad IV., diese Linie der Lausitzischen Markgrafen ausstarb, und Dietrich
der Bedrängte, als nächster männlicher Verwandte, seine
Lande in Besitz nahm, so blieben die Bezirke, Camenz
und Ruhland, von diesem Besitz ausgeschlossen, und
Methilde nahm sie, als Erbe ihrer Mutter, für sich und
ihre Kinder ein. Bis an ihren 1252 erfolgten Tod ad-
ministrirte sie diesen Bezirk, nebst den übrigen Brandenburgischen Landen, in Vormundschaft ihrer Söhne,
Johann I. und Otto III., oder Frommen, die hierauf
bis 1261 gemeinschaftlich regierten; und ob sie gleich
im gedachten Jahre ihre väterlichen Erbländer theilten,
so blieben doch auch damals noch die Oberlausitzischen
Besitzungen gemeinschaftlich. Da aber der jüngere
Bruder, Markgraf Otto der Fromme, sich mit der Beatrice, einer Böhmischen Prinzeßin, vermählte, und dadurch
den größten Theil der Oberlausitz, wie schon oben gedacht
worden ist, an sich brachte, so überließ ihm sein Bruder auch diese Distrikte. Auf diese Weise nun hatte der
allergrößte Theil der Oberlausitz neue Besitzer erhalten,
die für die Aufnahme desselben die eifrigste Sorge trugen. Im Jahre 1234 bauete Otto das Franziskaner-
Kloster zu Görlitz; 1243 erweiterte und verschönerte er
diese Stadt, und 1264 that er das nemliche mit Lauban. In dem nemlichen Jahre fingen, auf seine Ver-
gün-

günſtigung, drei Brüder, Herren von Camenz an, das
Kloſter Marienſtern zu bauen. Kurfürſt Johann ſtarb
hierauf 1266, und ſein Bruder, Markgraf Otto, folgte ihm das Jahr darauf im Tode nach. Beide hinter-
ließen verſchiedene männliche Erben, welche ſich in die
Lauſitziſchen Beſitzungen ſo theilten, daß die von der ältern oder Kurfürſtlichen Linie die von ihrer Grosmutter
herſtammenden Camenzſchen und Ruhländiſchen Güther,
die von der jüngern hingegen ihr mütterliches Erbe hauptſächlich erhielten.

Kurfürſt Johann I. hinterließ 5 Söhne, wovon die
3 erſten, nemlich Johann II., Otto mit dem Pfeile und
Conrad I. ihm in der Kurwürde folgten, und die zu
ihren Beſitzungen gehörigen Lauſitziſchen Stücke auch behaupteten. Otto der Fromme hatte 4 Söhne, von
welchen 1294 Otto der Lange allein noch übrig war, und
die Markgrafthümer Budißin und Görliz beherrſchte,
nachdem er bereits 1278, nach Ermordung des böhmiſchen Königs Premislaus III., Statthalter dieſes Reichs
und Vormund des jungen Prinzen Wenzeslaus IV. geweſen war. Er ſtarb 1298, und ſein Sohn, Herrmann der Lange, folgte ihm in der Regierung.

Die Kurlinie führte damals Conrad I., der 1304
ſtarb, und anfangs ſeinen ältern Sohn Johann, da aber
auch dieſer das folgende Jahr ſchon ſtarb, den jüngern,
Woldemar I., zu Nachfolgern hatte, welcher ſeines Vetters, Herrmann des Langen, Tochter heirathete, und
mit ihr den ganzen, bisher der jüngern Brandenburgi-
ſchen Linie gehörigen Theil der Oberlauſitz erhielt, aber

im

im Jahre 1319 ohne männliche Erben starb, und, wie oben gemeldet, die markgräfl. Brandenburgische Familie, askanischen Stammes, beschloß.

König Ludwig der Bayer betrachtete nunmehr alle Brandenburgische Erbländer als eröfnete Reichslehne, und suchte durch dieselben seine Familie zu bereichern. Damit aber der damals mächtige König in Böhmen, Johann von Lützelburg, ihm völlig freie Hand bey Eroberung dieser Länder, zu welchen sich, aufer dem Kurfürsten Albert von Sachsen (askanischen Stammes) viele Competenten fanden, laffen, und auf feiner Seite, wider den Gegenkönig, Friedrich von Oesterreich, bleiben möchte, so versprach er ihm den Budißinischen und Camenzischen Diftrikt, und belehnte ihn auch noch in dem Jahre 1319 mit selbigen. Das übrige der Oberlausitz, nemlich den Görlizischen und Laubanischen Kreis, dachte er zwar noch immer für seinen Sohn, den er zum Kurfürsten von Brandenburg erklärt hatte, einzunehmen; allein König Johann überfiel diese Bezirke, und nahm sie, ohne daß Ludwig in seiner damaligen Lage Schwierigkeiten machen konnte, ein.

Nun war aber vorher die Stadt und Bezirk Königsgräz in Böhmen, durch Vermählung an den Herzog Heinrich zu Schweiniz, Gauer und Fürstenberg gekommen, und weil König Johann diese fremde Gewalt im Innern seines Reichs nicht dulden wollte, so beredete er diesen Herzog, die neueroberten Oberlausitzischen Lande, oder die Mark Görliz, gegen Abtretung der Stadt Königsgräz, anzunehmen, welches auch geschah. Doch

1319

1329 erhielt Johann erstlich Görlitz, gegen einen Theil des Fürstenthums Glogau wieder, und 1344, nach des genannten Herzogs Heinrichs Tode, fielen ihm auch Zittau und Lauban wieder zu. Der immer auf Vermehrung seiner Macht bedachte Kaiser konnte die Vergröserung der Macht dieses Königs nicht mit Gelassenheit zusehen, und wiegelte daher den Markgraf, Friedrich den Ernsthaften, von Meisen, welcher sich mit Judith, König Johannes Tochter, versprochen, und selbige schon an seinem Hofe hatte, auf, daß er diese Prinzeßin dem Vater nach Böhmen zurück schickte, eine kaiserliche Prinzeßin heirathete, aber demohngeachtet, einige beträchtliche Stücke der Oberlausitz, die ihm vermuthlich zur Mitgift eingeräumt waren, besetzt behielt. Doch König Johann, der sich damals gerade in Italien aufhielt, eilte nach Böhmen, vertrieb die markgräflichen Truppen, eroberte die Oberlausitz wieder, und hinterließ sie bei seinem 1346 in der Schlacht bei Crefsy, da er den Franzosen wider die Britten beistand, erfolgtem Tode, seinem ältesten Sohne und Nachfolger Karl, der als Kaiser unter den Namen Karl IV. berühmt worden ist. Solchergestalt hatte König Johann die gesammten Oberlausitzischen Provinzen an sich gebracht, und dem Königreiche Böhmen auf ewig einverleibet, und Karl IV. bestätigte 1355 diese Inkorporation. Karl hat in der Oberlausitz grose Veränderungen vorgenommen, und ihr beinahe eine ganz neue Verfassung gegeben. Der Adel, welcher von seines Vaters Zeiten her, immer noch den Markgrafen in Meisen anhieng, verlohr durch ihn ansehnliche Rechte,

und

und die Städte, welche seinem Hause, vielleicht nur aus
Haß gegen den mächtigen Landesadel, treu blieben, erlangten unter seiner Regierung ein Ansehn, das sie vorher nie hatten. 1378 gieng er aus der Welt, und sein
2ter Prinz, Johann, nahm, vermöge der väterlichen
Verordnung, die zu einen Fürstenthum gemachte Mark
Görlitz ein, und Wenzeslaus, der sein Kronerbe war,
bekam das übrige lausitzische Land. Johann hielt sich
bis 1390 am Hofe seines Bruders zu Prag auf, kam
aber im gedachten Jahre nach Görlitz, welche Stadt seine
besondere Gnade genoß. Hier fieng er an, seinen wollü-
stigen Bruder nachzuahmen, und ward von den Bürgern verjagt, wendete sich nach seinen Niederlausitzischen
Besitzungen, (die, wie oben gedacht, von seinem Vater
zum Fürstenthum Görlitz geschlagen waren,) und starb
1396 zu Neuzell, wie man vermuthet, an beigebrach-
tem Gifte.

Hierauf hörte der Titel eines Herzogthums Görlitz
wiederum auf, und der Erbe dieser Lande, der obgesetzte
Kaiser Wenzel, belehnte seinen Vetter, den Markgrafen
Prokopius zu Mähren, den Bruder des Markgrafen
Jobst, (welcher die Niederlausitz auf die nemliche Weise
bekam,) mit denselben, nahm aber nach dem Tode dieser
Herren beide Länder zurück, und beherrschte sie bis an sei-
nen, 1419, erfolgten Tod. Weil Wenzeslaus keine
Nachkommen hatte, so nahm sein Bruder, Kaiser Sie-
gismund, Besitz von allen seinen Landen.

Dieser bestellte anfangs den Herzog Heinrich zu
Großglogau, und darauf Albert, Herrn von Colditz, zu

C   Land-

Landvoigten, starb 1437, und sein Schwiegersohn und
Nachfolger in der kaiserlichen Würde, Erzherzog Albert
von Oestreich, nahm Besitz von Ober = und Niederlau-
sitz. Allein auch dieser gieng bekanntermaßen schon das
Jahr darauf aus der Welt, und hinterließ nur einen,
nach seinem Tode gebohrnen Sohn, an dessen Stelle
George Pordiebrad zum Statthalter in Böhmen gewählt
ward, der diese Würde, bis an des jungen Königs, 1457,
erfolgten Tod begleitete, und sich hierauf die Böhmische
Krone selbst aufsetzen ließ. Zwar huldigten ihn beide
Lausitzische Markgrafthümer nach vielen gemachten
Schwierigkeiten, wählten sich aber doch noch bei seinen
Lebzeiten den König Mathias, in Ungarn, zu ihrem Regenten, welcher sich auch bis 1490, da er starb, behauptete. Der böhmische König, Uladislaus, nahm hierauf
Besitz, regierte ziemlich ruhig, starb 1516, und hinterließ einen 10jährigen Sohn, Ludwig, und da dieser 1526
in einem Feldzuge gegen die Türken, in Moraste erstickte,
wählten die böhmischen Stände den Erzherzog Ferdinand, des vorigen Königs Schwager. Ferdinand regierte bis 1564, wo ihm sein Sohn, Maximilian II.
folgte, der 1576 gleichfalls aus der Welt gieng, und
seinen Sohn Rudolph II. bis 1612, und sodann seinen
andern Sohn Matthias II. bis 1619 zu Nachfolgern
hatte.

Nun folgte die für Ober= und Niederlausitz so merkwürdige Regierung Ferdinand II. der mit so vielen Feinden zu kämpfen hatte, ehe er Böhmen, und die mit diesem Königreiche verbundenen Lande in Besitz bekommen
konnte,

konnte, und endlich doch genöthiget war, einen beträchtlichen Theil derselben, nemlich unsere beiden Markgrafthümer an den Kurfürsten Johann Georg I. zu Sachsen, zu überlassen. Schon seit der Hußischen Reformation hatten die Partheien im Königreiche Böhmen nicht
ausgerottet werden können, und Luthers Religionsver-
besserung gab ihnen neues Leben. Die Böhmischen Regenten hatten den Hußiten verschiedene Freiheiten aus Noth
zugestanden, waren aber nie willens gewesen, ihnen dieselben auf immer zu lassen. Unter König Mathias Regierung hatte man zu deutlich merken lassen, daß man
darauf bedacht sey, die Protestanten nach und nach gänzlich zu vertilgen. Diese erregten daher 1618 jenen berühmten Aufstand zu Prag, bei welchem die kaiserlichen
Räthe zum Fenster herab geworfen wurden. Zwar war
Mathias willens, diese Sache in der Güte beizulegen,
aber sein im folgenden Jahre schon erfolgter Tod hinder-
te ihn daran. Sein Nachfolger, Ferdinand II. war
den Böhmen nicht von einer für sie vortheilhaften Seite bekannt, daher verweigerten sie ihm die Nachfolge,
und wählten den unglücklichen Friedrich von Rhein zum
Gegenkönige. Ferdinand sahe sich nunmehr nach mächtigen Bundesgenossen um, durch deren Hülfe er die re-
bellischen Böhmen zum Gehorsam bringen, und seinen
Gegner überwinden könnte. Der Kurfürst von Sachsen, Johann George I., machte sich zu diesem Beistande
anheischig, und rückte deswegen mit einem Heere in die
Lausitz ein, und brachte bald beide Markgrafthümer in
seine Gewalt. Ehe er aber weiter in gleicher Absicht

C 2   nach

nach Schlesien und Böhmen zog, ließ er sich von Ferdinand eine Versicherung, der bei dieser Unternehmung aufgewandten und noch aufzuwendenden Kosten geben. Ferdinand sahe sich in diesem Gedränge genöthiget, dem Kurfürsten, unterm 6ten Jul. 1620, die Markgrafthümer Ober- und Niederlausitz zum völligen Nießbrauch und wirklichen Besitz so lange zu überlassen, bis er, oder seine Nachkommen an der Krone Böhmen, die aufgewandte Summe sammt Zinsen, an den Kurfürsten, oder seine Erben, zurück bezahlt haben würden; doch sollten die getreuen geistlichen und weltlichen Stände bei allen ihren Rechten und Freiheiten, die sie bisher genossen, gelassen werden. Zwar bemühete sich Ferdinand aus allen Kräften, das Land zu retten, da aber die 72 Tonnen Goldes, die der Kurfürst liquidirte, unmöglich aufzubringen waren, da der verderbliche Krieg schon damals die Länder erschöpft hatte, und noch immer keine Hofnung zu einem allgemeinen Frieden war, so mußte er am 30. Mai 1635, in den Prager Separatfrieden, in die erbliche, ewig unwiederrufliche Abtretung der Ober- und Niederlausitz an Kursachsen, willigen. Beide Markgrafthümer wurden hierauf dem Kurfürsten mit allen landesherrlichen Hoheiten, Regalien und Gerechtigkeiten erb- *) und eigenthümlich, auch unwiederruflich als ein

rechtes

*) In der über diese Abtretung ausgestellten Urkunde, war, durch des Kurfürsten eifrige Bemühungen, die Clausul angehängt worden: „wenn Gott über Ihro Kurfürstl. Durchl. von Todeswegen gebieten würde, so sollen Ihnen in solchen beiden Markgrafthümern succediren, Dero männliche Leibes-Lehnserben Ihres Kur-Hauses
und

rechtes Mannlehn der Krone Böhmen abgetreten, und
die wirkliche Uebergabe binnen 5 oder 6 Monathen von
jenem Tage an, auf öffentlichen Landtage durch Kommissarien versprochen, welche aber, aus verschiedenen Ursachen, erst am 24sten April 1636 erfolgte.

Johann Georg nahm hierauf 1637 am 8 Octbr. in
Görlitz von den Oberlausitzischen Ständen und Unterthanen, und am 16 dieses Monats, zu Sorau, von den Niederlausitzern die Huldigung in eigener höchster Person an,
und verordnete den Freiherrn Dietrich von Taube zum
ersten kursächsischen Landvoigte der Oberlausitz. Da aber
der Kurfürst die Hälfte, der nicht geringen, auf diesen
Besitzungen liegenden Schuldenlast zu bezahlen übernom-
men hatte, und die Unruhen des verderblichen 30jähri-
gen Kriegs noch lange fortdauerten, so war der Nutzen
für ihn völlig verlöhren, und erst für seine Nachkommen
wurden diese Erwerbungen vortheilhaft. Johann Georg

C 3

I. starb
und auf gänzliche Erlöschung derselben, die Herzoge zu
Sachsen Altenburg, männlichen Geschlechts, in absteigen-
der Linie. — Zu dieser Gunstbezeugung mögen den
Kurfürsten besonders folgende Ursachen bewogen haben:
Friedrich Wilhelm, Herzog von Altenburg, hatte mit
der ruhmwürdigsten Uneigennützigkeit und Sorgfalt die
Vormundschaft über ihn und seine Brüder geführt, war
aber schon 1602 gestorben, und das Kurhaus hatte sich
nicht dankbar gegen ihn beweisen können, daher that es
Georg an seinen Söhnen, welche ihm auch den ganzen
Krieg hindurch beigestanden, und diese Besitzungen hat-
ten erobern helfen. Schade, daß diese Familie mit dem
Herzog Christian am 5 Jun. 1663 abgestorben ist! —
Die Ursache dieser förmlichen Mitbelehnung ist nicht, wie
Herr Leonhardi behauptet, die Vermählung der Prinzes-
sin Johann Georg, an einen Altenburgischen Prinzen,
denn diese geschah erst 1652.

I. ſtarb am 8ten Octbr. 1656, und die Ober- und Niederlauſiß wurden, vermöge ſeines Teſtaments, getrennet.
Erſtere behielt ſein Nachfolger in der Kurwürde Johann
Georg II. und leßtere ward dem 3ten Prinzen Chriſtian I.
Stifter der Herzoglichſächſiſchen Merſeburgiſchen Linie,
eingerdumet, deſſen Nachkommen dieſes Markgrafthum
auch bis 1738 beſeſſen haben, wo es an die Kur- oder
Hauptlinie zurück fiel. In der Oberlauſiß erfolgten aber
weiter keine Veränderungen, ſondern der jedesmalige Kurfürſt war von der Erwerbung deſſelben an, bis auf gegenwärtige Zeiten, allezeit Beſißer derſelben.

Ueber die Verfaſſung in der Oberlauſiß.

Es iſt eine bemerkenswerthe Erſcheinung, daß die Markgrafthümer Ober- und Niederlauſiß eine von den übrigen
deutſchen Ländern ziemlich unterſchiedene Verfaſſung haben,
da doch die alten Bewohner derſelben, von den nemlichen
Völkern, die die übrigen Oberſächſiſchen Provinzen erobert
haben, überwältiget worden ſind. Wir wollen die Urſachen
dieſer Erſcheinung kürzlich angeben.

Die Unterjochung der Milziener Slaven, kommte
nicht ſo ſchnell, wie bei den Dalaminziern, Siuslern,
Sorben, und ſelbſt bei den Luſiziern bewerkſtelliget werden. Sie zu bezwingen, war eine Obliegenheit der meiſniſchen Markgrafen, die zwar jede Gelegenheit, ihre
Macht und Gebiet zu erweitern, begierig ergriffen, aber
von dieſer Seite ungemeinen Widerſtand fanden, den ihnen nicht ſowohl die Landeseinwohner allein, als vielmehr
die

die Böhmen und Pohlen thäten. Sie ließen es, bis zu Conrad des Grosen Zeiten, nicht an Versuchen fehlen, weiter vorzubringen, konnten aber immer nur den Gau Nisen, der zunächst an ihr Markgrafthum gränzte, völlig überwältigen. Jedoch scheinen in den ältesten Zeiten gewisse Markgrafen in Budißin und Görliß gewesen zu seyn, derer Macht aber bald durch die Pohlen und Böhmen wiederum zertrümmert worden ist. Die Deutschen konnten daher lange Zeit nicht festen Fuß in dieser Provinz fassen, und sie erst durch der Ueberwindung Böhmens mit ihrem Reiche verbinden. Daher mag es nun auch kommen: daß noch gegenwärtig die Verfassung dieses Landes, die Sitten und Gebräuche seiner Bewohner, so sehr von den übrigen, ehemals slavischen Provinzen, unterschieden sind.

Die Benennung: Mark Budißin und Görliß, hat Oberlausiß ohnstreitig in den allerältesten Zeiten geführet, da nach einem Einfalle der Deutschen, bei welchen die Slaven hart gezüchtiget worden waren, Befehlshaber mit deutschen Truppen an beiden Oertern zurück gelassen wurden, um das Land zu behaupten, die aber in der Folge wieder vertrieben worden sind, wo sich denn auch der Name Mark und Markgraffschaft verlohr, und nicht eher als im 15ten Jahrhunderte wiederum gewöhnlich ward. Während der Zwischenzeit, oder ohngefehr vom 11ten bis gegen das Ende des 15ten Jahrhunderts, wurde es die Sechslande oder Sechsstädte genannt, wenn man ausnimmt, daß Görliß mit seinem Bezirk eine Zeitlang ein Fürstenthum war.

C 4

Ober-

Oberlausitz hatte nie einen Oberherrn für sich, sondern
es ist jederzeit eine Nebenprovinz von grösern Ländern
gewesen. *) Daher es denn auch kommen mag, daß
man von den ältesten Zeiten her Statthalter (Voigte oder
Voite) findet, durch die es im Namen der Oberherren re-
gieret word.n ist. Es sind aber hauptsächlich 3 Zeit-
punkte, die man in der Oberlausitzischen Regierungsge-
schichte bemerken muß. Der erste gehet von den ältesten
Zeiten, bis zur Uebergabe dieser Provinz an das Haus
Brandenburg im Jahre 1231. Während dieses Zeit-
raums hatten anfangs die deutschen Könige, nach der Eroberung des Landes, bald eigene Aufseher, (Markgrafen)
deren einige aus dem Wettinischen Hause gewesen zu
seyn scheinen, dahin gesetzt; bald aber auch die Aufsicht
den meisnischen Markgrafen (wie es denn zum wenigsten
von dem Markgrafen Herrman ausgemacht ist) mit übergeben, welche das Land auf sächsische Weise in Burgwarten, so viel sichs bei den immerwährenden Empörungen
thun ließ, eintheilten, aber die Sitten und Gesetze desselben ungeändert ließen. Da es aber in der Folge an
Böhmen gedieh, so kamen die Voigte, (Advocati, Prae-
fecti, Capitaei) auf, deren aber mehrere waren, und in
den vorzüglichsten Städten ihren Sitz hatten, in welchen
die Gerichtshöfe, die anfangs in den zahlreichen Burgwarten gewesen waren, zusammen gezogen, die Burgwarten hingegen dem Adel theils verliehen, theils erblich
über-

*) Auch unter der Regierung des Herzogs Johannes, stand
  seinem Bruder, dem Könige in Böhmen, das Dominium
  directum über dieses Land zu.

überlaſſen wurden. Dieſe Voigte aber waren keine
Fremden, ſondern die Vornehmſten des Landes, (Dynaſtæ)
die durch dieſes Amt auſerordentliche Vorrechte für ſich
und ihre Familien zu erwerben, und die übrigen Bewohner zu unterdrücken wußten, da ſie im Namen der oft
ſchwachen, nachläßigen, immer abweſenden Landesherren
regierten. Andere vom Landesadel, denen keine ſo wichtige Stellen anvertrauet worden waren, achteten die königlichen Statthalter (Voigte) wenig, und glaubten mit
ihnen gleichen Rang zu haben. Was ſie nicht unter dem
Scheine des Rechten, wie jene, erwerben konnten, das
nahmen ſie mit Gewalt, fielen theils ſich einander ſelbſt,
theils und zum öftern die Städte an, plünderten und be-
raubten ſie ungeſtraft. Der andere merkwürdige Zeit-
punkt für Oberlauſitz iſt ſeine Uebergabe an Brandenburg. Unter dieſem Hauſe, dem es, wie bekannt, vom
Jahre 1231 bis 1319 gehörte, waren in der ganzen
Oberlauſitz nur zwei Gerichtshöfe, nemlich zu Baußen
und Görlitz, wie der Theilungsreceß der Brüder Johannes Kurfürſten und Otto Markgrafen zu Brandenburg,
vom 1266 deutlich genung beweiſt.

Ein jeder dieſer Gerichtshöfe (Judicia) hatte ſeinen
eigenen Vorſteher und ſeine Beiſitzer, die Landesälteſten.
Itzt fiengen die Städte an durch Handel und Manufakturen mächtig und reich zu werden, und ihre Rechte nachdrücklich zu vertheidigen. Sie ſchloſſen Bündniſſe mit
einander, ihre Obrigkeiten bekamen einen wichtigen Einfluß in die Landesregierung, und machten einen eigenen
Stand aus, ohne welchen die Voigte und Ritterſchaft

nichts

nichts neues verordnen konnten. Görlitz hatte schon in
diesen Zeiten Tuchmanufakturen, und die Stapelgerechtigkeit über den aus Thüringen kommenden Waid und
andere Produkte, die durch Oberlausitz nach Schlesien
und Pohlen giengen. — — Doch ihr höchstes Ansehn
erlangten die Oberlausitzischen Städte erst im folgenden
3ten Zeitraume, da das Land wiederum mit Böhmen
verbunden ward. Der Adel hielt es, aus oben angegebenen Ursachen, lange Zeit mit den Markgrafen in Meisen,
welche nach dem Besitz dieses Landes so sehr begierig waren; die Städte hingegen waren immer königlich ge-
sinnet, und diese Gesinnungen wurden ihnen treflich be-
lohnt. Die Könige gaben ihnen immer mehrere Freiheiten, und munterten den Kunstfleiß in ihnen auf. Die
Bürger wurden in der Folge so übermüthig, daß
sie, im Vertrauen auf ihren Wohlstand, geleitet durch ihren noch nicht gänzlich erloschenen Freiheitssinn, sich oft
selbst ihrer Obrigkeit widersetzten, und die Verminde-
rung ihrer Rechte mit Gewalt zu verhindern suchten, wie
dieses besonders die Zittauer 1367, und die Görlitzer
1527 thaten, welche letztern auch vorher ihrem Herzog
Johann, seiner ausschweifenden Lebensart wegen (da er
ihnen sonst nichts zu Leide gethan, sondern sie vielmehr
mit den wichtigsten Freiheiten beschenkt hatte) aus der
Stadt jagten. Nun konnte der Adel sein Ansehn gegen
die Städte nicht mehr behaupten, da diese im Stande
waren, die Fehden desselben zu verhindern und zu erwi-
dern. Die Landvoigte hatten zwar immer noch die gröste Macht, mußten aber doch aus Furcht für ihre,
die

die Städte schützenden *) Oberherren gemäßigte Gesinnungen gegen sie zeigen. Die 3te Volksklasse aber, der Bauer, war nun auch desto schlimmer dran. Er konnte sich weder durch Geschicklichkeit noch Stärke von dem Joche losreißen, und die Gerichtsherren wendeten alles an, es ihm immer fester aufzubinden. Ihre bereits in vorigen Zeiten erlangte Macht, die Abwesenheit und Schwachheit ihrer Fürsten, machten ihnen dieses leicht.

Bis zu Kaiser Karl IV. Zeiten war jedoch ein Landvoigt in dem Verstande, wie wir uns gegenwärtig dieses hohe Amt denken, unbekannt; es hatten vielmehr mehrere, und wenigstens immer zwei dieses Amt zu verwalten, und ihre Macht war eingeschränkter. Karl der IV. aber machte, Ullmann aus der Münze, zum Landvoigte in Oberlausitz, und verband zuerst mit dieser Würde alle Vorzüge eines wirklichen Statthalters, den die Schriftsteller der folgenden Zeit Conmarchio genannt haben.

Was ehehin Landvoigte geheißen hatten, wurden nunmehr Amtshauptmänner zu Budißin und Görlitz genännt, und dem Landvoigte unterworfen, dem die Ortenburg bei Budißin zum Sitze angewiesen ward.

Auch ward ihm in der Folge der Landshauptmann zugeordnet, welcher gleichsam der Finanzminister des Landesherrn ist, und einen Gegenhändler hat, der mit

---

*) 1603 hatte die Ritterschaft dem Kaiser Rudolph II. dahin gebracht: daß er ihr, bei den damaligen Türkenkriege, das Recht, einen Landvoigt aus ihren Mitteln zu wählen, (das immer ein Regale gewesen und geblieben ist,) gegen 60 bis 70,000 Gulden verpfänden wollte, und es würde gewiß geschehen seyn, wenn die Städte wenigern Einfluß am kaiserlichen Hofe gehabt hätten.

mit dem Landvoigte und Landshauptmanne unmittelbar vom jedesmaligen Markgrafen ernannt wird.

Jedem der 2 Amtshauptleute stehen 2 Landesältesten zur Seite, und machen, mit den zu jedem Kreise gehörigen Städte Deputirten, ein Collegium aus, dessen Mitglieder von den Ständen gewählt, und vom Markgrafen bestätiget werden. — Die Ordnung der Landvoigte aber wird folgendergestalt angegeben:

1. Ullmann aus Münze.
2. Benißus von der Duba.
3. Anshelm von Rhonow.
4. Heinrich Plug vom Rabenstein.
5. Heinrich Birk von der Duba.
6. Herzog Heinrich der jüngere zu Glogau.
7. Hanns von Polenz.
8. Albrecht von Colditz.
9. Johann von Colditz.
10. Heinrich v. Rosenberg.
11. Joh. v. Wartenberg.
12. Benißius v. Cloowrat.
13. Jarolaus v. Sternberg.
14. Herzog Friedrich zu Liegniß.
15. Stephan Graf von Sapolia.
16. George von Stein.
17. Siegmund von Wartenberg.
18. Siegmund, Herzog in Pohlen.
19. Christoph von Wartenberg.
20. Albrecht von Sternberg.
21. Wilhelm von Ilburg.
22. Herzog Karl von Münsterberg.
23. Zdisla Birk von der Duba.
24. Christoph Burggraf v. Dohna, auf Königsbrück.
25. Joachim, Graf von Schlick.
26. Johann von Schleiniß.

27.

27. Hanns Dietrich von
Tzscherdtin.

28. Abraham, Burggraf v.
Dohna, auf Wartenberg
und Brettin.

29. Karl Hannibal, Burg-
graf von Dohna, des vo-
rigen Sohn.

30. Joachim Andreas,
Graf von Schlick.

31. Dietrich von Taube.

32. Curt Reinike, Freyh. v.
Calenberg a. Muskau ꝛc.

33. Herzog Joh. Georg III.

34. Nikol, Freiherr von
Gersdorf, auf Baruth ꝛc.

35. Herzog Friedrich Au-
gust, königlicher Prinz
von Pöhlen.

36. Friedrich Christian,
königl. pöhlnischer Prinz.

37. Hieronimus Friedrich
von Stammer, welcher
von 1764 bis 1777, auf
diesem erhabnen Posten
stand.

Die Oberlausitz hat also ihre alte Verfassung behalten, ohngeachtet sie an das Kurhaus Sachsen gekommen ist. Die Stände sind noch immer dieselben, und
ihre Vorrechte sind auf keine Weise gekränkt worden.
Der Adel, welcher auch das Land, oder die Landschaft genannt wird, und die Städte, machen die 2 Klassen derselben aus, die nach den 2 Hauptkreisen, in die das
Markgrafthum gesondert ist, eingetheilt werden. Die
Stände vom Lande sind

1) die Herren (Proceres, Dynastae). Sie müssen
aber nicht mit den alten Dynasten im Pleißner Lande, und überhaupt in Meißen verwechselt werden.
Sie wären nie, wie jene, vollkommen freie Reichs-
vasallen, sondern Lehnsleute der Markgrafen, die
mit ihren Besitzungen einige vorzügliche Rechte
ver-

verbanden, welches sie noch sind. - Sie bestehen jezt nur noch in den 4 Standesherrschaften.

2) Die Prälaten sind: der Dechant zu Budißin, die Aebtißinnen zu Marienstern und Marienthal, und die Priorin zu Lauban.

3) Die Ritterschaft und Mannschaft besteht aus den Besitzern der Rittergüter, davon einige Schrift- andere Landsassen heißen.

Die dem Landesherrn unmittelbar unterworfenen Städte, die auch vorzugsweise die Sechsstädte heißen, und von welchen Budißin, Kamenz und Löbau zum er- sten, Görlitz, Zittau und Lauban aber zum zweiten Krei- se gehören, machen die zweite Klasse der Oberlausitzischen Landstände aus. Budißin, Görlitz und Zittau haben das Recht, jede zwei Deputirte, die übrigen 3 nur jede einen zum allgemeinen Landtage zu senden.

Schon mit der Eroberung des Landes der Dalamin- zier wurde in den an dasselbe gränzende Milzenien der Anfang zur Ausbreitung des Christenthums, wiewohl ohne grosen Erfolg, gemacht. Die heidnischen Slaven sahen die christliche Religion, deren damalige Lehrer nichts als Zehenden predigten, als ein Unterjochungsmittel an, und verachteten sie aus diesem Grunde. Da sie aber in der Folge immer mehr geschwächt, und endlich gar unter- jocht wurden, so bequemten sie sich, um menschlicher be- handelt zu werden, zur Annahme derselben. Die Vor- steher des von Otto dem grosen zu Meisen gestifteten Bißthums gaben sich alle Mühe, diese Heiden zu bekeh- ren, theils aus frommen Eifer, theils zur Bereicherung

ihrer

ihrer Schatzkammern. Bischof Bruno der 2te, der der wendischen Sprache mächtig war, (er war ein Herr von Baruth,) legte endlich im 13 Jahrhunderte das Collegiat-Stift zu Baußen an, und Oberlausiß ward das letzte von den 9 Archidiakonaten, in die das ganze meißnische Bißthum getheilt war. Dieser Archidiakon hatte die ganze Oberlausiß, mit verschiedenen Stücken von Meisen, Böhmen und Schlesien, nebst der Niederlausiß, unter seiner Aufsicht. Im 14 Jahrhunderte wurden in der Oberlauß 12 Erzpriester (Archipresbyteri) bestellt, die Aehnlichkeit mit unsren Superintendenten hatten, und unter denen der Achidiakon den Consistorialem machte.

Zur Zeit der Reformation nahmen viele Priester und Layen das Lutherthum an, und hielten ihren Gottesdienst. Die Böhmischen Innhaber des Landes suchten dieses mit Gewalt zu verhindern, und Ferdinand sorgte auch noch in dem Traditions-Recesse eifrig für die katholischen Einwohner.

Es sollte nach demselben alles in der Verfassung in Rücksicht der Religion bleiben, wie es bey der Uebergabe des Landes an Kursachsen wäre, welches auch geschehen ist.

Die geistlichen und weltlichen Rechte dieser Stände müssen besonders nach dem Traditions-Recesse von 1635 beurtheilt werden.

Der höchste Gerichtshof der Oberlausiß ist das Hochlöbl. Oberamt (Judicium ordinarium) zu Baußen, dessen Glieder sich jährlich 3mal auf den Schlosse Ortenburg versammeln. Es bestehet dieses höchste Collegium

1) aus

1) aus dem Landvoigt, welcher Präses dieses Gerichts, und überhaupt Stellvertreter des Landesherrn ist, und von selbigen ernannt wird. Schon seit 1420 ist es gewöhnlich, daß der Landvoigt den Ständen einen, aus 10 Punkten bestehenden Revers giebt, und die eifrige Erfüllung seiner hohen Amtspflichten beschwöret. Ist der Kurfürst selbst, oder sein Kurprinz, Landvoigt, so wird ein Oberamtsverweser ernannt, der im Namen des Landvoigts die Sachen dirigirt.

2) Aus dem Landeshauptmann, den auch der Kurfürst aus 6 von den Ständen vorgeschlagenen Kandidaten wählt. Er besorgt die landesherrlichen Intraden, und hat einen Gegenhändler, der ihm nachrechnen muß.

3) Aus dem Oberamtshauptmanne des Bautzner, und dem Amtshauptmanne des Görlitzer Kreises, welche beide auch von den Ständen gewählt, und vom Landesherrn bestätiget werden. Der Oberamtshauptmann führt, in Abwesenheit des Landvoigts, das Präsidium beim hochlöblichen Oberamte, und geht in Justiz- und Lehnssachen, wo er die Stelle des Landvoigts vertritt, dem Landeshauptmanne vor. Der Amtshauptmann des Görlitzer Kreises ist der ordentliche Präses beim Görlitzischen Kreisamte.

4) Aus den Landesältesten, deren in jedem Kreise 2 sich finden, und den Amtshauptleuten zugeordnet sind. Sie haben die Aufsicht über die Landesarchive,

chive, Steuerkassen, und sammeln die Stimmen
auf den Landtagen. Sie werden von der Landschaft
jedes Kreises gewählt.

5) Aus 6 Deputirten von der Landschaft, und
6) Aus 10 Abgeordneten aus den Sechsstädten.

Ein allgemeines geistliches Gericht oder Consistorium
ist in der Oberlausitz nicht vorhanden, auser daß die freie
Standesherrschaft Muskau ihr eigenes Konsistorium hat,
das die geistlichen Angelegenheiten dieser Standesherrschaft besorget. *) Zwar hat man auf dem Landtage
1652 Vorschläge zu Errichtung eines geistlichen Gerichts
für die gesammte Oberlausitz gemacht, es ist aber bei den
Vorschlägen geblieben. Das Hochlöbl. Oberamt (judicium ordinarium) verwaltet die Kirchenangelegenheiten
im Grosen. Ein jeder Besitzer eines Gutes in der Oberlausitz, auf welchen das Patronatrecht ruhet, übet dieses
Recht nach den Landesgesetzen ganz allein aus, ertheilet
nach gehaltener Probepredigt, die Vokation, und das
Präsentations-Schreiben zum Examine unter seinem Namen, und der Kandidat kann sich hierauf in Dresden,
Leipzig oder Wittenberg prüfen und ordiniren lassen.
Die Absetzung eines Geistlichen aber hängt nicht von dem
Willen des Kirchenpatrons ab, sondern es muß, wenn
                                              hier-

*) Diese Nachrichten setzen wir aus Herrn Dittmanns Vor-
rede zu seiner Oberlausitzischen Priesterschaft deswegen
etwas weitläuftig hieher, weil man in den gewöhnlichen
geographischen Werken mehr über die weltliche als geistliche Verfassung der Oberlausitz findet.

D

hierzu rechtlich triftige Ursachen vorhanden sind, ordent-
lich vor dem hochlöblichen Oberamte geschehen.

Noch ist zu bemerken: daß keine aus dem Oberkonsi-
storio zu Dresden kommende allgemeine Verordnung in
der Oberlausitz angenommen wird, wenn sie nicht von einem wirklichen im Geheimen Konsilium Sitz und Stimme habenden Minister unterschrieben ist.

Die Gröse der Oberlausitz wird beinahe allgemein
auf 100 ☐ Meilen gesetzt, obgleich einige Geographen
etwas weniger rechnen, und dafür die Niederlausitz für
gröser als 80 ☐ Meilen halten. Das Markgrafthum
gränzt gegen Morgen an Schlesien, und zwar an die
Fürstenthümer Sagan und Jauer; gegen Mittag an den
Bunzlauer Kreis des Königreichs Böhmen; gegen
Abend an das Amt Grosenhayn im meisnischen Kreise,
und gegen Mitternacht an die Niederlausitz. Die Zahl
der Einwohner war nach dem lausitzischen Magazin im
Jahre 1773. 259, 175 Seelen, deren Anzahl sich im
Jahre 1785 nach Herrn Kanzlers Angabe auf 336, 348
erhöhet hatte. In beiden Markgrafthümern giebt es
noch eine beträchtliche Anzahl Slaven, welche nicht nur
ihre Sprache, sondern auch viele ihrer besondern Gewohnheiten und Gebräuche beibehalten haben, und sich noch
überdem jezt durch ihre besondere Kleidertracht von den
Deutschen unterscheiden. Sie sind eine auserordentlich
fleißige Nation, und gegen jeden treu und bescheiden, der
nicht ihre Freiheiten und Sitten antastet. Ursprünglich
waren sie leibeigene ihrer deutschen Ueberwinder, aber
ihr Schicksal hat sich mit der Anbauung des Verstandes

und

und beſſern Bildung des Herzens der deutſchen Nation von Zeit zu Zeit verbeſſert. Gegenwärtig giebt es in ganz Oberlauſiz keinen Leibeigenen oder Sclaven mehr, ſondern jeder Unterthan hat ſeine gemeſſenen Frohndien-ſte, und es finden ſich nur noch wenige ſogenannte Laß-güter. Doch dürfen ſie ohne beſondere Erlaubniß ihres Gerichtsherrn ihr Dorf nicht verlaſſen.

Der Boden iſt nicht von einerlei Beſchaffenheit, aber doch gröſtentheils gut, beſonders im Budißlniſchen Be-zirk und in den ſüdoſtlichen Gegenden um Löbau, Zittau, Görlitz und Lauban, da hingegen die Gegenden an den Gränzen der Mark, Meiſen und Niederlauſitz mit Fluß-ſand bedeckt ſind, der auſer etwas Heidekorn und Kartof-feln wenig trägt. Es müſſen daher jährlich ohngefehr gegen 100,000 Scheffel Getreide, beſonders Haſer für die Pferde — aus Meiſen und Böhmen zugeführt wer-den. Der Flachsbau iſt nicht ſo anſehnlich, als er nach der Wichtigkeit dieſer Pflanze für das Markgrafthum ſeyn ſollte, man bauet guten, aber nicht hohen Flachs — auch der Tabaksbau hat hier nicht viel zu bedeuten, — der Seidenbau zu Baußen und Görlitz iſt auch nicht be-trächtlich, und eben ſo verhält es ſich mit dem Hopfen und Weinbau.

Die Viehzucht iſt hingegen faſt durchgängig gut, und an vielen Orten vortreflich. Zwar giebt es keine eigentli-chen Stutereyen, aber es werden im Lande beſonders von den wendiſchen Bauern gute und ſtarke Pferde gezogen.

Das Rindvieh iſt zwar nicht durchgehends ſo gros und ſtark, als in den andern Provinzen, doch aber erſetzt

die

die Menge, was an der Güte fehlt. Die Schafzucht ist sehr stark, und da die vielen guten Wollmanufacturen täglich mehr brauchen, so legt man sich immer mehr auf die Vermehrung und Veredlung der Schafwolle. Auch werden viel Gänse gezogen, und zu Budißin ein starker Federhandel getrieben. Die Bienenzucht ist ein sehr wichtiger Gegenstand der Aufmerksamkeit. Es befinden sich drey besondere Bienengesellschaften hier, die mit Eifer an der Vergröserung dieses Nahrungszweiges arbeiten. — Die ansehnlichen Waldungen liefern eine grose Menge von allerlei Wildpret, und die vielen Gewässer einen Ueberfluß an Fischen aller Art.

Die vorzüglichsten Flüsse und übrigen Gewässer des Landes sind:

a) Die Spree, wendisch Sprowa, böhmisch Spro, entspringt bei dem Schlosse Spreberg an der böhmischen Gränze, theilt sich unter Baußen in 2 Aerme, die sich bei dem Dorfe Spreewiß wieder vereinigen. Sie fließt sodann in der Niederlausiß, Spremberg, Cotbus und Ließenau vorbei, nimmt bei der letzten Stadt den Bober, und bei Lübben die Börste auf, theilt sich wieder in verschiedene Aerme, formirt einige kleine Inseln, geht in die Mark Brandenburg, und ergießet sich bei Spandau in die Havel, und mit selbiger bei Havelberg in die Elbe. Sie wird eine Meile hinter Cotbus schifbar, und dient besonders den Niederlausißern zum Vertrieb ihrer Gartenwaaren und Viktualien nach Berlin.

b) Die

b) Die Neisse, welche nicht mit der schlesischen Neisse zu verwechseln ist, entsteht aus einem Brunnen auf dem Böhmischen Gebirge im Bunzlauerkreise. Sie fließt bei Zittau, wo sie den Rannenfluß aufnimmt, Görliß und Muskau vorbei, geht dann in der Niederlausiß auf Forsta und Guben, und vereiniget sich mit der Oder. Von Guben aus trägt sie starke Kähne, auf welchen die Waaren nach Frankfurt und da weiter geführet werden. Auch giebt es längst diesem Strome sehr gute Bleichen, weil man sein Wasser für besonders geschickt dazu hält.

c) Die schwarze Elster entspringt in der Oberlausiß zwischen Marienstern und Gödau in zwo Quellen, fließt Wittichenau, Hoyerswerda, Senftenberg, Mückenberg und Elsterwerda vorbei, nimt die Pulsniß auf, und fließt ohnweit Wittenberg in die Elbe.

d) Der Queis entspringt im Fürstenthume Jauer, macht bei Lauban eine Strecke die Grenze zwischen Schlesien und Oberlausiß, und ergießt sich in den Bober.

e) Die Pulsniß entspringt in der Herrschaft Königs-brück bei dem Dorfe Ohorn, macht die Grenze zwischen Meisen und Oberlausiß, indem sie bei Königsbrück, Camenz und Ortrand vorbei gehet, und endlich, wie gesagt, in die schwarze Elster fällt.

Ueberdem giebt es noch eine Menge Bäche und Gewässer in der Oberlausiß: als die Wittge, der Schöps, die grose und kleine Tschirne, die Ziebe, Eckersbach, Kolterbach, Laube, die Röder, Lausiß oder Lusiß, u. s. w.

In

In der Niederlausitz finden sich die Dober, Lubus, Börse, Schlube u. s. w. Ueberdem giebt es eine Menge Teiche, die auserordentlich viel Fische liefern, die besten derselben sind in den Herrschaften Hoyerswerda und Königsbrück, zu Baruth, Marienstern, Neschwitz u. s. w.

Der östliche Theil des Landes ist von Gebirgen durchschnitten, und hat noch auserdem einige merkwürdige isolirte Berge, wovon die sogenannte Tafelfichte bei Wigandsthal im Queiskreise auf der böhmischen Grenze der höchste ist.

Die Landskrone, der Oybin, der Tobenberg, der Spitzberg, der Keulenberg, von denen unten mehr gesagt werden soll, sind auch noch zu merken.

In der gesammten Oberlausitz finden sich an Städten und Oertern a) die 6 Städte, b) 17 Landstädtchen, c) 395 Schriftsassen, d) 27 Vorwerke und Freigüter; 873 Dörfer. Es sind überhaupt 249 Pfarrkirchen, unter denen sich 10 wendisch katholische, und 58 wendisch lutherische befinden.

Das Markgrafthum ist, wie bekannt, in 2 Hauptkreise abgetheilt, und wir eilen sogleich zur Beschreibung des ersten, nemlich

I. Der Bautzner Kreis, welcher wiederum in den Ober- Nieder- und Queiskreis getheilt ist, und

1) Zwo Standesherrschaften enthält.

a) Die Herrschaft Hoyerswerda (wendisch Wojrey) hat de Namen von dem Hauptorte derselben, nemlich der 4 Meilen von Bautzen gegen die Niederlausitz zu gelegenen Stadt Hoyerswerda, an der Elster

Elster, die mitten durch die Stadt fließt, die 240 Häuser und 1000 Einwohner hat, deren vorzügliche Nahrung Ackerbau und Strumpfstrickerei ist. Sie gehört seit 1737. den Landesherren, die sie für 230,000 thlr. von der Herzogin Ursula Katharina von Wirtenberg kauften, und ist in ein kurfürstlich Amt verwandelt, dessen Expedition auf dem in Hoyerswerda befindlichen Schlosse ist. Die Oekonomie dieser Herrschaft bringt jährlich 15000 thlr. ein. Man findet in selbiger auf 42 grose und kleine fischreiche Teiche. Den Namen der Stadt leitet man nicht unwahrscheinlich von Hoyers Warte (oder Burg) her, und schreibt ihre Erbauung den Grafen Hoyer von Mannsfeld zu, welcher die Oberlausitz, oder wenigstens einen Theil derselben, eine Zeitlang besessen hat. Gegen das Ende des 13ten Jahrhunderts besaß sie Hoyer von Vrebeberch, worauf sie an die Grafen von Schwarzburg kam, die sie 1357 an Kaiser Karl IV. verkauften, welcher sie der Krone Böhmen einverleibte, und in Rücksicht der Gerichtsbarkeit unter die Voigtei der Sechsstädte gab. 1371 vergab oder versetzte sie der Kaiser an seinen Kammermeister Thimo von Kolbiz, dem sie 1382 Benes von der Duba, Hauptmann zu Budißin, abkaufte, dessen Nachkommen sie wiederum 1448 an den Kurfürsten Friedrich von Sachsen überließen. 1461 kam sie an die Grafen von Schönburg, die 1467 in selbiger belagert wurden, weil sie es mit der hußitischen Partei

thei

thei und mit dem gebanneten Könige George Podiebrad hielten. Diese Belagerung dauerte 10 Mo-
nate, und man findet noch jezt Spuren von 3fa-
chen Gräben, die die Stadt umgeben haben. Aber
damals ward sie von ihren eigenen Landsleuten von
Grund aus verwüstet, und der Raub unter die Ero-
berer getheilt. Kaiser Matthias belieh 1482 den
Landvoigt von Stein mit dieser Herrschaft, aber 10
Jahre später kam sie wieder an die Grafen von
Schönburg; 1571 bekam sie Heinrich von Maltiß für 110,000 thlr. erblich; hierauf besaßen sie
die Grafen von Promniß bis 1615, dann die von
Kittliß bis 1620; sodann die Herren von Ponikau
bis 1551, und endlich bis 1700 das Kurhaus
Sachsen, welches sie von 1662 bis 69 an den
Markgraf Leopold Willhelm zu Baaden für 1 Ton-
ne Goldes versezt hatte. 1700 wurde sie an Wolf
Dietrich Grafen von Beuchlingen für 200,000
thlr. und 1704 an die Herzogin von Wirtenberg
überlassen.

b) Die Herrschaft Königsbrück führt ihren Namen
von dem an der Pulsniß, 3 Meilen von Dresden
und 5 von Baußen gelegenen, gut gebaueten Landstädtchen Königsbrück, mit einem Schlosse. Sie
gehörte sonst den berühmten Grafen von Dohna,
die Willhelm der Einäugigte, Markgraf in Meisen,
vertrieb, und ihre Besizungen einzog. Königsbrück
und alle übrige Lausitzische Besizungen musten ihnen aber verbleiben. Die Burggrafen suchten nach
ihrer

ihrer Vertreibung wenigstens die Befugniß, den
3ten Theil des Dresdner Brückenzolls zu erheben,
zu behaupten, indem sie anfangs kaiserlichen Schutz
suchten, endlich aber dieses Recht an den Kaiser
käuflich überließen, aber diese Streitigkeit hat bis
jezt noch nicht beendiget werden können. Die
Burggrafen standen beim kaiserlichen Hofe in gro-
fen Ansehn, und verwalteten die wichtigsten Aemter. Der lezte Besizer der Herrschaft Königsbrück
aus diesem Hause, war Kaspar, Burggraf zu
Dohna, der sie bald nach dem Jahre 1561 an
Christoph Freiherrn von Schellendorf verkaufte,
bis sie endlich 1726 an die Reichsgräfl. und 1756
an das freiherrliche Frisische Haus kommt, von
welchen sie 1773 der Graf Siegesmund Ehrenreich
von Redern kaufte.

2) Zwei geistliche Stifter.

a) Das Dekanat zu St. Peter in Baußen, dessen
Oberhaupt (der Dekan) die gesammte katholische
Geistlichkeit des Markgrafthums unter seiner Aufsicht hat, und auch über seine lutherischen Unterthanen gewisse kirchliche Rechte ausübt, besteht in 7
Kanonicis präsentibus und 5 extraneis oder honora-
riis, die 1770 vom jezt regierenden Kurfürsten ein
Ordenszeichen erhielten. Dem Kapitel gehören
34 Dörfer, und die Domkirche ist die Peterskirche in Baußen. Bald nach der Gründung des
meisnischen Bißthums, durch Otto den Grosen,
hatte der Bischof Burchard für die Bekehrung der

Mil-

Milziener durch predigen und Erbauung verschiedener Kapellen in ihrem Lande gesorgt. Eine solche
Kapelle war auch zu Budißin errichtet, die endlich
Bischof Bruno II. im 13ten Jahrhunderte erweiterte, und in eine Collegiatkirche verwaltete, deren
Präpositus die Aufsicht des 9ten Archidiakonats des
Bißthums Meisen, das die Ober- und Niederlausitz gröstentheils begrif, erhielt. Bruno, der aus
dem Hause Baruth stammte, hatte vieles von seinen Gütern selbst zu dieser wohlthätigen Anstalt
vermacht, und der Markgraf von Meisen, Heinrich
der Erlauchte, wie auch der König von Böhmen,
Primislaus, hatten ihn unterstützt. Vermöge eines Vertrags ist allezeit der ältesten Kanonikus zu
Meisen Probst dieses Stiftes. Als 1560 der meisnische Bischof, Johann 9te, das Lutherthum annahm, so erklärte der Kaiser Ferdinand I. das Kapitel
zu Baußen für unabhängig, und im Fall des tödtli-
chen Abgangs des Dechanten verlieh Kaiser Maximilian II. mit päbstlicher Bewilligung dem Kapitel
die Abministration der bischöflichen Rechte per
utramque Lusatiam. Jezt erhält der infulirte Dechant des Kollegiatstiftes gemeiniglich den Titel eines Bischofs in den Landen der Ungläubigen.

b) Marienstern, ein Stift und Nonnenkloster Cister-
cienserordens, ist auf Veranlassung der Markgra-
fen Johann und Otto zu Brandenburg, von 3
Brüdern, Wittego, Burcharbt und Vernhardt,
Herren von Kamenz, davon der erstere und letzte
Bischöf-

Bischöffe zu Meisen geworden sind, 1264 gestiftet
worden. Zu den Besitzungen des Klosters gehören 2 Landstädtchen und 39 Dörfer, deren Einkünfte eine Aebtißin und zwischen 24 und 29 Or-
denspersonen ernähren.

Die ansehnlichen Klostergebäude, welche auf der
Straße von Kamenz nach Baußen stehen, haben eine
schöne Kirche, in welcher 1716 die Leiche des Statthalters, Fürsten Egon von Fürstenberg, beigesetzt ist. Die
weltlichen Angelegenheiten besorgt ein Klostervoigt welches allezeit ein in der Oberlausitz angesessener von Abel seyn
muß. Die dem Kloster gehörige Städtchen sind:

1) Wittichenau an der schwarzen Elster ohnweit Hoyerswerda, in einer an Gartenfrüchten fruchtbaren
 Gegend, deren Einwohner übrigens vom Stricken
 und Ackerbau leben. Das Städtchen ist sehr alt,
 hat oft Brandschaden erlitten. Es hat jezt 2 katholische Kirchen, davon die in der Budißinischen
 Vorstadt ihrer Schönheit wegen merkwürdig ist.

2) Bernstadt, oder Bernstädtel, soll 200 Häuser und 800
 Einwohner haben, die sich besonders vom Ackerbau,
 Tuchweberei und Leinewandwirken nähren. Sie ist
 auch der Hauptort des dem Kloster gehörigen sogenannten eigenschen Kreises, und der Sitz des Klosteramts.
 Dieser Ort, nebst den 9 um selbigen gelegenen Dörfern,
 sollen den Namen: der eigenschen Kreis deswegen führen, weil dieser Bezirk 1328 von den Herren von Kamenz an den König Johann in Böhmen verkauft, von
 diesen an einen von Biberstein verlehnet worden,

 der

der ihn seiner Schwester, die Aebtißin des Klosters
Marienstern war, eigen, oder eigenthümlich vermachte, nach deren Tode es bei dem Kloster blieb.

3) Ritterschaftliche Oerter sind

1) Baruth, wendisch Bart, ein Flecken, 3 Stunden
von Baußen, an dem sogenannten löbauischen
Wasser, in einer angenehmen und fruchtbaren Gegend, die man die güldne Aue nennt. Der Ort
muß nicht mit der gräflichen Solmsischen Stadt
Baruth im Kurkreise verwechselt werden. Hier,
und in den benachbarten Dörfern, wohnen größtentheils Wenden. Man findet in hiesiger Gegend
Eisenstein, der in dem bey Hbarten Hammer Kre-
bra verarbeitet wird. In den ältesten Zeiten war
es eine Burg und Festung der Herren von Gersdorf. In der Folge kam der Ort wiederum an die
von Gersdorf, welche ihn auch von jener Zeit un-
unterbrochen besessen, bis endlich Adolph Nikolaus
Graf von Gersdorf, Herr zu Baruth, von dem Grafen
von Baudißin 1787 im Zweikampf erstochen ward.

2) Hochkirch, ein Kirchdorf, zwischen welchem und
dem Städtchen Weißenberg die preußischen Truppen 1758 von den Oesterreichern überfallen wurden,
und mit großem Verlust weichen mußten. Auf dem
hiesigen Kirchhofe ist dem Feldmarschall Keith ein
Monument von Marmor gesetzt worden.

3) Elstra, oder Elster, wendisch Halstrov, ein abli-
ches Landstädtchen am Ursprunge der Elster, gehörte ehemals den von Ponikau, gegenwärtig aber den

von

von Knoch. Die Einwohner treiben vorzüglich Ackerbau und Strickerei; das darzu gehörige Holz, und in selbigem die Jagd, ist ansehnlich.

4) Pulsnitz, wendisch Polßna, ein Städtchen am Pulsnitzbach, ist nebst 7 zugehörigen Dörfern jezt den von Gersdorf durch Heirath zugekommen. In alten Zeiten gehörte es zu der Herrschaft Kamenz, nachher bekam es Besitzer, die sich von selbigem benannten; 1549 gehörte es den von Schlieben; 1650 den von Schönberg, kam hernach an die Grafen von Werther, und endlich an die von Maxen, die es an die von Gersdorf brachten.

5) Ruland, ein nahrhaftes Landstädtchen an der Elster, in welcher hier besonders wohlschmeckende Aale gefangen und verschicket werden. Die Bewohner nähren sich gröstentheils von Lein- und Baumwollenweberei und Strumpfstricken. In ihrer Gegend bauet man viel Flachs. Der Ort ist sehr alt, und ehemals vermuthlich gröser gewesen. Durch Heirath war er mit seinem Distrikte, der noch jezt der ruländische Kreis heißt, an das markgräfliche meisnische Landesbergische Haus gekommen, und 1211 hat ihn Mathild, Markgraf Konrad II. Tochter, dem Kurfürsten Albert II. von Brandenburg als Mitgift zugebracht, bis er mit Kurfürst Woldemars Tode 1319 wieder an Böhmen fiel. In der Folge bekam das Städtchen wieder eigene Herren, wie es dann die von Gersdorf, Wilsdorf und Hayn, und endlich die von Hoymb besessen haben.

6) Sey-

6) Seyda, oder die Seydau, ein mit besondern Statuten versehene unter der Landshauptmannschaft stehender Ort, unmittelbar bei Budißin, von welcher man es als eine Vorstadt ansehen kann, hat mehr als 200 Häuser und eine wendische Kirche.

7) Grosschönau, Eybau, Ebersbach, Reichenau, sind Dörfer mit Fabrikanten verschiedener Leinenwaaren.

Folgende Orte sind die merkwürdigsten im sogenannten Queiskreise, welcher einen kleinen Zwickel von 2 ☐ Meilen zwischen Schlesien und Böhmen ausmacht, ehemals aus blosem Sumpf und Wald bestanden hat, gegenwärtig aber auf 16000 Menschen enthält, die sich fast alle von Manufacturen und Fabricken nähren, welches unglaublich scheint, aber von allen Schriftstellern, selbst einheimischen, behauptet wird.

8) Marklisse, sonst Leßna, Lisin, Lißn, welcher Name einen kahlen Berg bedeuten soll, ist eines der ältesten Landstädtchen am Queis, welches besonders durch die der Religion wegen vertriebenen Böhmen und Schlesier in Aufnahme gekommen ist. Es hatte ehemals seine eigenen Herren, die sich von selbigem nannten, kam an die von Kötriß, seit hundert Jahren steht es den von Debschütz zu. Tuch, Barchent, und vorzüglich Leinewand, wird hier viel und gut gefertiget, und unmittelbar von den hiesigen ansehnlichen Handelshäusern nach Spanien und Portugall und an a. O. versendet.

9) Goldentraum, ein adeliches Landstädtchen, erst 1685 von vertriebenen Böhmen und Schlesiern

unter

unter Vergünstigung Kurfürst Johann George II.
angelegt. Unter den hiesigen Handwerkern sind
die Tischler die vorzüglichsten.

10) Wiegandsthal, ein Marktflecken an der Lusitz-
bach), von den böhmischen Protestanten mit Vergünstigung Wigand von Gersdorf auf den Boden
seines Ritterguts Meffersdorf, von 1666 an, erbauet. Seinen gegenwärtigen Namen erhielt es
20 Jahr später; es hieß anfangs das Meffersdor-
fische Städtchen. Die Bewohner dieses Fleckens
treiben starken Leinewandhandel.

11) Volkersdorf, ist ein Pfarrdorf, das 1654 auf einer, einem gewissen Volkert gehörigen Wiese, von
vertriebenen Schlesiern angebauet ward. 1668
standen 40 Häuser, und man bauete nun eine Kirche. Seit 60 Jahren fertiget man hier, und in
den benachbarten Meffersdorf und Gebhardsdorf,
den sogenannten Schmelz.

12) Tschocha, ein altes festes Bergschloß, das der al-
terälteste Ort in diesem Kreise seyn soll.

13) Die Kirchdörfer Friedensdorf, Gebhardsdorf,
Reugersdorf, oder Reichhennersdorf, Schwerta,
Ober- und Niederwiese; ferner die von 1663 bis
1730 entstandenen Dörfer Neugebhardsdorf, Mei-
scheibe, Obergebhardsdorf, Estherwalde und Au-
gustthal bestehen größtentheils aus Spinnern und
Webern.

14) Ullersdorf, oder Ulrichsdorf, ist zu Anfange des
16ten Jahrhunderts von Ulrich Schof, Gotsch genannt,

nannt, erbauet worden, mag auf einem ehedem heiligen Ort der Slaven stehen, die ihren berühmten Flinz hier verehrten.

15) Weisenberg, wendisch Waspork, auf einem Berge, an dessen Fusse das löbauische Wasser fließt, ist ein ganz von Wenden bewohntes Freistädtchen. Es gehörte ehemals als eine besondere Herrschaft den von Maltiz, von denen es sich aber 1625 ganz loskaufte. Seit dieser Zeit steht es unter gar keiner Lehns- und Erbherrschaft, sondern hängt unmittelbar von dem Landvoigte, dem hochlöblichen Oberamte und Amtshauptmanne ab. Die Bürgerschaft wählt sich ihren Prediger aus 3 vom Rathe vorgeschlagenen Subjekten selbst. Sie treiben Ackerbau, Wollen- und Leinweberei.

4) Drei Sechsstädte mit ihren Gebieten, welche sind:

a) Baußen, oder Budißin, wendisch Budyschin und Budischini, die Hauptstadt nicht nur dieses Kreises, sondern des gesammten Markgrafthums, auch gegenwärtig die erste unter den Sechsstädten, ist der Sitz der vorhergenannten höchsten Kollegien dieses Markgrafthums, auch eines Oberpostamtes für die Oberlausitz.

Die Stadt liegt auf einem Berge, an dessen Fusse die Spree vorbei fließt, hat 800 größtentheils gut gebaute steinerne Häuser, schön gepflasterte, des Nachts erleuchtete Straßen, und 8000 Einwohner, ist 6 Meilen von Görlitz und Zittau, und 7 von Dresden entfernt.

Die Stadt ist eine der ältesten im Lande, die Zeit ihrer Erbauung aber ungewiß. Die Slaven haben sie

ſie angeleget, bie Deutſchen aber nach Eroberung des
landes befeſtiget, und einem Markgrafen übergeben. Die
hierauf folgenden Könige in Böhmen, wie auch die Mark‑
grafen zu Brandenburg, baueten die Stadt, nach den
öftern Verheerungen durch Feuer und Krieg, immer ſchö‑
ner auf, und ertheilten ihnen anſehnliche Privilegien. So
erhielten die Baußner von dem leßtern, 1284, die Ver‑
günſtigung, ein öffentliches Kaufhaus zu errichten, wo
ſie wollten, nur ſollten ſie jährlich 10 Mark gemünzten
Silbers an die Markgrafen bezahlen.

Karl IV. ertheilte ihr 1469 die Erlaubniß, eine
Münze und Wechſelbänke anzulegen, mit rothem Wachſe
zu ſiegeln; 1474 gab ihr eben dieſer König die Freiheit,
eine Bleiche anlegen zu dürfen, und die Verſicherung:
daß dergleichen 7 Meilen um die Stadt nicht geſtattet
werden ſollte.

Das Schloß Ortenburg, der eigentliche Siß
des landvoigts und aller hohen landeskollegien, liegt
auf einem ſteilen Granitfelſen zwiſchen der Stadt, (von
welcher es durch eine eigene Ringmauer und Graben ge‑
ſchieden iſt,) und dem der landvoigtei zuſtehenden Orte
Seydau, der als eine Vorſtadt betrachtet wird.

Es iſt vermuthlich der erſte feſte Ort, an welchem die
Deutſchen Fuß faßten, und die Mißziener bändigten.
Den gröſten Brandſchaden erlitt es im Jahre 1400,
worauf es König Matthias, durch ſeinen landvoigt,
George von Stein, aufbauen ließ, der auch des Königs
Bild, in voller Rüſtung, und wie man behauptet, ganz
ähnlich, an dem äuſerſten Schloßthore in Stein anbrin‑

E   gen

gen ließ. Die 1621 und 1639 entstandenen Brand-
beschädigungen desselben, hat Kurfürst Johann George
I. wieder verbessern lassen. Die Kreislandhäuser, auf
denen die Stände beider Kreise ihre besonderen Berath-
schlagungen halten, sind ansehnliche Gebäude, und das
Budißinsche erst 1664 neu gebauet.

Die Peters-oder Hauptkirche ist mit dem bei selbiger befindlichen Stifte 1221, vom Bischof Bruno II.
zu Meisen, mit Genehmigung des böhmischen Königs
Primislaus, und Markgraf Heinrich des Erlauchten angelegt, und nach und nach sehr bereichert worden.

Seit der Reformation ist diese Kirche durch ein Git-
ter unter die Lutheraner und Römischkatholischen getheilt,
und die Rechte einer jeden Religionsparthei durch viele
Verträge fest gesetzt. Eine jede hat ihre besondern Kir-
chengeräthschaften. In der Vorstadt finden sich noch 4
Kirchen, worunter eine wendisch-katholische und eine wen-
disch-lutherische ist.

Das hiesige sehr berühmte lutherische Gymnasium,
an welchem 7 Lehrer arbeiten, hat 1542 die gegenwärtige Form erhalten, da so viele Zwistigkeiten zwischen den
katholischen und lutherischen Lehrern und Schülern entstanden waren. Die hier Studirenden genießen ansehnliche Stipendien. 1783 hat der Kaufmann, Herr
Prenzel, eine Armenschule für 100 Kinder beiderlei Geschlechts errichtet, und ein grofes Kapital zu ihrer Er-
haltung ausgesetzt. Ferner findet sich hier ein 1699 ge-
bautes Waisenhaus, und ein 1750 angefangenes Zucht-
und Spinnhaus, bei welchem eine holländische Tuchmanufaktur

nufaktur ist. Auch hat die Stadt eine Papiermühle,
deren Fabrikate den Holländischen gleich kommen, und
schon von den Kaisern Rudolph II. und Ferdinand II.
privilegiret ist, und 2 Pulvermühlen, die das beste Pulver liefern. Die vorzüglichste Nahrung hat Baußen von
seinen vortreflichen Manufakturen, deren Fabrikate sehr
stark verführet werden. Die Leinenmanufakturen liefern
besonders viele aus weißen Garn damastartig gewebte
Leinwand von verschiedener Gattung, die die Engländer
Daulás, und die Spanier Kreas nennen. Es werden
hier und in den umliegenden Landstädtchen und Dörfern
eine grofe Menge wollne Strümpfe, Handschuh, Müßen von allen Farben gefertiget, und von Baußen aus
verführt. Die Ledermanufaktur liefert alle Lederarten
so schön, wie die ausländischen. Tuch, Zize und Kattun
werden in grofer Quantität verfertiget und ausgeführt.
Die Stadt hat 2 Schönfärbereien, 5 gute Walkmühlen,
es werden auch Landtücher, Hüte und Siegellak verfertiget. Ohnweit der Stadt findet sich auch eine Eisen-
drathmühle und ein Kupferhammer. Die 3 hiesigen
Wollmärkte sind die wichtigsten in der gesammten Lausiß.

b) Kamenz, wendisch Kamienz, ist die 5te unter den
Sechsstädten, enthält gegen 400 Häuser und 5,500
Einwohner, liegt in einer gebirgigten Gegend an der Elster, 3 Meilen von Baußen, 7 Stunden von Dresden,
und ist vermuthlich slavischen Ursprungs. Ihr Name
soll ein Steinhaus bedeuten. Sie machte ehemals mit
ihrem Distrikte eine eigene Herrschaft, des Geschlechts
von Greifenstein, die sich in der Folge aber Herren von

Kamenz

Kamenz nannten, aus, von deren Schlosse noch Ueberbleibsel auf dem Berge zu sehen sind, an welchen die Stadt stößet. Das Schloß ward von seinen letzten Besitzer, Bajo von Kamenz, mit Bewilligung des Kaisers Siegesmund, 1432 an den Rath zu Kamenz verkauft.

Schon lange vorher hatte sich die Stadt von der Gewalt ihrer Beherrscher losgekauft, und war unter die unmittelbare Gewalt der Landesherren, aus dem Hause Brandenburg gekommen, von welchem sie 1319 mit der ganzen Oberlausitz an Böhmen gedieh, und 1346 sich in die Union der Sechsstädte begab. Johann Georg I. hielt hier die erste Landesversammlung, indem er unterm 3ten July 1621 die Stände der Oberlausitz hieher verschrieb, um die Huldigung, als Pfandinnhaber des Landes, anzunehmen, bei welcher Gelegenheit die Stände 80,000 Schock zu Abtragung der Kriegskosten einstweilen verwilligten.

Die Stadt hat 4 Kirchen, unter welchen eine wendische ist, die 1370 aus dem Franziskanerkloster entstand, dessen übriger Raum im gedachten Jahre für die Schule eingeräumet ward, an welcher 5 Lehrer sind.

Die Spitalkirche Mariä Magdalenä, die 1295 von Bernhard von Kamenz, Bischof zu Meisen, erbauet ward, und jezt nebst einer vor den Thoren der Stadt gelegenen Mühle, Vorwerk und einigen Häusern, dem Kloster Marienstern gehört, ist nicht, wie die neue Staats- und Reisegeographie meldet, den Evangelischen eingeräumt, sondern es wird jährlich einmal am Tage Mariä Magdalenä von einem katholischen Geistlichen, den das Klo-

ster

ster Marienstern absendet, Messe gelesen, und wendisch
geprediget; die übrige Zeit stehet sie wüste. Tuch-und
Leineweberei, Strumpfstrikerei und Bierbrauerei ist die
beste Nahrung der Stadt; in ihrer Gegend bauet man
viel Flachs und Hirse.

c) Löbau, liebe, wendisch Libye, ist die älteste, aber
der Ordnung nach die letzte und kleinste Sechsstadt,
und ihr Rathhaus seit den ältesten Zeiten der Versamm-
lungsort der Sechsstädte. Sie liegt auf einem Berge,
an dessen Fusse die Lobbeta, gemeiniglich das löbauische
Wasser genennt, vorbei fließet, 3 Meilen von Görliz,
Bauzen und Zittau, nach der böhmischen Grenze hin,
in einer fruchtbaren Gegend. Sie ist nach dem grosen
Brande 1710 sehr niedlich erbauet, hat 4 Kirchen, *)
unter welchen eine wendische ist. 1336 war ein Kloster
Franziskanerordens erbauet worden, welches 1565 vom
Kaiser Maximilian II. dem Rathe zu Schulgebäuden

E 5 über-

*) In der sehr altmodisch gebaueten Haupt-oder Nikolai-
kirche findet sich ein sonderbares Gemälde, welches die
Kreuzigung Christi vorstellen soll; wir führen dessen Beschreibung aus dem 2ten Theil des Karpzovischen Oberlausitzischen Ehrentempels an, wo es auf der 321 Seite
heißt: „der unterm Kreuze kniende Hauptmann spricht
die Worte: Vere filius Dei erat iste." Die Seele des
Schächers zur rechten Hand, welche gar andächtig mit
aufgehobnen Händen betet, und mit einer Perüque bekleidet, dem sterbenden aus dem Munde fähret, um-
fänget ein Engel eben nicht allzugeschickt; dahingegen
der Teufel die ausfahrende Seele des Schächers zur linken Hand gar säuberlich umfasset, und mit ihr fortspazie-
ret. NB. In einem unterirdischem Gewölbe dieser Kirche wird noch eine ziemliche Anzahl vermischter Pfeile
aufbewahret, die die Hußiten in die Stadt geschossen
haben.

überlaſſen ward; jezt befindet ſich auch die Rathsbibliothek in ſelbigen. Sonſt hatte auch bis 1562 ein königliches Hofgericht ſeinen Sitz allhier, unter deſſen Bezirk gegen 100 Dörfer gehörten. Gegenwärtig übt der Rath die Gerichtsbarkeit nicht alleine über die Stadt, Vorſtädte, ſondern auch über 5 Dörfer aus. Die Einwohner verfertigen vorzüglich geſtreifte und gegitterte Leinwand (Buchlinnen) von allen Farben, die nach Spanien, Italien, England und Amerika verführt wird.

II. Der Görlitziſche Hauptkreis

begreift den in der Oberlauſitz gelegenen Theil des von dem Könige Johann errichteten Fürſtenthums Görlitz, iſt jezt in den Görlitziſchen, Zittauiſchen und Laubanſchen Kreis getheilt, und enthält

1) Zwo Standesherrſchaften, welche ſind:

a) Muskau an den Flüſſen Neiſſe und Spree, die größtentheils aus ſandigen Boden beſteht, anſehnliche Waldungen (in welchen ſtarke Bienenzucht getrieben wird) und Teiche, aber auch, beſonders an der Neiſe hin, zu allerlei Getreidebau geſchickten Boden hat. Unmittelbar hinter der Stadt gleiches Namens, findet ſich das ſchon ſeit mehrern Jahrhunderten bebaute Alaunwerk, welches vorzüglich in der letzten Hälfte dieſes Jahrhunderts von den gegenwärtigen Beſitzern auf bergmänniſche Weiſe behandelt worden iſt. Es gehören zu dieſer Herrſchaft auſer der Landſtadt Muskau 40 Dörfer, 10 Rittergüter mit 6 Dörfern, deren Beſitzer als Vaſallen unter dieſer Herrſchaft ſtehen.

Die

Die Bewohner sind größtentheils, die Stadt ausgenommen, Wenden, die die wendische Sprache in einer
besondern Mundart reden, aber auch fast alle deutsch sprechen, wozu die vor etlichen 20 Jahren in der Herrschaft
errichteten noch bestehenden deutschen Schulen vieles
beitragen.

Die ältesten Besitzer dieser Herrschaft sind, so viel
man weiß, die ehemals mächtigen Herren von Biberstein,
welche sie bis zum Jahre 1550 besessen haben. Nach
verschiedenen andern Besitzern kam sie 1555 an die
Schönaich, und 1587 an Kaiser Rudolph II., der sie
1595 an die Burggrafen von Dohna vererbte, von denen sie endlich 1644 an die Kallenbergische Familie durch
Heirath gedieh, bis sie 1785 auf gleiche Art die Grafen
von Pückler erhielten. Der Kaufbrief des Kaisers Rudolf II. d. d. 17 Novbr. 1595 bezeugt: daß sie dem
Dohnaischen Geschlechte mit allen geistlichen und weltlichen Rechten und Gerichten, auch mit einem freien Hofgerichte übergeben worden sei. Sie hat noch jezt ihr eigenes, unter dem hochlöbl. Oberamte bestehendes Konsistorium, nebst einem eigenen Hofgerichte, das ein adeli-
cher Hofrichter dirigiret.

Die Stadt hat ein durch die neuen Besitzer sehr ver-
schönertes Schloß; eine deutsche und eine wendische Kirche, welche 1766 in dem fürchterlichen Brande, der fast
die ganze Stadt verwüstete, ein Aschenhaufen ward, nachdem sie kurz vorher durch den Herrn Grafen von Kallen-
berg erbauet worden war. Der würdige Sohn und
Nachfolger bot alle seine Kräfte auf, sie wieder herzustel-

len,

len, und er hatte die Freude, durch Unterſtützung guter
Menſchen, ſeinen Endzweck zu erreichen. Die Stadt
fertiget gute Töpferwaaren, und verführt ſie, ſo auch To-
bakspfeifen und Papier.

b) Seidenberg, die 4te, und dem Range nach die letzte
Standesherrſchaft in der Oberlauſitz, hat ihren Namen von dem Hauptorte derſelben, nemlich dem
Schloß und Landſtädtchen Seidenberg an dem Mi-
chaelsberge auf der böhmiſchen Grenze, und begreift gegenwärtig auſer dieſem Städtchen 7 Dörfer, 2 Rittergüter und 2 Vaſallendörfer, wird
auch zuweilen die Herrſchaft Reibersdorf genannt,
weil ihre Beſitzer mehrentheils daſelbſt gewohnt
haben.

In den ältern Zeiten gehörte ſie bis 1477 den
von Koldiß, kam im gedachten Jahr an die von
Biebe.ſtein, und fiel von denſelben, als ein eröfnetes Lehn, an K. Ferdinand I., welcher ſie ſeinem
Rathe und Kämmerer friedrich von Reder verkaufte, bey deſſen Nachkommen ſie bis 1626 blieb.
Nach dieſer Zeit kam ſie an das freiherrlich No-
ſtiziſche Haus, und endlich an das gräflich Einſie-
deliſche, welches ſie noch beſitzt.

Das Städtchen Seidenberg nährt ſich vom Feldbau
und Tuch- und Zeugweberei.

In dem Pfarrkirchdorfe Reibersdorf iſt ein anſehn-
liches gräfliches Schloß und Gut, auf welchem engliſch
Bier gebrauet, und weit verführt wird.

2) Zwei geiſtliche Stifter.

s) Das

a) Das jungfräuliche Stift und Kloster Cistercienser-
ordens, Marienthal, liegt an der Neisse, zwischen
Görlitz und Zittau, in einem angenehmen Thale,
und ist mit fruchtbaren Feldern und schönen Waldungen umgeben. Kunigunde, König Wenzeslaus IV. von Böhmen Gemahlin, legte 1234 den
Grund zu demselben, worauf es ihr Gemahl 1238
bestätigte; die Besitzungen dieses Klosters haben
sich nach und nach sehr vermehrt.

Es besitzt außer dem ohnfern demselben gelegenen
Städtchen Osteritz, (dessen Bewohner Ackerbau,
Tuch- und Leineweberei treiben, und welches die
Burggrafen zu Dohna dem Kloster nebst 4 Dörfern
schenkten,) 18 Dörfer. Unter diesen Dörfern ist
eines, Namens Melaune, das ehemals der Haupt-
ort einer, der Stifterin dieses Klosters gehörigen
Herrschaft war, und Merow oder Merom hieß,
davon der größte Theil zum Kloster gegeben ward.
Die Vorsteherin ist eine Aebtißin, und die weltli-
chen Angelegenheiten desselben besorgt ein ablicher
Klostervoigt.

b) Das Priorat und jungfräuliche Kloster, Maria
Magdalena de pœnitentia zu Lauban, welches daselbst nahe an der Hauptkirche der Stadt stehet,
und von Herzog Heinrich den II. zu Jauer 1320,
als damaligem Herrn dieser Stadt, zu Ehren des
heiligen Geistes gestiftet worden ist. Das Kloster
hat eine Priorin zur Vorsteherin, und einen lutherischen Amtmann, der die weltlichen Angelegenhei-

ten deffelben verfiehet. Es gehören ihm 4 Dörfer. Zwar hat das Kloſter ſeine beſondere Kapelle,
aber doch durch Verträge auch die Freiheit, daß
die Nonnen ihr Horas in einem Chor der lutheri-
ſchen Hauptkirche ſingen, und daſelbſt von dem
Baußniſchen Dekan, als ihren ordentlichen Viſitor,
eingekleidet werden.

3) Ritterſchaftliche Oerter.

a) Im Görlißiſchen Kreiſe.

α) Halbau, ein kleines wohlgebauetes Landſtädtchen in der Heide an der ſchleſiſchen und nieder-
lauſißiſchen Grenze, auf der Straße von Görliß
nach Sorau, mit einem Schloſſe an dem Gold-
bache. Der Ort hat eine ſchön gebauete Kirche,
und gehörte ehedem dem Grafen von Promniß,
deſſen Wittwe einen Grafen von Kotpcs heirathete.

β) Rothenburg, ein nahrhafter Marktflecken an
der Neiſſe, mit einem ſchönen Schloſſe, gehörte
ehemals dem von Rechenberg. Nachher haben
ihn die von Salza, von Noſtiz, von Hochberg,
endlich, mit Kurfürſtlicher Genehmigung Gottfried Schneider, ein Kaufmann zu Görliß,
der den Einwohnern ſehr aufhalf, und jetzt die
von Meier beſeſſen.

γ) Niesky, ein auf dem Gebiete des Ritterguts Tre-
bus 1742 erbaueter, 5 Stunden von Görliß,
4 Meilen von Baußen gelegener Kolonieort der
Herrnhuter, iſt ganz von Gehölze eingeſchloſſen,

aber

aber zunächſt mit den beſten Gärten umgeben,
die auf dem dürreſten Sande angelegt ſind. Der
Ort hat ein Pädagogium unitatis fratrum evan-
gelicorum auguſtanå confeßionis, auf welchen
alle Wiſſenſchaften vorgetragen werden. Wollen - Baumwollen - Leinmanufakturen und Seidenbau, ſind die Nahrungszweige des Orts.

b) Im Zittauer Kreiſe.

α) Reichenbach, ein Landſtädtchen auf der Straße
von Görlitz nach Bautzen, iſt das Stammhaus
der noch itzt in Schleſien vorhandenen Grafen
von Reichenbach. In neuern Zeiten beſaßen
es die von Wormsdorf und Sander. Gegenwärtig gehört es den Herrn von Gersdorf, welche auch die zu beiden Seiten des Städtchens gelegenen Rittergüter, Ober - und Nieder - Reichenbach beſitzen. Man nährt ſich hier mehrentheils vom Feldbau und Viehzucht.

β) Großhennersdorf, ein Marktflecken, ohnweit
Herrnhut, mit einem Herrſchaftlichen Schloſſe,
woſelbſt 1748 die Kommißion zuſammen kam,
welche erklärte, daß die vereinigten evangeliſchen
Brüder ächte Verwandte der ungeänderten aug-
ſpurgiſchen Konfeßion wären.

Es hat der Ort eine Anſtalt zu Erziehung
junger Frauenzimmer, der Katharinenhof heißt.

γ) Herrnhut, zwiſchen Löbau und Zittau, (auf
den Feldern des Zinſendorfiſchen Dorfs: Ber-
thelsdorf,) der Hauptort der evangeliſchen Brü-
der-

dergemeinde, iſt ſeit 1722 angelegt, und jezt
ein ſchöner und wichtiger Handelsort. Die Gelegenheit zum Anbau deſſelben gaben zwey Brüder, die aus Mähren gebürtig, und Meſſer-
ſchmiede waren. Sie baueten, mit Bewilligung
des Grundherrn, ein Haus zum beſſern Vertrieb ihrer Waaren, und die günſtige Aufnahme,
die ſie genoſſen, lockte bald mehrere Künſtler
und Handwerker hieher. Der Ort iſt ſehr ſchön
erbauet, hat ganz gerade Straßen, und ſeine
freien Plätze ſind mit Bäumen beſetzt. Von hier
aus haben ſich die Herrnhuter durch die ganze
Welt verbreitet, und ſtehen noch izt in genauer
Verbindung mit einander. Hier haben ſie ein
Gemeinhaus, ein Bethaus, ein Obſervatorium,
ein Brüder- und Schweſterhaus, ein Waaren-
lager, in welchem man die Schönheit der Fabrikate, und die Ordnung, die überall ausnehmend
iſt, bewundert. (Man leſe Herrn Schmids
Briefe über Herrenhut, und Herrn Leonhardi's
ſchöne Erdbeſchreibung der Churfürſtl. und Her-
zogl. Sächß. Lande auf der 481 Seite.)

δ) Radmeritz, ein Pfarrkirchdorf, in einer angenehmen Gegend an der Neiſſe; in welchem Herr
Joachim Siegismund von Ziegler, der 1734
ſtarb, in den erſten Jahren dieſes Jahrhunderts
ein ſchönes Schloß aufbauete, das er Joachim-
ſtein nannte, und in demſelben ein evangeliſches
Fräuleinſtift für 12 Perſonen anlegte, welches
am

am 14 Novbr. 1728 eingeweihet, und von dem
Landesherrn bestätiget ward. Es hat einen abe-
lichen Stiftsverweser, der zugleich das Pfarrlehn
in Radmeriz hat.

b). Der Laubanische Kreis enthält

α) Schönberg, ein Landstädtchen und Schloß, eine Meile von Görlitz, gehörte in den ältesten
Zeiten den Herrn Birka von der Duba. Im
15ten Jahrhunderte besaß es der berühmte Georg Emrich von Görlitz. Darauf kam es an
die von Nostitz, sobann an die von Löben, und
gehöret gegenwärtig den von Rechenberg. Die
hiesige Gegend ist zum Ackerbau und Viehzucht
sehr geschickt, und in der Stadt werden auch
viele wollene streifigte Zeuge, die unter den Namen der Schönberger bekannt sind, gefertiget.

β) Kieslingswalde, ein Kirchdorf und Rittergut,
hat ehemals dem berühmten Herrn von Tschirn-
hausen gehört, welcher eine schöne Schleif- und
Poliermühle hier hatte, die aber längst eingegangen ist.

2) Drei Sechsstädte.

a) Görlitz an der Neisse, die Hauptstadt in diesem
Kreise, die zwote dem Range nach unter den Sechsstäd-
ten, liegt 6 Meilen von Baußen, und 13 von Dresden.
Ihre Erbauung schreibt man dem Herzoge in Böhmen
Sobislaus I. zu, welcher auf der Höhe, wo jetzt der
Voigtshof stehet, eine hölzerne Burg bauete, die aber
schon 1131 durch Feuer zu Grunde gerichtet ward. Er

erbau-

erbauete hierauf eine neue festere Burg, nebst einem Flecken, der den Namen Horcelecz oder Zschorzelecz, wendisch Jscharalick, d. i. Brandstadt, erhielt, woraus ihr
gegenwärtiger Name entstanden ist. Als hierauf im
folgenden Jahrhunderte die Stadt an die Markgrafen zu
Brandenburg fiel, baueten diese 1234 ein Franziskanerkloster anfangs auserhalb der Stadt, welches jedoch schon
1253, da man die Stadt sehr erweiterte, in die Ring-
mauern derselben gezogen ward.

Sie ist nach alter Art, mit 2 hohen Mauern und
einem tiefen Graben befestiget, welche Festungswerke im
15ten Jahrhunderte, mit Bewilligung des Königs Matthias Korvinus angefangen worden. Ihre Manufakturen
und Handlung, wodurch sie schon lange berühmt ist, haben sie zur grösten und volkreichsten Stadt der Oberlausitz erhoben. Sie hat gegenwärtig 1335 Häuser und
8600 Einwohner.

Unter den 6 Kirchen der Stadt ist vorzüglich die
mit Kupfer gedeckte schöne Peter- und Paulskirche be-
merkenswerth, welche die gröste Kirche in der Oberlausitz
ist. Schon 1317 war eine kleine Kirche zu St. Peter
und Paul vorhanden, welche in der Folge erweitert ward.
Der Anfang darzu ward 1423 von Johann von Kiet-
litz, Herrn auf Spremberg, gemacht, und 1457 wurde
sie von Kaspar von Schönberg, Bischof zu Meisen, dessen Bild man auch in derselben in Stein gehauen an-
trift, eingeweihet. Die Orgel ist, so wie die Glocken,
von auserordentlicher Gröse. Unter dieser Kirche ist eine
in Felsen gehauene 1432 eingeweihete Kapelle, in wel-

cher

cher man nach der Reformation das Almosen austheilte,
gegenwärtig werden die Katechismusexamina in derselben gehalten. Die auserhalb der Stadt gelegene St.
Nikolaikirche ist die älteste dieser Stadt, und 1041 vorhanden gewesen. Bei dem heiligen Grabe, welches
Georg Emrich, ein Bürgermeister zu Görliß und Ritter des heiligen Grabes zu Jerusalem, vor dem Niko-
laithore nach dem Muster des heiligen Grabes zu Jerusalem angelegt hat, ist auch eine kleine Kirche. 1480,
nachdem er von seiner zwoten Wallfarth nach Palästina
zurück gekommen war, machte er, mit Erlaubniß des
Bischofs zu Meisen, den Anfang, und vollendete sein
Werk 1489. — Das rühmlich bekannte Gymnasium,
an welchem 7 Lehrer arbeiten, befindet sich seit 1565 in
dem oben angeführten Franziskanermönchskloster, dessen
Gebäude das Jahr vorher dem Stadtrathe vom Kaiser
Ferdinand I. geschenkt worden sind. Beim Gymnasium befindet sich auch eine gute Bibliothek. Der Voigtshof, ein bei der Hauptkirche zu St. Peters gelegenes
weitläuftiges Gebäude, enthält die Ueberbleibsel der alten, für den ehemaligen Landvoigt zu Görliß (welche
Stelle jezt, wie unten gezeigt worden, mit der Landvoigtei zu Budißin verbunden ist) erbauten Burg, welche
1456 abbrannte, und 1567 vom Kaiser Maximilian II.
dem Rathe geschenkt ward; doch sind den Herren Land-
ständen die zur Amtshauptmannschaftskanzelei und zu
den Zusammenkünften der Herren Landsstände dieses Kreises nöthigen Zimmer vorbehalten. Das 1516 maßiv
erbauete Rathhaus hat einen mit Kupfer gedeckten
Thurm;

Thurm; das öffentliche Kaufhaus, in welchem auch eine Salzniederlage sich befindet, ist 1407 errichtet. Ihre schönen Schleusen hat die Stadt schon 1471 erhalten. Unter die merkenswerthen Alterthümer gehöret auch der in der Langengasse an einem Hause in Stein gehauene slavische Göße Flyns. Der älteste Nahrungszweig der Stadt sind ihre Tuchfabriken und der schon seit langen Zeiten weit ausgebreitete Handel mit demselben, wozu ihnen ihre Beherrscher viele Freiheiten verliehen haben. Das Privilegium wegen des Weydhandels und dessen Niederlage hat sie zuerst von dem Könige Johann in Böhmen d. d. Prag 1339 erhalten, vermöge welches allen und jeden Kaufleuten, die mit Weyd handeln, befohlen wird: daß sie, wenn sie mit ihrer Waare die Weichbilde von Baußen oder Görliß berühren, sie nirgend anders als in diesen Städten niederlegen oder verkaufen sollen, welches Privilegium auch 1356 von Karl IV. bestätiget ward. Wie wichtig dieser Handel in den damaligen Zeiten gewesen seyn muß, beweist die Forderung Herzog Alberts zu Sachsen an die Görlißer: daß sie ihm wenigstens jährlich 500 Rheinische Gülden für die ihnen verstattete Weydniederlage entrichten, oder gewärtig seyn sollten, daß er dergleichen zu Grosenhayn etablire. Noch jeßt werden jährlich von 285 Meistern 6000 Stück Tuch hier verfertiget. Die hiesigen Schönfärber, Tuchscheerer und Tuchbereiter stehen im grosen Rufe. Aus einem Wollenmagazin erhalten arme Meister, auf gewisse Frist, Wolle vorgeschossen. Es werden auch viele Strümpfe gestrickt, und von 41 Leinwebern

bern auf 80 Stühlen jährlich 770 Schock Leinwand gefertiget; und mit selbiger ansehnlichen Handel getrieben.
Die Roth-und Weißgerber, auch Hutmacher, sind berühmt,
und seit einigen Jahren wird der Seidenbau getrieben.

Die, eine kleine Stunde von Görlitz gegen Südwest
gelegene Landeskrone, ist ein isoliter Granit und Basalt-
berg, welcher 2 erhabene Spitzen, und zwischen denselben eine geraume Ebene hat. Auf der Nordseite desselben stand ehemals eine feste Burg, von welcher man noch
die Grundmauer siehet. Im 12ten Jahrhunderte gehörte diese Festung den Markgrafen in Meißen, gegen welche
die alte Burg Drenau (das heutige Görlitz) von den Böhmen erbauet ward, von wo aus sie nach 200jährigen wie-
derholten Anfällen endlich die Landeskrone zu Grunde richteten.

Hierauf brachte der Rath zu Görlitz den Berg an
sich, und reichte ihn den von Biberstein zur Afterlehn,
welche die Gebäude wieder herstellten. Er kam hierauf
an die Grafen von Promnitz, die ihn an den Herzog
Hanns zu Sagan überließen, dessen Söhne ihn, aus
Verdruß über die ihnen vom Kaiser untersagte neue Befestigung desselben, wiederum an den Rath zu Görlitz
verkauften, welcher ihn noch besitzt.

b) Zittau, wendisch Zitawa, die dritte unter den
Sechsstädten, am Altwasser, oder der Mandau, welche
nicht weit davon in die Neiße fällt, in einer fruchtbaren
und angenehmen Gegend, 6 Meilen von Baußen, 4 von
Görlitz, und 9 von Dresden, hat nach Leipzig den wichtigsten Handel im ganzen Kurfürstenthume Sachsen, und

F   der

der Rath derselben die wichtigsten Dorfschaften und Landgüter unter allen Oberlausitzischen Städten. Wahrscheinlich hat sie ihren Namen von dem böhmischen Worte Schlto oder Sito, welches Getreide heißt. Nach
Karpzov ist schon im 9ten Jahrhunderte der Grund zu
selbiger gelegt, und 1109 eine Kirche daselbst erbauet
worden, bis sie endlich König Premislaus Ottocarus III.
1255 zu einer Stadt gemacht hat. Sein Sohn Wenzel erweiterte sie, und schenkte ihr ansehnliche Freiheiten,
so daß sie schon zu Karls IV. Zeiten, in Rücksicht ihres
Handels, Bautzen und Görlitz den Rang streitig machte.

Auf Befehl Kaiser Karl IV., der Zittau öfters be-
suchte, ward 1561 das sogenannte große Kaiserhaus errichtet, und 1368 wirklich von diesem Kaiser bezogen;
doch im 16ten Jahrhunderte wiederum abgetragen, und
in ein Salz- und Kornhaus verwandelt.

Die Hauptkirche St. Johannis machte ehemals, da
die Stadt mit ihrem Bezirk unter dem Erzbißthum zu
Prag stund, ein besonders Dekanat des Bunzlauischen
Archidiakonats aus. Die Zeit ihrer Erbauung kann
man nicht angeben. Die Kirche zu St. Peter und
Paul ist 1293, die zum heiligen Kreuz 1380 erbauet;
die zu unsrer lieben Frauen, und die Kirche zur heiligen
Dreieinigkeit, sind kleine alte Kirchlein. Das Waisenhaus ist aus einem, ehemals dem Kloster auf dem Oybin
gehörigen Hause, zu Anfange dieses Jahrhunderts errichtet.

Das ehemalige Franziskanerkloster ist 1690 zu einer
Kirche für die böhmischen Erulanten gemacht, und zu
Anfan-

Anfange dieſes Jahrhunderts die ſchöne Rathsbibliothek in den Gebäuden deſſelben aufgeſtellet worden. Auch findet ſich hier ein Hoſpital und ein Siechhaus. Das Gymnaſium, an welchem 9 Lehrer unterrichten, iſt eine ſehr alte Schulanſtalt, und der erſte evangeliſche Rektor iſt 1535 berufen worden. Die Stadt hat gegenwärtig gegen 800 Häuſer, davon 1757 ein kaiſerl. Korps 564 einäſcherte, ſeit welcher Zeit die Stadt ganz neu und ſehr ſchön erbauet iſt. Sie hat auf 11000 Einwohner, die ſich noch jährlich mit der mehrerern Anbauung der Stadt vermehren. Die Stadt hat zwar auch Wollen - und Leinenmanufakturen, aber die Hauptnahrung iſt die Handlung in den umliegenden Landſtädtchen und Dörfern mit Damaſt und Leinwand, welche von 28 Handelshäuſern in's Ausland betrieben wird. Das Weichbild der Stadt war ehedem noch anſehnlicher, als jezt, denn es machte einen beſondern Kreis aus, in welchem ein königlicher Voigt oder Landrichter beſtellet war, dem Karl IV. das Schloß Karlsfriede oder Neuhaus, am Göbeliſchen Gebirge, angewieſen hatte.

Es hatte dieſer Voigt den Vorſiz bey dem Landgebinge, und die Rathsglieder der Stadt Zittau, nach beren Rechten man ſich richtete, waren Beiſizer deſſelben. Der Rath hat dieſes Gericht oft ganz allein verwaltet, und zuweilen es gar pachtweiſe beſeſſen. Unter Kaiſer Siegesmund erreichte es endlich ſein Ende, und der ganze Kreis ward dem Görlitziſchen Hauptkreiſe einverleibet. Noch gegenwärtig hat der Stadtrath viele Rechte und Vorzüge, und ſeit 1717 iſt der regierende Bürger-

meiſter zum Comes palatinus cæſareus ernennt. Ohngefehr eine Meile von der Stadt liegt der hohe Felſen
Oybin, an welchem ehehin ein feſtes Schloß, deſſen Beſitzer der umliegenden Gegend durch Raub vielen Schaden zufügten, ſtand, welches in der Folge 1369 das erſte Cöleſtinerkloſter in hieſiger Gegend geworden, aber
nach der Reformation 1574 mit allen ſeinen Beſitzungen
dem Rathe zu Zittau käuflich überlaſſen worden iſt.

Unter des Raths Gebiet gehört das 1 Meile von der
Stadt an der Neiſſe gelegene Städtchen Hirſchfeld, das
ehemals den von Kyau gehörte, aber 1506 an den Rath
zu Zittau durch Kauf gelangte, und durch die böhmiſchen
Exulanten ziemlich volkreich ward. Ferner gehören eine
groſe Menge Dörfer zu dieſem Bezirk, worunter Gros-
ſchönau, in welchem ſich allein 600 Weber befinden,
das vorzüglichſte, und von Hrn. Leonhardi a. ä. O. S.
479. weitläufig beſchrieben iſt.

b) Lauban, wendiſch Luban, die 4te Sechsſtadt am
Queis, welcher hier die Laube aufnimmt, 3 Meilen von
Görlitz, 9 von Bautzen, 5 von Zittau. Sie hat ihre
Vergröſerung und Erhebung zu einer Stadt den Markgrafen von Brandenburg zu bänken, denn 1180 war ſie
noch ein offener Ort, und erſt im Jahre 1318 umgab
ſie Kurfürſt Woldemar I. mit Mauern, weiten Gräben
und andern Feſtungswerken gegen die Anfälle der Schle-
ſier und Pohlen. Die Hauptkirche iſt im 13ten Jahrhunderte erbauet. Zu der nemlichen Zeit, 1273, ward
von den Bürgern zu Lauban, mit Bewilligung Markgraf Otto des langen, ein Franziskanerkloſter zu Ehren

des

des heiligen Kreuzes angelegt, an deſſen Orte, nachdem
das Kloſter oft durch Brandſchaden gelitten hatte, die
Kirche zum heiligen Kreuz erbauet worden iſt. Auſer-
dem finden ſich noch in der Stadt 2 Kirchen, und ein,
1323, von einer wohlhabenden Bürgerin geſtiftetes Hoſpital. Die Schule, deren Gebäude bei der Hauptkirche ſtehen, und an welcher 6 Lehrer arbeiten, iſt 1588
angelegt, und 1748 erweitert und erneuert, auch iſt eine
anſehnliche Bücher-Münzen-und Naturalien-Samm-
lung bei ſelbiger angelegt worden. Gegenwärtig hat die
Stadt gegen 577 Häuſer und 8000 Einwohner, unter
welchen 16 Handelshäuſer ſind, die mit allerlei farbigter
Leinwand und Schnupftüchern ſtarken Handel treiben.
Es giebt gute Kattun-und Leinwanddruckereien. Das
Rathsgebiet beſtehet aus 3 Dörfern.

Anmerkung.

Ehehin ſcheint es ſtreitig geweſen zu ſeyn: welches
von beiden Markgrofthümern den Vorzug haben ſollte.
Die Könige von Böhmen ſetzten in ihrem Titel gewöhnlich: Markgrafen zu Lauſitz und in den Sechslanden,
bis endlich die Benennung Oberlauſitz von 1494 an,
auch im Geſchäftsſtil üblich ward, und von dieſer Zeit
an ward bald die Ober-bald die Niederlauſitz vorgeſetzt.
1595 wurde eine Kommißion von Prag nach Budißin
geſchickt, welche eine Streitigkeit entſcheiden ſollte, die
wegen Stellung der Reuter und Fußknechte entſtanden
war. Die Stände wurden nach Budißin berufen.
Die aus Niederlauſitz erſchienen zahlreich, aus der Obern

hin-

hingegen kam niemand, unter der Entschuldigung: sie
wollten sich mit den Niederlausitzern in keine Streitigkeiten einlassen, wie viel jede Provinz an Fußknechten
u. s. w. geben sollte, weil daraus gar leicht eine Verwech-
selung entstehen könne, da doch keine der andern vorzu-
schreiben hätte, wie viel sie geben solle. Und 1682 bezeug-
ten die Oberlausitzischen Herren Stände dieses abermals
in einem Memorial an Kurfürst Johann George III.
Man hatte ihnen vorgeworfen: daß sie weit weniger als
die Niederlausitz zur Verpflegung der Armen beitragen;
sie sollten sich sofort entschließen, entweder jährlich 5000
Thlr. zu zahlen, oder ein Regiment Fußvolk mit Verpflegung und Quartier zu versehen. Sie sagen hierauf:
es sei zwischen Ober- und Niederlausitz nie eine Propor-
tion gemacht — auch sei die Niederlausitz der Obern an
Güte, Nußbarkeit, Kommerzien und Vermögen nicht
nur gleich, sondern in einigen überlegen, besonders in
reichem Zuwachs an Getraide, und könne wegen des Ober-
stroms seine Produkte leichter verführen.

Von

Von der Niederlausitz.

Der Gang, in Gründung der Landesverfaſſung in der Niederlauſitz, war von dem in der Oberlauſitz anfangs zwar verſchieden, allein von der Zeit ihrer Vereinigung mit der Krone Böhmen an, erhielt dieſelbe eine ähnliche Form. Dieſes Land war von Deutſchen erobert, und lange Zeit von ihnen beherrſcht worden, daher hatten ſie auch ihre Gewohnheiten, Sitten und Geſetze in ſelbiges verpflanzt. Die erſten Markgrafen regierten es als kaiſerliche Statthalter durch Burgvoigte, welche, wie bekannt, mit unſern heutigen Amtleuten die mehreſte Aehnlichkeit hatten. Konrad der Groſe, Markgraf in Meiſen, brachte dieſes Markgrafthum erblich an ſein Haus, und gab ihm vermuthlich gleiche Verfaſſung mit ſeinen übrigen Landen. Seine Nachkommen, aus dem Hauſe Landsberg, beherrſchten es auf die nemliche Art in eigener Perſon, und unter ihnen war an keinen ſolchen Landvoigt zu denken, wie in Oberlauſitz ſchon ſeit geraumer Zeit exiſtirten; die Markgrafen verrichten dieſes Amt ſelbſt.

Als die Markgraffchaft 1304 auf die oben gemeldete Art an Kurbrandenburg übergeben ward, ſo wurde auch damals höchſt wahrſcheinlich nichts in der Verfaſſung geändert, ſondern auch dieſe Herren verwalteten die Regierung ſelbſt.

Einige neuere Geſchichtſchreiber glauben zwar: die älteſten Landvoigte in Niederlauſitz wären aus Mangel

hiſto-

hiſtoriſcher Nachrichten nicht zu finden, ich hingegen hal-
te vielmehr dafür: daß vor der Verbindung des Landes
mit Böhmen, keine ſolchen Landvoigte in der Niederlauſiß geweſen ſind. Als aber Kaiſer Karl IV. dieſelbe
durch Kauf an ſich brachte, ſo ließ er ſie durch Landvoigte regieren, wozu ſich auch hier, ſo wie in der Oberlauſiß, fürſtliche Perſonen gebrauchen ließen. Zuweilen
begleitete der Oberlauſißiſche Landvoigt dieſe Würde in
Niederlauſiß zugleich mit, gewöhnlich aber hatte ein jedes
Markgrafthum ſeinen eigenen. Dieſer Titel und Amt
iſt in der Niederlauſiß auch unter den Herren des Landes,
aus dem kurſächſiſchen Hauſe, bis 1666 geblieben. In
gedachtem Jahre aber verwandelte der Herzog Chriſtian
I. von Sachſen Merſeburg, der das Markgrafthum, vermöge des väterlichen Teſtaments, erhielt, nach Abſterben des leßtern Landvoigts, Joachim Freiherrn von der
Schulenburg, die Landvoigtei in ein Oberamt, und theilte die Macht des ehemaligen Landvoigts unter einen Ober-
amts- und Vizeamtspräſidenten, veränderte auch noch
überdem vieles in der Landesverfaſſung. Die Niederlauſiß hat auch noch jeßt die gröſte Aehnlichkeit in der
Verfaſſung mit der Obern. Die Stände theilen ſich
gleichfalls in die vom Lande und den Städten. Zur
erſten Klaſſe gehören 1) die Prälaten, nemlich: das Ciſter-
cienſer-Stift Neuzell, und die Commenthureyen oder
Ordensämter Friedland und Schenkendorf; deren Or-
denshauptmann der Heermeiſter des Johanniterordens
aus der Ritterſchaft beſtellt, und der im weitern Aus-
ſchuß der 3te iſt.

1) Die

2) Die Herren, zu welchen gehören die Besitzer der Herrschaften: Dobrilugk, Forsta, Pförten, Serau, Leuthel, Drähna, Staupitz, Lieberose, Lübbenau und Amtitz.

3) Der Ritterstand, welcher nach dem Privilegio Maximilian II., d. d. Prag 1570, nur aus eingebohrnen des Landes bestehen kann, und wobey die Nationalisirung dem Landesfürsten allein vorbehalten ist. Alle adliche Besitzungen in Niederlausitz können nach Willkühr des Besitzers veräusert, verwechselt, verpfändet, und ohne weitere Belehnung auf alle Verwande vererbet werden. Die zwote Klasse, nehmlich:

Die städtischen Stände, bestehen aus den Deputirten der Städte Lukau, Guben, Lübben und Kalau. Ehehin hatte auch Spremberg das Recht: Deputirte auf die Landtage zu senden, hat es aber durch die allzu gute Meinung, die einer ihrer Bürgermeister von einem gewissen Herrn hatte, verloren. Zweymal des Jahres halten diese Stände ihre ordentlichen Zusammenkünfte zu Lübben, nachdem der darzu verabredete Tag von dem Landesherrn genehmiget ist, unter dem Vorsitze des Oberamtspräsidenten, welcher darzu ausdrücklichen Auftrag vom Hofe erhält; der große Landtag hingegen wird willkührlich vom Kurfürsten allein angeordnet, und zu demselben seine Kommissarien gesendet. Auf demselben erhalten die Landstände ihre gewöhnlichen Reversales.

In Rücksicht des Religionswesens war die Niederlausitz der Obern in den ältern Zeiten vollkommen gleich. Sie stund unter der Meißnischen Diöcös, deren Bischöf-

F 5   se

se ihre Officialen in Lübben angeordnet hatten. Zur Zeit der Reformation ward ihr mit der Oberlausitz zugleich, nemlich 1611, zuerst die Religionsfreiheit zugesichert, und in der Folge von den jedesmaligen Landesherrn bestätiget. Gegenwärtig besorgt die geistlichen Angelegenheiten des 1668 von dem Herzog Christian zu Sachsen Merseburg, zu Lübben, an statt des ehemaligen Officialamts, angeordnete Konsistorium. Die Herrschaften Forsta und Sorau haben ihre eigenen Konsistorien.

. Die weltlichen Angelegenheiten dieses Markgrafthums werden von den 2 höchsten landesherrlichen Hauptämtern, nemlich: der Oberamtsregierung und Landeshauptmannschaft, verwaltet. Jenes besorgt, wie in Oberlausitz, alle Justiz- Lehns- und Polizeisachen; dieses besorgt die landesherrlichen Intraden. Beide haben ihren Sitz zu Lübben, jedes in einem besonders dazu eingerichteten mit Mauer umgebnen Hause.

. Die hohen Landesbeamten werden theils von den Ständen gewählt, und von dem Landesherrn bestätiget, theils unmittelbar von einem derselben ernannt.

1) Der Oberamtsregierungspräsident, der Landeshauptmann und sein Gehülfe, der Gegenhändler wird aus 3 von den Ständen vorgeschlagenen Kandidaten vom Kurfürsten ernannt; den Kammerprokurator aber, welcher mit dem Gegenhändler aus dem Bürgerstande genommen wird, bestellet der Kurfürst unmittelbar. Seinen Landesältesten wählet sich die Ritterschaft jedes Kreises aus dem Adel, und jede der 4 Städte aus dem Bürgerstande. Die zu Lukau und Guben behalten ihre

Stellen

Stellen Lebenslang, in Lübben und Kalau aber bekleidet der jedesmalige Bürgermeister diese Würde. Der Ober-steuereinnehmer, an welchen alle Herrschaftliche und Kreissteuereinnehmer ihre Gelder berechnen müssen, fin-det sich nur in Niederlausitz, und wird von den Ständen aus der Ritterschaft, so wie der ihm zugeordnete Steuer-kaßirer aus den Bürgern, gewählt. Der Landesbestell-te, der auf den Landtagen im Namen der Stände das Wort und die Feder führt, wird von dem Herrenstande gewählt, und ist bürgerlichen Standes. Das Stift, die Ordensämter der Standesherrschaften, Rittergüter und Städte haben alle ihre besondern Gerichte, welche dem Landgerichte zu Lübben, das jährlich 2mal gehalten wird, unterworfen sind, von welchem an die Oberamtsregie-rung appelliret werden kann.

Von dem elenden Zustande der Wenden in Nieder-lausitz sehe man Herrn Leonhardi a. a. O. S. 486.

Das Markgrafthum Niederlausitz, das gegen Mor-gen an Schlesien, gegen Mittag an Oberlausitz, gegen Abend an den Kurkreis, und gegen Mitternacht an die Mark Brandenburg stößt, wird, so wie die Oberlausitz, 100 ☐ M. groß geachtet, wovon der Kurfürst zu Sachsen 80, das Haus Brandenburg hingegen 20 ☐ M. besitzt, da-von es einen Theil, nemlich Kotbus, Peiz und Som-merfeld mit ihren Gebieten von dem böhmischen Könige George von Podiebrad, den andern aber, nemlich: Pes-kau und Storkau 1550 von Ferdinand I. erhalten, und bis jezt ohne Widerspruch besessen hat. Von dem Kur-sächs. Theil ist hier blos die Rede. Im Jahre 1785 ent=

enthielt dieses Markgrafthum 111,444 Menschen, für
welche es, so wie für ihr Vieh, durch den seit einigen
Jahren eifriger betriebenen Ackerbau, nicht nur reichli-
chen Unterhalt, sondern noch einen beträchtlichen Ueberfluß hervor bringt! Zwar ist ein grofer Theil des Landes mit Sande und Wäldern, auch hie und da noch mit
Sümpfen bedeckt, aber man trift auch an vielen Orten
guten, in den Gegenden von Guben, Sorau und Forsta
vortreflichen Boden an. Weizen, Korn, Gerste, Hafer, in den sandigten Gegenden vorzüglich Heidekorn und
alle Arten von Hülsenfrüchten werden erzeugt. Es wird
vorzüglich viel Tabak und Hopfen erbauet. Mit schönen
Gärten und wohlschmekendem Obste ist das Land reichlich
gesegnet, und setzt seinen Ueberfluß mit vielem Vortheile
nach Brandenburg ab. Man treibt auch an vielen Orten den Weinbau, der beste Wein wird in den Misber-
gen bei Guben erbauet. Die Viehzucht ist in ziemlich
gutem Stande, könnte aber, was sie jezt durch mehrere
Aufklärung der Oekonomen wird, lange beträchtlicher seyn.
An Wildpret und Fischen ist Ueberfluß. Mit Holz ist
das Markgrafthum im Ueberfluß versehen. Die vorzüglichsten Wälder sind: Der Spreewald, der Lukauische,
der Forstische, Pförtische, Soranische, Kalauische und
Dobrilougkische. An Mineralien findet man Eisenstei-
ne, Vitriol, Kalk, Torf re. und man würde vermuthlich
nicht ohne Nutzen bemüht seyn, wenn man den Reichthum des Landes an Mineralien eifriger aufsuchte, wie
noch neuerlich gezeigt worden ist.

Die

Die Niederlausiß hat 4 schriftsäßige, 6 amtsäßige und 11 landstädte; 234 Schriftsaßen, 43 Vorwerke und Freigüter; 608 Dörfer; 6 Superintenduren; 191 Pfarrkirchen, und ist in folgende fünf Kreise getheilt:

I. Der lukkauische Kreis, welcher enthält

1) Lukkau, an der Börste oder Perste, die Hauptstadt dieses Kreises und der gesammten Niederlausiß, 2 Meilen von Lübben und 7 von Torgau, in einer sumpfigten, mit Wald und Bergen eingeschlossenen Gegend, hat schon im 12ten Jahrhunderte Mauern und Stadtrecht erhalten, ist einigermasen befestiget, mußte daher im 30jährigen Kriege verschiedene feindliche Berennungen ausstehen, wodurch sie fast gänzlich verwüstet ward. Die Stadt hat 3 Kirchen und ein 1744 auf Kosten der landstände erbautes Zucht- und Armenhaus, bei welchen gleichfalls eine Kirche ist. Die vorzüglichste Nahrung der Einwohner ist Ackerbau und Viehzucht. Zum Gebiete des Stadtraths gehören 22 Dörfer.

2) Golzen, oder Golsen, ist ein offenes landstädtchen an Flüßchen gleiches Namens, gehörte ehemals unmittelbar den landesherrn, ward aber in der Folge an adeliche Familien verliehen. Seit 1773 besißt es der Graf Redern. Es treibt das Städtchen guten Ackerbau.

3) Die Herrschaft Dobrilougk enthält 2 Städte, 44 Dörfer und 6 Vorwerke, und ist seit 1623 ein kurfürstliches Amt. Es findet sich in derselben

1) Do-

1) Dobrilougk, ein Schloß und Städtchen von 260 Häusern und 900 Einwohnern. Der Name dieses Orts, welcher schon 1005 *) vorkommt, soll aus den wendischen Wörten (dobri) (gut) und luk oder lug (ein Sumpf) zusammen gesetzt seyn. Im Jahr 1181 stiftete der Markgraf Dietrich, in Lausitz, hier ein Cistercienser-Mönchskloster, welches Dietrich der Bedrängte und sein Sohn Heinrich der Erlauchte sehr bereicherten. Der Abt dieses Klosters wurde in der Folge der erste Prälat in der Niederlausitz.

Weil sich die Mönche 1540 völlig verlaufen hatten, so wurde das Kloster mit seinem Gebiete in eine königliche Domaine, und bald darauf in eine freie Herrschaft verwandelt, und den Grafen von Promnitz verliehen, die sie 1624 an Johann Georg I., damaligen Pfandinnhaber der Lausitz, für 362000 Meisnische Gulden verkauften. Der folgende Landesherr, Herzog Christian I. zu Merseburg, verwandelte das Kloster in ein Schloß, und legte das bei demselben befindliche Städtchen an, dessen Einwohner auser dem Ackerbau auch Tuchmanufakturen treiben. Es ist hier der Siz eines Superintendenten und eines Oberforst- und Wildmeisters, der zugleich Landjägermeister des Kurthüringischen und Leipziger Kreises ist.

2) Kirch-

---

*) Als König Heinrich II. oder der Fromme mit seiner Armee nach Pohlen gieng, kam er nach Dobraluch im Gau Lusici.

2). Kirchhayn, ein kleines Städtchen von 200 Häusern und 600 Einwohnern, die sich von Bierbrauerei, Ackerbau und Tuchmacherei erhalten.

b) Die Herrschaft Drähna enthält 2 Rittergüter und
13 Dörfer, hat schöne Waldungen, Fischerei und
viele Kalksteinbrüche.

Drähna ist ein schön gebauetes Schloß, welches
nach Absterben der letzten Besitzer (der Grafen von
Promnitz) nebst der Herrschaft an den Kurfürsten
gefallen ist.

II. Der Gubensche Kreis enthält:

1) Die Kreisstadt Guben, wendisch Gobin, 6 Meilen von Frankfurt an der Oder, an der Lubest oder
Lubbe, die unterhalb der Stadt in die Neisse fällt,
hat 560 Häuser und 2600 Einwohner. Sie ist
wendischen Ursprungs, aber erst unter Konrad dem
Grosen, Markgrafen zu Meißen und Lausitz, zu
einem beträchtlichen Orte geworden, der ihn durch
Kolonien aus den Niederlanden erweitern und verbessern ließ, welche auch die hiesigen noch bestehenden Weinberge zuerst anpflanzten.

Erst 1331 erhielt sie die Mauern, und im 30-
jährigen Kriege ihre Festungswerke. Markgraf
Heinrich der Erlauchte hatte hieselbst 1270 ein Cistercienser-Nonnenkloster angelegt, welches 1556
sekularisirt, und in eine Salzsiederei verwandelt
worden ist, wo aus dem im Wasser zerlassenen
Salze reines Salz gesotten wurde. Die Ein-
woh-

wohner nähren sich, nebst ihrem guten Wein-und Obstbau, von Tuchmanufakturen.

2) Guben, ein Landstädtchen, war bis zu dem westphälischen Frieden ein Dorf, welches der damalige Besitzer, von Bünau, mit Einwilligung der hohen Landesobrigkeit, durch die vertriebenen Böhmen und Schlesier zu einem Städtchen machte, dessen Bewohner vorzüglich Ackerbau treiben.

a) Dem Cistercienser-Stifte Neuzell, welches von Heinrich dem Erlauchten 1268 angelegt, von seinen Söhnen Albert dem Ausgearteten, und Dietrich dem Feisten bereichert worden ist, dessen Abt noch jetzt der erste Prälat in der Niederlausitz ist, gehöret, nebst 33 Dörfern und 4 Vasallen-Dörfern, das Städtchen Fürstenberg, an der Oder, von 150 Häusern, und 700 Einwohnern, die sich hauptsächlich von der Bierbrauerei nähren. Markgraf Albrecht, der Bär, soll dies Städtchen zuerst angelegt, und Karl IV. es 1370 erweitert haben. Die Einwohner der Stadt und des ganzen Stiftsterritoriums sind größtentheils evangelisch, werden aber von dem Abt und Konvent mit Predigern versehen.

Nota. Im Dresdner Frieden ward ausgemacht, daß die Stadt Fürstenberg, nebst dem dasigen Oberzoll und dem Dorfe Schidlo von Kursachsen, gegen ein Aequivalent an Land und Leuten an Kurbrandenburg abgetreten werden sollten; welcher Umtausch viele Schwierigkeiten fand. Daher kam man

man im Hubertsburger Frieden dahin überein: die Stadt Fürstenberg, nebst ihrem Gebiete, solle nicht darzu gehören, sondern bei Kursachsen verbleiben; dieses aber solle den bisher zu Fürstenberg erhobenen Oberzoll und das adeliche Dorf an Kurbrandenburg abtreten, damit die Oder die Gränzlinie ausmache, und die Landeshoheit an beiden Ufern derselben dem Könige in Preußen zustünde. Dieser Oberzoll trägt jährlich 5000 Thlr. ein. Es ist aber dieser Vergleich nie zu Stande gekommen.

b) Das Amt Schenkendorf, welches dem Heermeister des Johanniterordens zu Sonnenburg gehöret, begreift 8½ unmittelbare Amtsdörfer und 1 Vasallendorf.

c) Die Herrschaft Forsta, bestehet aus 1 Stadt, 38½ Dörfern und 6 Vorwerken. In den vorigen Zeiten haben sie die Herren von Bieberstein lange besessen. Als das Land an Kursachsen kam, war die Familie Biberstein ihrem Aussterben sehr nahe, daher gab Kurfürst Johann George I. seinem Landvoigte in der Niederlausitz, dem Grafen von Promnitz, eine Erspektanz auf die Biebersteinischen Herrschaften Forsta und Pförten. Da aber der letzte dieses Hauses, nemlich Ferdinand II. Herrn von Biberstein, erst 10 Jahre nach Johann Georg I. Tode starb, so nahm der damalige Landesälteste, Gottfried von Mühlen, im Namen des Herzogs von Merseburg augenblicklich Besitz von Forsta. Doch ward im folgenden Jahre

G   ein

ein Theilungsreceß aufgerichtet. Der König August III. belehnte 1746 den Premierminister, Grafen von Brühl, mit dieser Herrschaft, und jezt besizt sie der General der Artillerie der Krone Polen, Graf Friedrich von Brühl. Diese und die Herrschaft Pförten haben ein geminschaftliches Konsistorium, Lehnhof, welche Kollegien unmittelbar unter dem geheimen Rathskollegio in Dresden stehen, und in dem schönen und wohlgebaueten Städtchen

Forsta, auf einer Insel in der Neisse, ihren Siz haben. Dieser Ort ist 1270 von Balko Herrn von Biberstein angelegt, aber nach dem Brande 1748 schöner aufgebauet worden. Sie hat ein altes und ein neues Schloß. Die Bewohner derselben nähren sich vom Seidenbau, Tuch- Lein- und Tapetenwürken. Die Herrschaft

c) Pförten, Porta, gehört jezt zu der vorigen, und begreift 1 Stadt und 31 Dörfer. Vom Jahre 1200 bis 1500 besaßen sie die Burggrafen von Dohna; hierauf kam sie an die von Biberstein, und nach ihrem Aussterben 1667 an die Grafen von Promniz, welche sie bis 1726 besaßen; worauf die Grafen von Wazdorf damit belehnt wurden, von denen sie durch Kauf 1740 an die Grafen von Brühl gediehen ist.

Pförten, wendisch Brode, ist ein Vasallen-Städtchen mit einem 1758 von den Preußen sehr verwüsteten Schlosse, deren Einwohner Leinweberei

weberei und Seidenbau, vorzüglich aber Feld-
Garten- und Obstbau treiben. Diese und die vorige Herrschaft haben sehr fruchtbaren Boden und
starke Fischerei.

d) Die jezt vereinigten Herrschaften Sorau und
Triebel enthalten 3 Städte, 72½ Dörfer und 1
Vorwerk. Von ihrem ältesten Zustande ist schon
oben geredet worden. Sonst hatte jede Herrschaft
ihren eigenen Besitzer. Nachdem Sorau verschiedene Herren gehabt hatte, kam sie 1355 an
die Herren von Biberstein, deren Nachkommen,
Ulrich II. von Biberstein, auch die Herrschaft
Triebel, von Nikol von Harro zu Sorau erkaufte.
1551 fiel sie als ein eröfnetes Lehn an den Kaiser
Ferdinand, welcher sie 1558 erblich an den damaligen Bischof zu Breslau, Balthasar von Promniß, für 124000 rheinische Gülden verkaufte; der
Bischof bestimmte im Testamente: daß diese Herrschaft an die altweißenische Linie der von Promniß
fallen sollte, welche sie auch bis 1760 besessen hat.

1) Sorau, eine der ältesten lausißischen Städte mit
einem Schlosse, ist der Siß eines Konsistoriums,
einer guten Schule und des Amtes, in welches
Graf Siegfried von Promniß die Herrschaft verwandelt hat. Die Einwohner nähren sich sehr gut
von ihren Tuchmanufakturen, und mit Verfertigung
vieler Leinwand von allen Farben und Arten.

2) Chri-

2) **Chriſtianſtadt**, eine kleinre an den linken Ufer des Bobers gelegene Stadt mit einem Schloſſe. Sie war bis 1659 ein Dorf, das Neudorf hieß, ward aber im gedachten Jahre vom Graf Erdmann von Promnitz, mit Erlaubniß des merſeburgiſchen Herzogs Chriſtian I., für die ſchleſiſchen Exulanten ſtärker angebauet, in eine Stadt verwandelt, und zu Ehren des Herzogs mit ihrem gegenwärtigen Namen belegt. Ihre Bewohner nähren ſich vorzüglich vom Tuch- und Leinwandmachen.

3) **Triebel**, wendiſch Tribla, ein kleines Städtchen mit einem Schloſſe, deſſen Einwohner ſich vom Ackerbau und einiger Leinweberei erähren. — Der Bezirk dieſer Herrſchaft gehört unter die fruchtbarſten Gegenden der Niederlauſitz, und die Bewohner deſſelben wiſſen ihre Produkte ſehr vortheilhaft, beſonders nach Brandenburg, zu verhandeln. Auch wird hier viel Eiſenſtein gegraben, der in den Oberlauſitziſchen Oettern Halbau und Schöndorf geſchmolzen wird.

e) Die **Herrſchaft Amtiß**, welche aus der Burg und Flecken Amtiß nebſt einigen Dörfern beſteht, gehörte ſonſt lange den von Löben, jezt aber dem, von dem Könige in Preußen in den Fürſtenſtand erhobenen Hauſe Schönrich. Die Herrſchaft hatte gute Waldungen, Fiſcherei und Viehzucht.

III. Der

III. Der Lübbensche Kreis, der auch der krumspreeische genannt wird, begreift Lübben, wendisch Lubio, die Hauptstadt des Kreises mit einem alten Schloße und dem Landhause, ist der Siß der Oberamtsregierung, des Landgerichts und Konsistoriums für die Nieder-laußiß und des Generalsuperintendentens, welcher zu-gleich mit dem Diakonus Konsistorialassessor ist. Sie ist eine der ältesten Städte des Landes, und lange der Siß der Landvoigte gewesen. Gegenwärtig hat sie 570 Häuser, die auf Befehl Herzog Christian I. zu Merseburg, welcher auch die Neustadt angelegt hat, größtentheils steinern erbauet sind. Das Personale der hiesigen Landeskollegien und die jährlich 2mal gehal-tenen Landesversammlungen machen den Ort, dessen Einwohner sich übrigens vorzüglich vom Ackerbau, Viehzucht und Fischerei nähren, ziemlich lebhaft.

a) Friedland, wendisch Brilan, ein neben dem Stifte Neuzell gelegenes Städtchen, welches der Hauptort eines Johanniterordensamtes ist, zu welchem noch überdem 14 Dörfer und 1 Vorwerk gehören. Sonst gehörte es den Burggrafen zu Dohna, darauf den von Köckeriß, und endlich den von Biberstein, die es 1523 an dem Orden verkauften.

Das Städtchen Friedland hat 70 Häuser, de-ren Bewohner vorzüglich Ackerbau und Brand-weinbrennerei treiben.

b) Die Herrschaft Lieberosa, welche aus dem Städtchen gleiches Namens nebst 19 Dörfern besteht,
haben die von Sternberg, von Köteriß, von Klu-
men, nach und nach besessen, bis es an seine gegenwärtigen Besitzer, die Freiherren von Schulenburg,
gekommen ist. Das aus 100 Häusern bestehende
Städtchen liegt dicht am Spreewalde, und hat ein
herrschaftliches Schloß. Die Einwohner nähren
sich gröstentheils von den Garten- und Weinbau.
Uebrigens hat die Herrschaft ansehnliche Waldun-
dungen und Teiche.

c) Die Herrschaft Straupiß besteht aus dem unter
Lieberose links gelegenen Schlosse Straupiß und 7
Dörfern. Sie gehörte sonst zu den Besitzungen
der Burggrafen von Dohna, kam 1580 an die
von der Schulenburg, und darauf an die von Wall-
wiz. Hernach kaufte sie der Pohlnische General
Heuwald, dessen Nachkommen sie noch besitzen.

d) Die Herrschaft Leuthen, welche das Schloß Leuthen und 7 Dörfer begreift, war sonst den Schenken zu Landsberg gehörig. Itzt gehört sie den Grafen von der Schulenburg. Sie hat ansehnliche
Waldungen und Teiche.

IV. Der kalauische Kreis enthält:

1) Ka-

1) Kalau, wendisch Kalawa, die 4te und letzte Kreisstadt dem Range nach, aber eine der ältesten im
Markgrafthume. Ehemals war sie befestiget, und
das mag zu ihrem Ruine nicht wenig beigetragen
haben. Sie hat nur gegen 200 Häuser, deren
Bewohner sich vorzüglich vom Acker-und Wein-
baue, und vom Handel mit Wolle und Flachs nähren, und deutsch und wendisch sprechen.

2) Drepkaw und Vezschau sind ofne abliche Städtchen, deren Einwohner gröstentheils Wenden sind,
die vom Ackerbaue leben.

3) Die Herrschaft Lübbenau mit einer Stadt, 20½
Dörfer und 1 Vorwerke. Sie gehörte ehehin den
von Kökeritz, kam hernach an die von der Schulenburg, und 1600 an die Grafen Lynar.

Die Stadt Lübbenau, wendisch Lubnow, hat ein
altes, festes, mit Zugbrücken und Gräben versehe-
nes] Schloß, gegen 250 Häuser und 1000 Einwohner, liegt an Spree, und ist sehr nährhaft. Die
ganze Herrschaft hat sehr fruchtbaren Boden, man
bauet daher eine beträchtliche Menge allerlei Gartengewächse, mit welchen starker Handel nach Berlin und in die Oberlausitz geführt wird. Die Stadt
hat allein 150 Leinweberstühle, und in der ganzen
Herrschaft finden sich auf 350 Weber. Auch eine
Ge-

Gewehrfabrik, die gute Gewehre liefert, findet sich
hier.

V. Im Sprembergischen Kreise findet sich Spremberg,
wendisch Grodk, eine Stadt auf einer Insel in der
Spree, mit einem aus einer ehemaligen Herrschaft
entstandenen Amte. Sonst gehörte sie den von Keßt-
litz. 1360 kaufte sie der Kaiser Karl IV., und verließ
sie bald darauf wiederum an seinen Landvoigt Otto von
Kittlitz wiederkäuflich. Als dieses Geschlecht 1530
ausstarb, fiel die Herrschaft wiederum an Böhmen,
kam aber in der Folge doch wieder an das Kittlißische
Geschlecht, welches sie an den Herzog Christian I. verkaufte. Das hiesige Schloß hat gedachter Herzog
ganz neu erbauet, und bis 1731 selbst bewohnt. Die
Stadt hat 350 Häuser und 1500 Einwohner, und
nährt sich von Tuch- und Leinweberei, auch Acker- und
Gartenbau.

Register.

Eybens

* Der Name Altenzell, welcher p. II. p. 18. steht, muß: Neuzell heißen.

Ubi

Verbesserungen zum Ersten Theile.

In der Vorrede Seite X Zeile 2 lies kultiviren, statt cultiviren.
Seite 18 Zeile 10 lies Bertha statt Bretha.

,	22	,	lezte	,	Königstein u. Honigstein, und erhält u. erhält.
,	34	,	1	,	Zschopa, und Z. 12 L. Ptolemais.
,	40	,	10 v. u. lies ergriffen statt ergriesen.		
,	41	,	2 v. u. lies karoling. st. karol.		
,	53	,	3 lies Ding.		
,	56	,	17 , 1237 st. 1247, u. in der 25 Z. l. 1247 st. 1248.		
,	61	,	1 in der Note lies Konstantia.		
,	64	,	17 lies 1306 statt 1206, und eben so Zeile 24.		
,	75	,	2 , Herbsleben statt Heebsleben.		
,	78	,	23 , 1548, 24 Febr. statt 1584, 4 Jen.		
,	82	,	7 v. u. lies unterpfändl. statt unpfändl.		
,	85	,	4 v. u. lies Tautenburg.		
,	86	,	7 lies statt in denselben, in dieser Religion.		
,	97	,	15 , Bilungischen.		
,	104	,	6 v. u. lies erzeugt st. erzeigt.		
,	106	,	15 lies Dippoldiswalda.		
,	107	,	3 , Würchwitz.		
,	107	,	2 v. u. lies im meisnischen und Leipziger.		
,	109	,	15 lies Störe statt Störe.		
,	110	,	19 und 22 lies Enten.		
,	112	,	9 lies Achat, und Zeile 12 lies Basalt.		
,	117	,	3 , 1637.		

Seite

Seite 125 Zeile 12 lies 1406 st. 1046.
    » 126 » 3 » Lichtenburg.
    » 137 » 6 » Braun statt Brenn.
    » 138 » 9 » 5 Nov. statt 4 Sept.
    » 143 » 5 v. u. lies Homburg.
    » 167 » 12 lies Teudlz.
    » 182 » 18 » ernestinische st. albertinische.
    » 223 » 5 v. u. lies Katharina.
    » 233 » 12 lies Tombak.
    » 240 » 1 v. u. lies Berbisdorf.
    » 242 » 2 lies 1778 st. 1178.
    » 258 » 1, Seite 261, Zeile 1 2 v. u. 262 Z. 3 lies Remissen.
    » 259 » 2 lies leiden.
    » 260 » 9 nach: ist, setze hinzu: Hartenstein.

Seite 119 Die Superintendenten zu Kemberg, Schlieben, Clöben
heißen Pröbste. Zu bemerken sind noch Superintendenten Seite
116 zu Wittenberg. S. 119 Zohna. 120 Barby. 127 zu Baruth,
zu Sonnewald. S. 132 in Pforta ein Inspektor. S. 158 zu Eisleben. 177 zu Schleusingen und Subla. 181 Stolberg. 182 Röbla.
184 Meißen. 189 Dresden. 199 Pirna. 205 Bischofswerda. 207
Gr. Hayn. 209 Torgau. 211 Oschatz. 213 Leipzig. 220 Delitzsch.
222 Eilenburg, Grimma. 225 Pegnitz, Rochlitz. 226 Waldheim
Inspektor, Koldiz. 230 Wurzen.

Im Zweyten Theile lösche man

Seite 3 Zeile 1 von unten, sich, weg.
    » 5 » 17 lies niedrige statt wiedrige.
    » 33 » 6 » einem statt einen.
    » 18 » 11 » Neuzell statt Altenzelle.